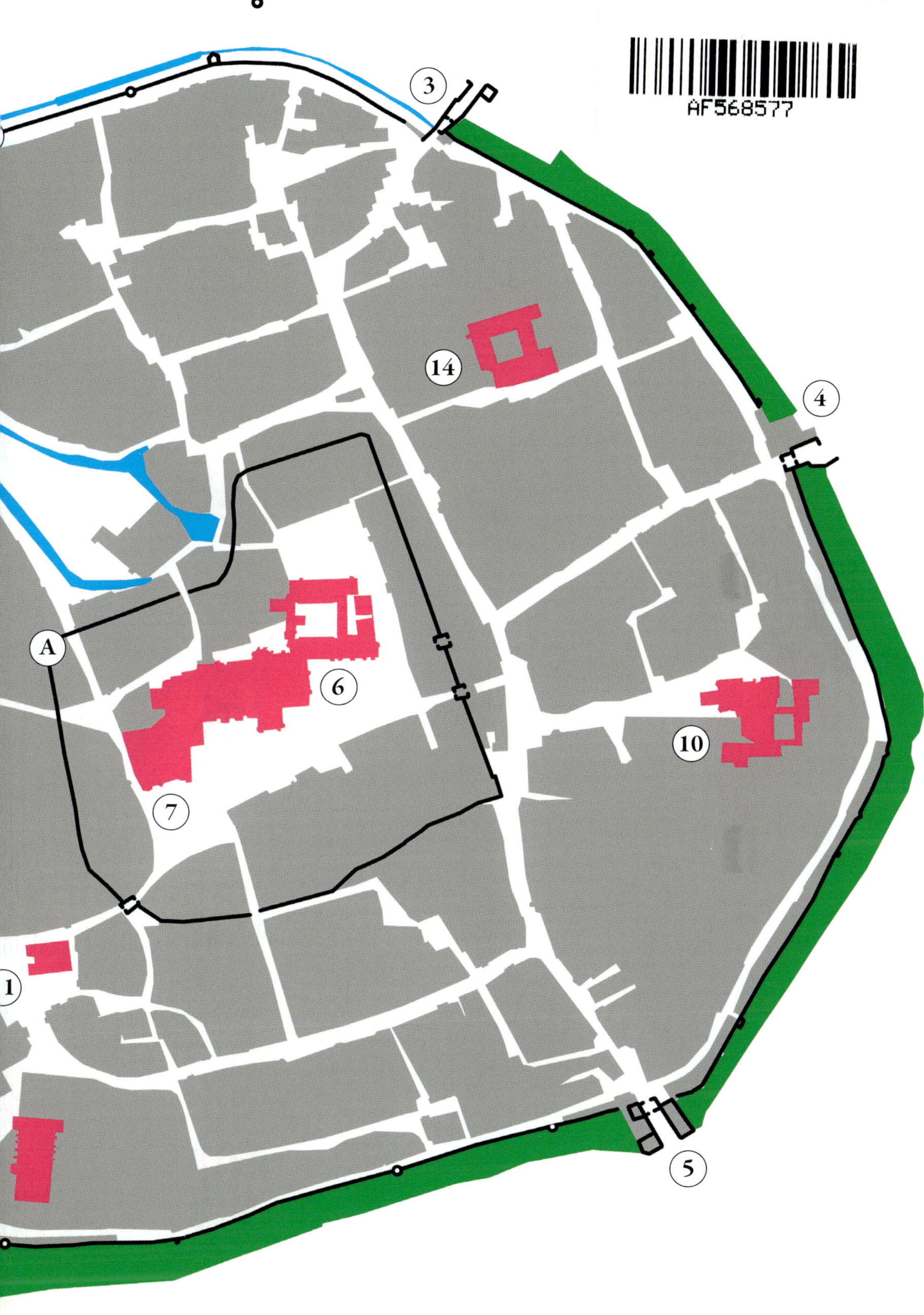
3
14
4
A
6
10
7
1
5

Brockmann

PADERBORN

Reinhard Brockmann

PADERBORN

Eine kleine Stadtgeschichte

Layout und Satz: Aschendorff Verlag, Julian Krause

Druck: Media-Print Informationstechnologie, Paderborn

Printed in Germany

ISBN 978-3-402-13201-2

INHALT

VORWORT

Weltpolitik mit Kaiser und Papst schon vor 1200 Jahren, Bauten für die Ewigkeit, Kulturkampf, Bombenkrieg, und stürmisches Wachstum: Paderborn steht für große Geschichte, die ein kleines Buch kaum fassen kann. Dennoch wagt diese „Kleine Stadtgeschichte" einen – zugegeben – flotten Parforceritt über Höhen und durch Tiefen.

Kreuzgang und Garten des ehemaligen Abdinghofklosters: Heute Teil des neues Stadtmuseums mit Modellen, Medien und Hörstationen zur reichen Stadtgeschichte.

Manches muss auf der Strecke bleiben, andere Stationen erscheinen überbewertet. Auf jeden Fall soll dieses Büchlein Neugier wecken. Vielleicht lässt es den Leser ein wenig von der reichen Historie eines Ortes spüren, der vor Tausenden von Jahren mit seinen 200 Quellen und weiten Blicken über herrliches Land erste Siedler betörte.

Bald 800 Jahre Hauptstadt eines Zwergstaates, in der Reformation hin- und hergerissen, im 30-Jährigen Krieg zehnmal ausgeraubt, von Preußen in die Bedeutungslosigkeit gestürzt, vom politischen Katholizismus befeuert, von den Nazis verachtet, im II. Weltkrieg fast ausradiert und in der Moderne als IT-Standort ganz vorn: alles das ist Paderborn. Seine Bewohner haben Herausforderungen stets irgendwie gemeistert. Sie haben Opfer gebracht und Anstrengung nicht gescheut. Gottvertrauen und westfälisches Beharrungsvermögen halfen, Kurs zu halten. Fährnisse erlebte man mehr als genug. Verheerende Stadtbrände, Pest, Tod und Teufel verlangten ihren Tribut.

Hier wirkten Persönlichkeiten, die ein himmlisches Jerusalem planten, die im Kampf gegen die Herrschaft der Kirche gevierteilt wurden, die den Fürstenberger Barock entwickelten, das Morphium entdeckten, den Sprengstoff für die Bombe gegen Hitler besorgten und Computer bauten, die Bill Gates an die Pader lockten.

Die Geschichten können nur kurz erwähnt werden. Beinahe alle haben eine Spur in dieser Stadt hinterlassen. Auf diese Fährten möchte der Autor seine Leser setzen. Hin und wieder geht er mehr journalistisch als historisch vor. Denn Paderborn widersetzt sich gern den gängigen Erklärungsmustern. Im Vormärz frühsozialistisch, 1871 mehr am Pontifex in Rom, denn am neuen Kaiser in Berlin interessiert und beinahe hätte das schwarze Paderborn 1974 den Bundeskanzler gestellt, wenn die DDR-Staatssicherheit nicht Abgeordnete bestochen hätte.

Die Quellenangaben sollen mehr Lesetipp sein als wissenschaftlicher Exzellenz zu genügen. Jahreszahlen sind im historischen Kontext unvermeidlich. Bei Kirchenfürsten und weltlichen Herrschern wird die Amtszeit in Klammern angezeigt. Bei anderen Personen sind es die Lebensdaten.

VORGESCHICHTE

Wir kennen die ersten Paderborner nicht. Ihnen war mit Sicherheit nicht klar, welch weitreichenden Folgen die Entscheidung für diesen besonderen Ort haben sollte. Was die ersten Siedler wussten, war das, was sie hier sahen: einen idealen Platz an 200 Quellen, von denen einige an kalten Tagen still vor sich hin dampfen. Wellness in der Wildnis, 16 Grad warmes Wasser: Für die Pioniere, die den abklingenden Gletschern[1] folgten, war das Luxus pur.

Lage

Hinzu kam die Lage. Leicht erhöht und trocken. Weit erstreckte sich der Horizont nach Westen über die Münsterländer Bucht. Linkerhand liegt beim Blick auf das von Bergzügen gerahmte Tiefland einer der allerersten Wander- und Handelswege seiner Zeit: Der im Laufe der Jahrtausende immer stärker genutzte Hellweg von West nach Ost. Er wurde in der Neuzeit zur Reichs-, später zur Bundestraße Nummer 1 – von Aachen bis nach Königsberg. Heute begleitet die Autobahn 44 diese uralte Linie. Hinter sich fanden die Ankömmlinge eine weite, langsam nach Osten und Süden ansteigende Hochfläche.

Die 200 Paderquellen am Westhang der Egge sind seit Menschengedenken ein Anziehungspunkt. Die ersten Siedler fanden hier einen idealen Platz, der bis zu 16 Grad warme Quellen bot.

Das Steinkammergrab (2500–2000 v. Chr.) bei Borchen-Etteln und die nahegelegene Wallburg (Datierung unklar) gehören zu den ganz frühen Siedlungsspuren im Raum Paderborn.

Dort verläuft noch heute der Frankfurter Weg über das karstig trockene Sintfeld nach Paderborn. Nordöstlich der kommenden Stadt führte diese Straße weiter an die Weser, nach Bremen an das Nordmeer und an die Ostsee.

Siedlungsspuren

Alle, die fortan an diesem Wegekreuz sesshaft wurden, schätzten die fetten Weiden unten im Quell- und Sammelbereich von Pader, Lippe und Alme. Sie erkannten den Wert mächtiger Eichen, vor allem der Buchenwälder auf den Höhenzügen – ideal für Tiermast und Holzversorgung. Siedler in der vorrömischen Eisenzeit legten in der Kisau zwischen dem heutigen Neuhäuser Tor und der Pader große Vorratsgruben an. Sie wurden erst 2016 wieder geöffnet.[2] Darin lagerte das Saatgetreide für das nächste Frühjahr. Noch war die Besiedlung nicht dauerhaft. Erst im 5. Jahrhundert nach Christi ist wieder eine Hofstelle in diesem Bereich nachweisbar.[3]

Entlang der Alme, westlich der heutigen Innenstadt, entstand schon früh, spätestens um Christi Geburt, die Handwerkersiedlung Balhorn. Bis heute zeugen eine ganze Reihe von Großfamiliengräbern in Form von Steinkisten von jenen frühen Phasen. Andere Siedlungsspuren im Boden[4] belegen Einzelhöfe und kleine Dörfer in der gesamten Gegend. Zwischen Borchen und Etteln zeugen eine Wallburg und eine große Grabanlage von weiteren wehrhaften Bewohnern.

Germanen und Römer

In römischer Zeit waren die im Paderraum lebenden Menschen waschechte Germanen, Angehörige jenes angeblich furchtlosen Volksstammes, der es mit der Weltmacht aus dem Süden aufnahm. Der römische Dichter Tacitus[5] behauptet in der „Germania", dass die Frauen mit ins

Gefecht zogen und die Kämpfer unterstützten mit allem, was sie hatten. Es darf angenommen werden, dass auch „Paderborner" – die Bezeichnung gab es natürlich noch nicht – mitkämpften, als 20.000 Römer in drei Legionen mit Reiterei und Hilfstruppen vernichtend geschlagen wurden.

Wir wissen nicht, an welchem der vielen vermuteten Schauplätze die Hauptschlacht stattgefunden hat. Aber bis heute tun sich die Paderborner schwer zu glauben, dass die Entscheidung im Jahre 9 nach Christi 100 Kilometer weiter nördlich in Kalkriese bei Osnabrück gefallen sein soll. Dabei muss zugestanden werden, dass dort – und eben nicht im Paderquellgebiet – die meisten Funde aus genau jener Zeit gemacht wurden.

In der Kisau zwischen Pader und Spitalmauer entdeckten die Stadtarchäologen 2014 Siedlungsspuren, die bis in die vorrömische Eisenzeit zurück reichen. Im Bild die Grundmauern des ersten Klosters der Kapuzinessen, die 1628 nach Paderborn berufen wurden.

Aus Paderborner Sicht war vor 2000 Jahren völlig klar: Die fremden Heere sind eine Bedrohung. Die sieggewohnten Römer waren die Lippe hinauf gezogen. Damit folgten für damalige Zeiten ungewohnte Menschenmassen, furchteinflößende Schlachtrösser, schwere Karren und große Boote einem natürlichen und bequemen Verkehrsweg von Köln über Xanten tief ins Innere Germaniens.

Die Schlacht am Teutoburger Wald fasziniert auch noch nach 2000 Jahren. Römerdarsteller im Freilichtmuseum Oerlinghausen.

Aus Westen rückte eine gefürchtete Weltmacht direkt auf den Siedlungsplatz an den Paderquellen vor. Ihren Aufmarschweg sicherten mindestens sechs Lager ab Xanten über Haltern bis nach Anreppen. Damit näherte sich die Gefahr bis auf zwölf Kilometer dem späteren Paderborn. Von der Hochfläche aus konnten die wenigen Siedler den Feind sehen. Der Rauch ihrer Feuer und die vermutlich bis zu zehn Meter hohen Bauten waren mit bloßem Auge erkennbar. Allein das römische Kommandeurshaus im Lager Anreppen hatte Außenmaße von 71 mal 47 Metern. Der größte von etlichen Vorratsspeichern maß 56 mal 68 Meter. Diese Scheunen wollten gefüllt werden und waren unübersehbare Zeugen von Macht und Anspruch.

Hier, im sechsten Lager, überwinterte der römische Heerführer Tiberius im Jahre 4 nach Christi Geburt mit seinen Truppen. Es umfasste Mannschaftsunterkünfte, Thermen und sogar einen hafenähnlichen Bootsanleger an der Lippe. Es soll drei bis vier Jahre Bestand gehabt haben und wurde noch vor der Schlacht im Teutoburger Wald von den Römern selbst abgebaut und verbrannt. Das Winterquartier habe sich „an den Quellen der Lippe" befunden, schreibt

Unübersehbare Bedrohung: Das Osttor des Römerlagers Anreppen

Chronist Velleius Paterculus[6]. Die Ortsangabe des Römers wirft ein Problem auf, das sich später noch heftiger stellen soll.

Denn: Der als Lippequelle an sich klar zu identifizierende Platz, das heutige Bad Lippspringe, liegt jenseits von Paderborn und damit gut 20 Kilometer östlich von Anreppen. Die Odinsauge genannte extrem starke Einzelquelle der Lippe kann Paterculus aber nicht gemeint haben. In ihrer Umgebung wurde bislang gerademal eine Handvoll römischer Münzen entdeckt. Es gibt nicht die geringste Spur eines möglichen siebten Römerlagers auf der logischen Linie lippeaufwärts.

Soviel ist sicher: Die Paderquellen sind bei alledem nicht nur Kulisse. Sie waren direkt betroffen, als zum ersten Mal diese gigantische Armee mit mehreren Legionen und Begleittross im dünn besiedelten Germanien für Jahre Halt machte. Es folgte nicht nur eine einzelne Schlacht, es begann ein unruhiges Jahrzehnt mit römischen Raubzügen, Strafaktionen, Geiselnahmen, Rachefeldzügen, heillosen Fluchten und Plünderungen.

Der Furor war zu groß. Hermann der Cherusker brachte der ungeschlagenen Weltmacht irgendwo im Teutoburger Wald eine schmerzhafte Niederlage bei. Varus, der römische Adlige und Feldherr, sowie seine 20.000 Kämpfer gingen bei der Schlacht im Jahre 9 nach Christi unter. Die Lektion war bitter, die Erniedrigung unerträglich. In Rom herrschte Alarmstimmung. Das musste auch Folgen für die heimische Germanen haben – so es denn überhaupt noch sesshafte Menschen in diesem ausgeplünderten Landstrich gab.

FRÜHES MITTELALTER

Auf Germanen und Römer folgten nach den Wirren der Völkerwanderung Sachsen und Franken. Selbst in die dunkle Zeit von 300 bis 600 nach Christi bringen die Archäologen immer mehr Licht. Um aber eine durchgehende Besiedlung des heutigen Stadtgebietes nachweisen zu können, muss noch viel gegraben und noch mehr gefunden werden.

Neben immer wieder zu Tage tretenden Einzelfunden im unmittelbaren Umfeld der Paderquellen vervollständigt eine jüngste Entdeckung vorkarolingischer Siedlungsspuren flussabwärts das Bild.[7] Im Bereich des heutigen Fürstenwegs/Johannistifts fanden sich 1300 Jahre alte Scherben und ein Reitsporn aus dem Rheinland. Dass sogar an dieser Stelle Abdrücke von Grubenhäusern und Vorratskammern gefunden wurden, überraschte selbst die Fachleute um Stadtarchäologin Sveva Gai. Die Siedlung aus dem 7. oder 8. Jahrhundert soll noch größer gewesen sein als der 1000 Quadratmeter messende freigelegte Platz nahe am Paderufer. Auf alle Fälle hatte die Siedlung sehr lange Bestand. Darauf weist ein Brunnen aus dem 12. Jahrhundert hin.

Einen wichtigen Hinweis auf die gesamte Siedlungslage bietet auch die 1977 gemachte Entdeckung eines frühmittelalterlichen Friedhofs nahe dem späteren Gierstor.[8] Der bis heute nicht vollständig erfasste Bestattungsplatz wurde von 550 bis 700 nach Christi Geburt durchgehend belegt. Das Areal südlich der Benhauser Straße und östlich der Bahnlinie könnte auch zu den Dörfern Aspethera (Maspern) oder Sulithe in der Nähe des Rothebachs gehört haben. Neben zahlreichen Einzelgräbern aus heidnischer Zeit gibt es hier ein Frauengrab, das die Archäologen als eindeutig christlich identifizierten. Auch Pferdebestattungen fanden sich hier.

Das wohl reichste Grab stammt etwa aus dem Jahr 610. Einem 1,70 Meter großen Mann aus der Oberschicht wurden ein prachtvolles Schwert, ein Messer und ein Holzschild mit genietetem Metallbuckel mitgegeben auf die Reise ins Jenseits. Gürtelschnallen und andere Kleinteile lassen auf einen hohen Rang schließen. Die Klinge der Hauptwaffe ist 73,2 Zentimeter lang und 4,3 Zentimeter breit.

Alle Stücke ähneln nach Form und Herstellung den Waffen der Edlen aus dem weit entfernten Merowinger-Frankenreich. Funde dieser Art sind in Westfalen selten. Die Dichte von 28 ähnlichen Grabungsergebnissen steigt in Richtung Dortmund deutlich an. Östlich von Paderborn und Fürstenberg, wo vergleichbare Klingen in zwei noch älteren Gräbern entdeckt wurden, gab es nur noch in Warburg einen Waffenfund. Diese Klinge ist handwerklich deutlich schlechter ausgeführt und stammt offenbar aus einer lokalen Schmiede. Daraus schließen die Fachleute, dass die Verfügbarkeit hochwertiger Waffen zu den Rand- und Grenzregionen des Frankenreiches hin stark abnimmt. Paderborn könnte ein letzter Außenposten der Merowinger gewesen sein.

Sachsen

Spätestens im siebten Jahrhundert ließen sich die Engern in der Region nieder, die heute Ostwestfalen genannt wird – ein Name wie eine wild rotierende Windrose. Ostfalen und Westfa-

Die Sachsentaufe unter dem Schutz Karls des Großen auf einem Monumentalbild aus dem Jahr 1927. Es hängt im Rathaus von Bad Lippspringe.

len, ebenfalls sächsische Stämme, gruppierten sich beidseits des Gebiets im heutigen Münsterland und östlich der Weser mit Ansprüchen bis zur Elbe.

Ein ganz früher unbekannter Geschichtsschreiber lobt den Paderborner Raum als eine Gegend, die „die Heilige Schrift ein Land nennt, das von Milch und Honig fließt."[9] Von dem Benediktiner Mönch Beda (672/3–735) wissen wir, was die Sachsen im siebten Jahrhundert verband. Sie zogen getrennt ins Gefecht, hatten keinen gemeinsamen König und bestimmten erst im Krieg, wenn es gar nicht anders ging, per Losentscheid einen Oberkommandierenden. Das war eine entscheidende Schwäche, wie schon bald deutlich wurde.

Franken

Herzog Widukind war im späten 8. Jahrhundert Chef im Hause Enger. Die Einhardsannalen[10] feiern ihn als „einen der Vornehmsten der Westfalen". Dennoch war er dem Frankenkönig Karl (768–814) nicht gewachsen. Die Franken waren die kommende Macht, die ähnlich den Römern vom Westen her auf Paderborn und ganz Sachsen zugriffen. König Karl zettelte nach der Reichsversammlung von Worms 772 einen 32 Jahre währenden Krieg an, dem Widukind nur bis zu seiner Taufe 785 Stand hielt. Es ging um christliche Missionierung, vor allem aber um Herrschaft.

Die fränkischen Sachsenkriege waren ständige Feldzüge kreuz und quer durch das zu erobernde Gebiet. Dabei wurde der Raum an den Quellen der Pader und der Lippe zu einem Dreh- und Angelpunkt taktischer Militärbewegungen. Schon Karls Vater, Pippin der Jüngere († 768), hatte auf seinem Weg vom Niederrhein zur Weser den Hellweg benutzt, eine Verbindung, auf der Karl später ständig pendeln sollte. Ein Teil der Historiker nimmt an, dass schon Pippin die Iburg bei Bad Driburg, und nicht die andere Iburg nahe Osnabrück, zu seiner ständigen Festung auf dem Weg zur Elbe gemacht hatte. Auch das leistete der Gründung Paderborns als sogenannte Domburg Vorschub oder, besser, Rückendeckung. Für die Franken kam die Gefahr meist aus dem Osten. Karl ging schließlich dazu über, durch die ständige Besetzung großer Volksburgen die sächsischen Länder dauerhaft zu beherrschen.

Weil die Sachsen sich selten zu größeren Verbänden zusammenschlossen, konnte sich Karl Stamm für Stamm einzeln vornehmen. Vor der systematischen Eroberung stand das Symbol. Karl zerstörte das höchste heidnische Heiligtum, die Irminsul. Das war eine Säule, vielleicht auch nur ein besonders mächtiger Baumstamm, der nie gefunden wurde. Soviel ist gewiss. Die solcherart herausgeforderten Sachsen verstanden die Provokation. Das dem Göttervater Wotan, skandinavisch Odin, geweihte Naturheiligtum musste weichen. Es hatte dem christlichen Kreuz seinen Platz zu überlassen.

Einige Historiker führen gute Gründe dafür an, dass die Irminsul auf der Hochfläche irgendwo zwischen Marsberg und Driburg ihren Standort hatte. Denn Karl kam auf seinem ersten Feldzug von Süden auf das Paderborner Sintfeld, um dann weiter nach Osten zur Weser zu ziehen. Andere Interpreten sehen Paderquellen, Lippe oder die Externsteine als den eher wahrscheinlichen Standort des sächsischen Heiligtums an.

Karl der Große

Sicher ist, dass Karl 776 den Quellbereich von Lippe und Pader streifte. Bei der Großen Reichsversammlung 777 kam es zur ersten bis heute überlieferten Erwähnung Paderborns in der Schreibweise „Paderbrunno" (erste Fassung der Reichsannalen) beziehungsweise „Padarbrunna" (zweite Fassung der Reichsannalen)[11].

Damit ist das Jahr 777 die Stunde Null der dokumentierten Stadtgeschichte Paderborns. Nach Jahrhunderten wechselnder, vielleicht auch unterbrochener Besiedlung hat das Kind nunmehr einen Namen und eine Geburtsurkunde. Auch gibt es im 8. Jahrhundert bereits einen sächsischen „Padergau". Er umfasst das Siedlungsgebiet westlich der Egge mit den von Beda erwähnten Orten Paderborn, Kohlstädt, Etteln, Atteln, Husen, Wewer und Kirchborchen. Mittelpunkt eines Gaues war in der Regel eine Volksburg, in die sich die Bevölkerung im Kriegsfall retten konnte.

Die Bezeichnung Paderborn

Soviel ist in der heutigen Geschichtsschreibung unstrittig: Spätestens 804 hatte sich mit dem Ende der Sachsenkriege der Name Paderborn, wenn auch in verschiedenen Schreibweisen, etabliert. Sehr wahrscheinlich war er bereits 30 Jahre früher mit dem Beginn der Sachsenkriege entstanden. Das mutmaßt Harald Kindl, der sich so ausführlich wie kaum ein anderer mit der Entstehung der Ortsbezeichnung Paderborn befasst hat.[12] 785 heißt die Siedlung in der Abschrift einer Urkunde „Phadrabrunnen", 822 „Paderbrunno". Alle Namensforschungen haben ein Problem: In den frühen Aufzeichnungen wird die Pader als Ortsangabe selten genannt, dafür die Lippe aber um so häufiger.

Über der Lippe

Zum Jahr 776, in dem die Bauarbeiten für die Pfalz und eine Karlsburg beginnen, heißt es in den Gorzer Annalen übersetzt: „eine Stadt, die Karlsburg über der Lippe genannt wird". In den Reichsannalen, die, wie erwähnt, in zwei Fassungen existieren, wird der Ort auch für Nichtlateiner eindeutig „super fluvia Lippiae" beziehungsweise „castrum super Lippiam" genannt.

Ad lippiae/paderbrunno

Über das Paderborner Gründungsjahr 777 heißt es in den Gorzer Annalen: „Karl kam nach Sachsen an die Quelle der Lippe" („ad fontem Lippiae"). Immerhin formulieren die Reichsannalen hier, Paderbrunno beziehungsweise Padarbrunna.

Patrisbrunna

Erst die Annales Petaviani sowie die Urkunde Karls des Großen vom 6. Dezember 777 für Salonne bringen Klarheit „Patresbrunna" beziehungsweise „Patrisbrunna". Aus alledem erwuchs im späten Mittelalter ein bis in die 1960-er Jahre währender Streit zwischen Lippefraktion und Paderbornern beziehungsweise „Paderbornierten", wie es in der Hitze des Wortgefechts schon mal hieß. Manfred Balzer[13] und andere halten die Sache für ausdiskutiert.

Kindl baut sich eine Behelfsbrücke und unterstellt einen Namenswechsel. Er schreibt, als die Franken 775 nach einer Schlacht bei Lübbecke am Balhorner Feld den Kleinen Hellweg erreichten „fanden sie hier an den Quellen der Lippe, – als welche man damals die Paderquellen ansah und wie man die Stelle im weiteren Umfang bezeichnete – an dem Straßenknotenpunkt eine bedeutende Dingstätte vor". Damit hat Kindl gleich zwei Fakten in den Raum gestellt – dass die Pader bis zum Eintreffen Karls „Lippe" genannt wurde, und dass sich an deren Quellen eine sächsische Versammlungsstelle befand.

Der Ort sei bis dahin ein Mittelpunkt für das südliche Engern gewesen und „wohl auch Hof und Sitz des führenden südengrischen Fürsten", ist Kindl überzeugt. Kurzum, es gab hier bereits einen bewohnten Platz, der aber nicht Paderborn, sondern „an den Quellen der Lippe" genannt wurde. Kindl zitiert Erklärungsversuche aus späteren Jahrhunderten. Denen zufolge unterschieden die Bauern zwischen der „schmalen Lippe" von Neuhaus nach Lippspringe, sowie der „breiten Lippe" zwischen Neuhaus und dem Paderquellgebiet.

Unstrittig ist, dass der neue Name „Paderborn" von den Franken und letztlich von König Karl mit dem Recht des Siegers eingeführt und geprägt wurde. Denkbar ist auch, dass aus diplomatischen Gründen die neue Siegerstadt in den offiziellen Texten kaum erwähnt wird. Schließlich sollen die geschlagenen Sachsen, die dem neuen Herrscher huldigen müssen, gute christliche Untertanen werden.

Doch danach sah es zunächst überhaupt nicht aus. Die in mehreren Feldzügen unterworfenen Ungläubigen ließen sich „an der Lippe“ zwar taufen, aber noch lange nicht von der christlichen Lehre überzeugen. Die 776 erbaute „Karlsburg“ wurde schon zwei Jahre später von den immer noch aufsässigen Sachsen wieder zerstört. Der zweite Versuch, einen Königshof zu etablieren, gelang im Jahr 780. Und erst die Schlacht 784 im fernen Draingau hatte, wie es in den Annalen heißt, zu wirklich sicheren Straßen im südlichen Westfalen und in Engern geführt. Damit war wohl gemeint, dass den Sachsen die Lust an Übergriffen auf fränkische Heerzüge gründlich vergangen war.

Der Quelltopf der Lippe, neun Kilometer von den 200 Paderquellen entfernt. Was ist gemeint mit den Ortsbezeichnungen „super Lippiam“ (776), „ad fontem Lippiae“ (777) und „infra flumen Lippiam“ (778)?

Die einzige im Herbst und Frühjahr vor Überschwemmungen sichere Straße, der Hellweg an den Rhein, erlangte strategische Bedeutung. Ähnlich wie die römischen Heerlager entlang der Lippe 800 Jahre zuvor existierte jetzt auf dem höher gelegenen Heer- und Handelsweg eine geschlossene Reihe von befestigten Rast- und Königshöfen.

Sprachforscher Kindl deutet die Bezeichnung „Paderborn“ übrigens nicht kurz und knapp mit dem Flussnamen Pader und dem Wort „Born“ für „Quelle“. Er formuliert länger und umständlicher, letztlich aber mit dem gleichem Inhalt: „Brunnen- und Quellenstelle, an der viele Pfade (Wege) zusammenlaufen“. Der heutige Leser des Bandwurmsatzes könnte denken: Gut, dass es noch keine Ortsschilder gab ...

Oder war der erste Paderborner vielleicht doch ein Lippspringer? Zumindest in der heutigen Kurstadt, wo exakt 9,5 Kilometer entfernt vom Paderquellgebiet die Lippe als eine der stärksten Einzelquellen Deutschlands mit 740 Litern pro Sekunde schüttet, mochte man das gerne hören. Immerhin lauten die Ortsbezeichnungen, wie gezeigt, 776 „super Lippiam“, 777 „ad fontem Lippiae“ und 778 „infra flumen Lippiam“. Dazu ist zu bemerken: Überzeugender als Papier sind Ausgrabungen. Und: Im heutigen Bad Lippspringe wurde nichts archäologisch Brauchbares gefunden. An den Paderquellen dagegen umso mehr.

Kindl, der ja meint, die Pader habe damals Lippe geheißen, macht den Heimatfreunden an der Lippequelle ein Friedensangebot. Er akzeptiert die erste urkundliche Erwähnung des Nachbarorts vom 28. Juli 780 als authentisch. „Mit größter Wahrscheinlichkeit“ sei zu „vermuten“[14], dass das heutige Bad Lippspringe gemeint ist, schreibt er. Das Dokument wird im italienischen Kloster Nonantola aufbewahrt und datiert „actum Lippiogyspringiae curte in Saxonia“[15].

Allerdings: „Curte“ steht für Hof oder Befestigung...

Balzer widerspricht. Er bezweifelt Kindls Hilfskonstruktion, die Pader habe urspünglich Lippe geheißen. Er ist überzeugt, dass der König neben fünf Aufenthalten in Paderborn (776, 777, 783, 785, 799) auch vier Mal (776, 780, 782, 804) im Bereich Lippspringe war. Sein Kompromissvorschlag für die Verfechter unterschiedlicher Lesarten: Es war ein „Nebeneinander zweier Versammlungsorte". Vereinfacht ausgedrückt: Reichstage in Paderborn und Feldlager in Lippspringe, etwa dort, wo sich heute ein wunderschöner Kurpark im Stil eines Englischen Gartens erstreckt.

Weltgeschichte an der Pader

Bedeutsamer als der erste Reichstag mit Frankenkönig Karl 777 in der Domburg war das Jahr 799 für die Rolle Paderborns. Bei einem dreimonatigen Aufenthalt von Papst Leo III. (795–816) an der Pader sollte hier Weltgeschichte geschrieben werden. In seiner ganzen Dimension verstehen und erklären lässt sich das Ereignis am besten in der Rückschau, ausgehend vom Ergebnis: der Krönung Karls des Großen zum Kaiser am Weihnachtstag des Jahres 800 in Rom. Infolge dieser Feierlichkeiten, die eindeutig in Paderborn vorbereitet worden waren, wandte sich Rom vor aller Öffentlichkeit von Konstantinopel ab und ließ Kaiser Konstantin VI. (780–797) fallen. Dieser war bereits 797 von der eigenen Mutter geblendet und entmachtet worden. Harte Zeiten.

Der Heilige Stuhl setzte fortan auf die Franken, die neue Macht im Herzen Europas. Manfred Balzer, Paderborns für diese Phase wichtigster und aktuellster Historiker, schreibt, dass die Neuorientierung weg von Konstantin, hin zum Frankenkönig erstmals im Zeremoniell für den Empfang Karls im November 800 in Rom erkennbar wurde.[16] Vom Kaisertum sei da noch nicht die Rede gewesen, seine „kaisergleiche Aufgabe" durch den neuen Bilderschmuck des Empfangssaales aber „formuliert" worden. Auch die außergewöhnlichen Besonderheiten beim Empfang Karls im Rahmen der Anreise sind eindeutig. Papst Leo III. war dem Gast aus dem Norden bis zum zwölften Meilenstein vor Rom entgegengekommen, um ihn zu begrüßen. So war Karl noch nie in Rom empfangen worden. Mehr noch: Der Papst pflegte üblicherweise nur Kaisern, aber nicht Königen auf dem Weg in seine Stadt entgegen zu gehen – und das auch bei Kaisern bloß bis zum sechsten Meilenstein.

Der Garten des von Bischof Meinwerk gegründeten Abdinghofklosters ist heute Teil des neuen Stadtmuseums. Hier findet der Besucher alle Etappen der historischen Entwicklung an der Pader lebhaft und anschaulich dargestellt.

Kurzum: die Diplomatie hatte die Weichenstellung längst vorbereitet, sie musste nur noch vollzogen werden. Am 30. November 800 erfolgte in Rom die Einberufung zu einem Konzil in der Art fränkischer Reichssynoden. Daran nahmen nicht nur Kleriker, sondern auch der römische und fränkische Adel teil. Die Lorscher Annalen berichten als Ergebnis, dass man nunmehr „Karl, den König der Franken, Kaiser nennen müsse". In der dritten Messe im Petersdom am Weihnachtstag des Jahres 800 setzte Leo III. seinem neuen Beschützer Karl die Kaiserkrone auf. Damit war die Erneuerung des weströmischen Kaisertums perfekt.

Die Krönung war Dank und Anerkennung des Papstes für den Frankenherrscher, der ihn aus einer zutiefst misslichen Lage gerettet und letztlich in sein schon verlorenes Papstamt wieder eingesetzt hatte. Denn auch diese Vorgeschichte gehört dazu: Leo III. war nach dem ungeheuren Vorwurf des Ehebruchs und des Meineids 798, eineinhalb Jahre zuvor, gestürzt, misshandelt und eingekerkert worden. Die Gegner in Rom hatten sogar versucht, ihm Zunge und Augen auszustechen. Leo entkam schwer verletzt. Hilferufen an die Franken kam Karl nicht nach. Dabei war er selbst kurz zuvor noch in Rom gewesen. Wie erwähnt war auch von Kaiser Konstantin VI. schnelle Hilfe nicht mehr zu erwarten gewesen. Leo flüchtete in seiner Not im April 799 in den rettenden Norden nach Paderborn, wo er von Karl Mitte Juli mitten im noch weitgehend heidnischen Missionsgebiet empfangen wurde.

Seit 777 arbeitete Karl konsequent am Ausbau Paderborns zu einer christlichen Domburg mit einer Königspfalz. Die kleine Festung wurde bis 799 insgesamt dreimal zerstört und wieder aufgebaut. Mit aller Konsequenz wurden Voraussetzungen für einen Bischofssitz geschaffen. Der Franke hatte also bewiesen, dass erstmals Besitzungen jenseits der alten römischen Reichsgrenzen im Land der Sachsen dauerhaft gehalten werden konnten und für den christlichen Glauben gewonnen waren.

Die Ankunft des gedemütigten Papstes an der Pader wurde gründlich vorbereitet. Karl hatte eine Kirche „von staunenswerte Größe", mithin einen ersten Dom, errichten lassen. Das besondere Gotteshaus wurde unmittelbar vor der Ankunft Leos geweiht – und zwar der Muttergottes. Dazu passt, dass Karl angeblich Marienhaare mit sich führte und die Kirche später über eine entsprechende Reliquie verfügte. So oder so, Karl konnte somit eine, wie er bestimmt hoffte, künftige Bischofskirche vorweisen.

Es gab zudem eine Pfalz, die der seit gut 20 Jahren ständig reisende König mit seinem großen und bunten Tross, einem Wanderzirkus gleich, immer wieder bewohnte und für Reichstage nutzte. Rund um die Gebäude zog sich zum Schutz vor den Sachsen, die noch bis 806 immer wieder Aufstände wagten, eine starke Befestigungsmauer. Das Bauwerk sollte schon den Kern der „Domfreiheit" in der künftigen Stadt abstecken. Außerhalb der Mauer sind Versorgungshöfe und wohl auch eine Bauhütte nachgewiesen, aber noch keine geschlossene Handwerkersiedlung, die erst später folgte.

Im Gegensatz zu den nur spärlich dokumentierten wochenlangen Beratungen ist das seit der Antike übliche Einholungszeremoniell für den eintreffenden Papst Mitte Juli 799[17] ausführlich beschrieben. Karls Sohn, zugleich König von Italien, kam ihm entgegen. Die Länge der Wegstrecke ist nicht bekannt. Vor der Domburg, am ehesten auf dem Hellweg vielleicht im Bereich des heutigen Westerntores, stellten sich unterdessen Geistliche und Bewaffnete aller Ränge als zweites Empfangskomitee auf. Im Paderborner Epos heißt es: „Karl erstrahlt inmitten des Heeres, frohgemut; golden deckt der Helm das Haupt, glanzvoll erscheint er in der Waffenrüstung, ein riesiges Ross trägt den gewaltigen Führer." Karl sinkt im Kreis der Seinen auf die Knie vor dem mit Schimpf und Schande aus Rom vertriebenen Papst. Nach der Umarmung und dem Bruderkuss der beiden wirft sich das gesamte Heer dreimal zu Boden.

Die Inszenierung, wie sie ein Monumentalfilmer aus Hollywood nicht pompöser hätte aufführen können, stellt einiges klar. Leo III. ist wieder zurück im höchsten Kirchenamt auf Erden – allerdings noch nicht in Rom. Alle Beratungen, Verabredungen und – ganz nebenbei – Vorbereitungen zur Schaffung eines Bischofssitzes in Paderborn folgen einem Ziel: der Erhebung Karls zum Kaiser der christlichen Welt. Wir sparen uns den lange währenden Historikerzank, ob Leo oder gar Karl selbst mit der Kaiseridee überrumpelt wurde oder ob er zum Jagen getragen werden musste. Wenn wir auf das Ergebnis in Rom, gut 15 Monate später

Links: Der Heilige Liborius war im 4. Jahrhundert Bischof von Le Mans. Seit der Überführung seiner Gebeine 836 nach Paderborn ist er Schutzpatron der Stadt. Rechts: Bischof Meinwerk (Mitte) hält den Bauplan des Paderborner Domes. Auszug aus dem Heldenfries der Alten Nationalgalerie in Berlin. Der Königsberater schaut auf Kaiser Otto I. und auf Kaiser Heinrich II.

und damit für die damalige Zeit dramatisch schnell, schauen, ist der Befund eindeutig. In Paderborn wurde Weltgeschichte geschrieben wie nie zuvor – und nie wieder in den folgenden 1200 Jahren.

Bistumsgründung

Die Begegnung an der Pader findet sich heute in jedem Standardwerk für mittelalterliche Geschichte. Trotz des großen Interesses der Fachwissenschaft und vieler Forschungen blieb lange unklar, wann und wie das Bistum formal gegründet wurde. Erst der Zufallsfund eines Augenzeugenberichtes stellte klar, dass schon 799 eine Verabredung über das „Domstift" Paderborn getroffen wurde. Der Diakon Erconrad aus Le Mans notierte 836, König Karl, Papst Leo und mindestens 15 Bischöfe hätten das Thema in Paderborn beraten.[18] Der Abt des Medardusklosters habe bezeugt, die Papsturkunde gesehen und die Verhandlungen gehört zu haben. Damit sind die rechtlichen Gepflogenheiten bei der Errichtung eines Bistums im Mittelalter für Paderborn eindeutig erfüllt. Karl und Leo hatten das Missionsland Sachsen aufgeteilt und das bis heute bestehende (Erz-)Bistum Paderborn rechtskräftig gegründet.

Mit der Ernennung des sächsischen Adligen Hathumar sieben Jahre später zum ersten Bischof und der Überführung der Gebeine des Heiligen Liborius 836 nach Paderborn vollendet sich das erste große Kapitel der Stadtgeschichte. Durch die zur Verehrung ausgestellten Gebeine des Heiligen Liborius von Le Mans konnte Bischof Badurad (815–862) dem noch ungefestigten Glauben der Sachsen ordentlich nachhelfen. Liborius starb um 397 als Bischof von Le Mans. Die Gläubigen hatten fortan im Dom einen Ort der Anbetung. Sie hörten zugleich Berichte über Wunderheilungen und das segensreiche Wirken ihres nunmehr „eigenen" Heiligen.

Unmittelbar im Zusammenhang mit der feierlichen Überführung der Gebeine des künftigen Schutzpatrons von der Sarthe an die Pader, wo sie Pfingsten 836 eintrafen, wurden Kran-

Paderborn mit den wichtigsten Bauten Bischof Meinwerks (1009–1036) nach einem Modell im Museum Kaiserpfalz: Vorne Abdinghof, in der Mitte der Dom mit Bischofspalast (rechts) und Pfalz (links), sowie hinten das Busdorfstift in Form der Jerusalemer Grabeskirche

kenheilungen und andere wundersame Ereignisse bekannt. Der Heilige Liborius wurde fortan angerufen bei Koliken, Nierensteinleiden, Wassersucht und Fieber. Neun Jahrhunderte später kam die schöne Geschichte von einem Pfau auf, der die „Translatio" genannte Überführung begleitetet haben soll. Der große Vogel flog bei jeder Etappe auf der langen Reise von Westfrankreich bis an die Pader voran. Er ruhte, wenn der gesamte Zug zum Stehen kam. Er flog weiter, wenn die Prozession ihren Weg fortsetzte. Bei der Ankunft in Paderborn erhob sich das Tier und flog bis zur Spitze des damaligen Doms. Mit der Vollendung seiner vermeintlich göttlichen Mission stürzte er leblos vom Turm, als die Gesandten mit den Gebeinen des Heiligen das Gotteshaus betraten.[19]

Ob tot vom Himmel gefallen oder nicht: Der Pfau wird bis heute geehrt – in Gold, in Stein gemeißelt und allerlei anderen Darstellungsformen. Der Ankunftstag der Gebeine des Heiligen Liborius war der 28. Mai 836. Später wurde der 23. Juli zum Festtag des Heiligen Liborius erklärt. Dies ist heute zugleich der Stichtag für das größte Volksfest im Hochstift, das immer am nächsten darauf folgenden Samstag beginnt. Die damalige Übergabe der Reliquie begründet einen bis heute bestehenden „Liebesbund ewiger Freundschaft" zwischen den Bistümern Le Mans und Paderborn.

Das 1967 geschlossene Partnerschaftsabkommen zwischen den Kommunen besiegelt die These von der ältesten Städtefreundschaft Europas. Wenn diese Behauptung also formal auch

Bischof Meinwerk, ein Abguss der Grabplatte steht heute in der Krypta der Abdinghofkirche.

nicht ganz zutreffend ist, so wird das Verhältnis von Paderborn und Le Mans dennoch an der Pader und an der Sarthe genau so empfunden. Immer wieder kommt es in der langen Geschichte zu besonderen Kontakten zwischen den beiden Bistümern: beim Westfälischen Frieden 1648, während der Französischen Revolution 1789 und im Ersten Weltkrieg 1914. Paderborn und Le Mans sind also nicht nur alte, sondern uralte Freunde.

Ära Meinwerk

So wie Kaiser Karl 200 Jahre zuvor den Beinamen „der Große" trug, stünde auch Bischof Meinwerk (1009–1036) als Bauherr, Finanzier und Königsberater ein besonderer Titel zu. Er hat ihn nie bekommen. Statt dessen sprechen wir von der „Ära Meinwerk". Viele seiner Bauwerke stehen bis heute und setzen ihm auf diese Weise ein angemessenes Denkmal.

Nach einem Großbrand im Jahr 1000, der Dom und Pfalz vernichtete, bauten die Bischöfe Rethar (983–1009) und Meinwerk eine vollkommen neue Hauptkirche, einen Bischofspalast an der Stelle des heutigen Diözesanmuseums und die aus heutiger Sicht unscheinbare Bartholomäuskapelle. Sie ist die älteste erhaltene Hallenkirche Nordeuropas in dieser Größe. Meinwerk erneuerte die Domburgbefestigungen, also jene Mauern um den inneren Bezirk Paderborns, die gut 300 Jahre die so genannte Domfreiheit markieren sollten. Außerdem gründete er das Benediktinerkloster Abdinghof und das Stift Busdorf nach dem Vorbild der Grabeskirche von Jerusalem. Im Sinn hatte er noch zwei weitere Kirchen, südlich und nördlich des Doms. Sein Plan war es, ein Kreuz als Zeichen des Erdkreises auf den Paderborner Grundriss zu legen. Meinwerks Tod 1036 und wohl auch die Endlichkeit seines beträchtlichen Vermögens ließen es nicht mehr dazu kommen. Dennoch gilt: Ohne Bischof Meinwerk wäre Paderborn noch heute anders, nämlich ärmer.

Bevor Bauhandwerker, Bildhauer und Scharen von Helfern zum Zuge kamen und die ersten Steine aus dem Untergrund der heutigen Volksbank-Tiefgarage brachen, kam es 1002 in Paderborn zu einem anderen spektakulären Ereignis: einer Krönungsmesse. Kunigunde (1002–1024), die Gemahlin von Heinrich II., erlebte an der Pader ihre Erhebung in den Herrscherstand. Die Krönung zur Königin stand im Zusammenhang mit der Thronfolge Heinrichs II., der nach dem Tod von König Otto III. (983–1002) oberster Herrscher wurde.

Hintergrund: Die Paderborner genossen eine besondere Stellung bei Hofe. Bischof Rethar leistete intensiven Hof- und Königsdienst über viele Monate des Jahres im Gefolge des reisenden Herrschers. Rethars Nachfolger, der junge Meinwerk, stand der Macht noch näher. Er diente schon vor seiner Paderborner Zeit Heinrich II. als Pfalzkaplan, also als eine Art Geheimsekretär.

Rethars politische Vorarbeit und Meinwerks für damalige Zeiten gigantische Bauten an der Pader blieben nicht ohne Folgen für den Stellenwert Paderborns bei Hofe. Eine zentrale Rolle sollte schließlich das Projekt Abdinghof spielen. Kritiker nehmen nicht ganz zu unrecht an, dass Meinwerk sich ein Mausoleum geschaffen hat. Mit der Gründung war die Auflage verbunden, dass die Mönche nach dem Tod des Stifters ständig für seine Seele beten.

Geld hatte Meinwerks machtbewusste und mitunter skrupellose Familie zur Genüge. Nicht zuletzt ein von der Mutter in Auftrag gegebener Mord zwecks Regelung eines Erbstreits gab den Nachkommen Anlass, alles für das Seelenheil zu tun.

Das Grab Bischof Meinwerks im Vorraum der Bischofsgruft im Hohen Dom.

Abdinghof

Knapp 1000 Jahre schien die frühe Baugeschichte des erst später Abdinghof genannten Klosters eindeutig. Auch die Ausgrabungen Bernhard Ortmanns (1902–1991) nach den schweren Luftangriffen 1945 schienen alles zu bestätigen. Doch dann kam Stadtarchäologe Sven Spiong ins Spiel, grub 2005 und 2006 an ausgesuchten Stellen nach – und fand keine Spur von einem Fußboden außer profanem Lehm. [20]

Mehr noch, die Geschichte der ersten drei Kirchen entpuppte sich zu einer Story aus gescheiterten, weil zu pompösen Bauplänen Meinwerks und einer ziemlich langen Phase des Stillstands. Erst am Ende steht „Kirche C“, die wesentlich bescheidener ausfiel, als vom größten Bauherrn der frühen Stadtgeschichte vorgesehen. In den alten Berichten ist die Rede von einem Teileinsturz des Bauwerks. Der gerne glorifizierende Autor der Vita Meinwerci, dem einzigen schriftlichen Bericht aus jener Zeit, musste sich von Spiong, dem Herrn der Spaten und Spatel, acht Jahrhunderte später ein wenig korrigieren lassen.[21] Die Forschung bestätigte pünktlich zum 1000jährigen Bestehen, dass am Weihetag (14.02.1016) exakt am heutigen Platz ein kleines, schnell errichtetes Fachwerkgebäude stand, genannt „Kirche A“. Die Fundamente waren 50 Zentimeter stark und konnten kein größeres Bauwerk tragen. Archäologe Spiong schätzt die Bauzeit auf einen Zeitraum zwischen sechs und 24 Monaten. Unmittelbar danach begann die Errichtung der eigentlichen großen Basilika – „Kirche B“ – um das kleine Gebetshaus herum. Die Vorgehensweise erlaubte den Mönchen, ihre Gottesdienste zu feiern, und den Bauleuten, trotzdem weiterzumachen.

Der Abdinghof mit Kirche und Kloster. Im Hintergrund ist die Mauer der Domburg zu erkennen.

Blick in die Krypta der Abdinghofkirche. An der Rückwand: Stifter Bischof Meinwerk.

Der von Meinwerk im November 1031 noch persönlich geweihte Altar oder, ganz optimistisch, gar der neue Chorraum entsprach noch der pompösen Planung. Der folgende Einsturz, Meinwerks Lebensende und das Ausbleiben weiterer Gelder, die Familie des großen Bischofs war ob der immer neuen Baukosten gar nicht glücklich, stoppten aber die kühnen Baupläne. Vor allem bedeuteten die neuen Umstände Stillstand und ganz offenbar den Verzicht auf ein Bodenmosaik. Es gab nicht einmal einfache Steinplatten, die eine Kirche mit Grablegen unter dem Fußboden nun einmal unbedingt benötigt. Spiong ist sich sicher, einen befestigten Fußboden gab es nicht, sonst hätte ihn finden müssen.

Was aber wurde dann bei der Schlussweihe der Kirche im Jahr 1078 gefeiert? Antwort: Eine nach 1058 errichtete „Kirche C". Da ist die moderne Mittelalterarchäologie, die sich erst im späten 20. Jahrhundert entwickelte, ganz sicher. Variante C ist also das Bauwerk, das der heutigen Kubatur in großen Teilen entspricht und bescheidener blieb, als von Meinwerk zunächst geplant.

Keine Theorie ohne Haken, denn Spiongs Grabungen stießen dann doch noch auf 100 Bruchstücke eines möglichen Fußbodens. Die Erklärung des Ausgräbers: Wahrscheinlich befand sich an dieser Stelle eine Bauhütte aus der Zeit Bischof Rethars, in der Bodenplatten für den Dom geschlagen wurden.

Die Grabungen korrigierten zudem einige nicht unerhebliche Messfehler, die Ortmann 60 Jahre zuvor unterlaufen waren. Auch konnte endgültig widerlegt werden, dass die erste Abdinghofkirche nicht, wie früher einmal vermutet, weiter westlich am Hang zum Paderquellgebiet gestanden hatte.[22] Abt Konrad vom Abdinghof schreibt in der „Vita Meinwerci" um 1165, das kleine Gotteshaus sei Teil einer Krankenstation gewesen. Die Patienten genossen vom Bett aus einen Blick zum Priester bei der Messe am Altar.

HOCH- UND SPÄTMITTELALTER

Auf dem Weg zur Stadt

Paderborns Entwicklung vom Dorf zur Stadt vollzieht sich nicht in Sprüngen, auf einem bald 500 Jahre weit reichenden Zeitstrahl, sondern relativ gradlinig und teils schneller als anderswo.

Winkelmanns Ausgrabungen 1964 legten geringe Reste einer sächsischen Siedlung unterhalb der beiden Pfalzen offen. Mehr gibt es offenbar nicht. Über ihr Alter lässt sich nur spekulieren. Der von Karl dem Großen an dieser Stelle aus dem Boden gestampfte erste Bischofssitz dürfte den Zeitgenossen wie ein modernistischer Fremdkörper im wilden Umland erschienen sein. Die mehr und mehr ausgebaute und gesicherte Domfreiheit machte die „Domburg" genannte Anlage zu einer nahezu quadratischen Festung von 300 Metern Seitenlänge. Die südliche Grenze entspricht etwa der heutigen Zufahrt zur Volksbank-Tiefgarage. Dort befindet sich eine kleine Straße, die immer noch „An der Burg" heißt. Im Nordosten stimmt die Lage eines Eckturms weitgehend mit dem Erweiterungsbau des Konrad-Martin-Hauses überein. Das Tor zur Domburg können sich Ortskundige in der Gasse „Im Schildern" gut vorstellen. Die einzige nicht gradlinige, sondern leicht S-förmige Abgrenzung nach Norden folgte einer Linie oberhalb von Rothoborn- und Dielenpader.

Schon zwei Jahrhunderte später überragen Meinwerks große steinerne Bauten eine Kleriker-Siedlung, die aus allen Nähten platzt. Die Kirch- und Klosterbauten von Abdinghof und Busdorf sowie Handwerkersiedlungen gruppieren sich im weiten Rund um den Heiligen Bezirk. Zweck dieser damals weit und breit einmaligen Anlage war die Vorhaltung großer Gebetsstätten, eines repräsentativen Bischofssitzes und eben zahlreicher Versorgungseinrichtungen. Die kultische Bedeutung musste auf soliden Füßen stehen. Das garantierten zunächst kircheneigene Höfe, die mit Dutzenden von Bediensteten für Lebensmittel und bescheidene Einnahmen sorgten. Hinzu kamen Fachleute für den Bau und die Unterhalt der Einrichtungen. Von ihnen gab es reichlich und in vielfältiger Form: Steinbrecher, Goldschmiede, byzantinische Experten für Gewölbe und nicht wenige Kerzenzieher, ohne die die biblische Wahrnehmung Gottes als „Das Licht" nicht möglich gewesen wäre.

Schon im 11. Jahrhundert hatte die sich ausdehnende Kernstadt das vorgelagerte Dorf Aspedera/Maspern erreicht. Längst war die nunmehr innere Domburg mit knapp neun Hektar Fläche zu klein geworden, um Paderborn im Kriegsfall zu schützen oder auch nur vor ungebetenem Besuch im Dunkel der Nacht zu bewahren. Auch dem Bischof als weltlichem Herrscher und Beschützer des Bistumssitzes konnte die eigene, einigermaßen gesicherte Wohnstätte nicht genügen. Also muss die Erkenntnis von der Notwendigkeit einer neuen Stadtmauer im Laufe des 11. Jahrhunderts gereift sein. Allerdings gibt es keinerlei Dokumente, die uns Heutigen Näheres über einen entsprechenden Beschluss mitteilen oder gar den Baubeginn von Mauern, Gräben und Wällen datieren lassen. Erst 1183 werden das Heiers- und das Spirings-Tor (heute Kasseler Tor) erstmals erwähnt. Das Westerntor wird 1222 genannt, das Gierstor 1231 und das Neuhäuser Tor nach 1300. Tatsächlich aber haben die Arbeiten zum Bau der heu-

Der originalgetreue Nachbau der ottonisch-salischen Pfalz dient heute dem Museum Kaiserpfalz als Vortrags- und Ausstellungssaal.

te noch gut erkennbaren Stadtmauer 200 Jahre früher begonnen, als die fünf Tore mit ihrem urkundlichen Nachweis vermuten lassen.

Den Historikern Manfred Balzer und Matthias Becher[23] ist es gelungen, alle verfügbaren Ortsangaben und sonstigen Hinweise aus der fraglichen Zeit zu sammeln und fachkundig zu deuten. So wird das Kloster Abdinghof noch 1127 als Teil der Vorstadt bezeichnet. 1146 hat sich das geändert. Jetzt lautet die Ortsangabe gemäß einer anderen Urkunde „in der Stadt Paderborn". Auch das Busdorfstift liegt 1080 noch vor, aber 1140 bereits in der Stadt. Hinweise auf Stadttore im Westen und Süden gibt schon ein Bericht aus dem Jahr 1107 von der Überführung der Gebeine des Heiligen Moduald (590–648) von Trier nach Helmarshausen.

Das über Jahrhunderte einzige Südtor wurde Spiringstor genannt. Erst seit dem 19. Jahrhundert heißt es Kasseler Tor. Das Rosentor ist übrigens ein Produkt späterer Tage. 1848 wurde an dieser Stelle lediglich ein Loch in die Stadtmauer gebrochen. Verschließbare Torflügel hat es hier zwischen Rosen- und Leostraße nie gegeben. Erst der Eisenbahnbau im 19. Jahrhundert verlangte ganz in der Nähe nach Schranken, die sich seitdem umso eifriger öffnen und schließen.

Die Annahme, dass der Mauerring nicht nur im Osten, sondern auch zwischen Western- und Riemeke-Tor (heute Neuhäuser Tor) bereits sehr früh geschlossen sein musste, fußt auf einem anderen Hinweis. Demzufolge wird ein kleiner Acker im Bereich der heutigen Königsstraße als in der Stadt gelegen bezeichnet. Wir dürfen also annehmen, dass die Ummauerung der Stadt um das Jahr 1100 weitgehend geschlossen war. Auf jeden Fall war die mittelalterliche Stadt für jedermann in ihrer Bedeutung erkennbar. Paderborn hatte jetzt eine Fläche von 66 Hektar. [24] Die Stadt war damit sieben Mal größer als drei Jahrhunderte zuvor. Auch wird Paderborn nun mit anderen befestigten Städten in der Region vergleichbar. Deutlich größer waren Münster mit 103 Hektar, Soest (knapp 100) und Dortmund (81). Osnabrück war dagegen mit 50 Hektar noch kleiner als Paderborn.

Der, heute würden wir sagen, Grundbucheintrag über den Hufe genannten Acker an der Königsstraße bestätigt nicht nur die Ummauerung relativ weitgehend. Er leitet auch zu der Feststellung, dass es innerhalb des erweiterten Rings noch unbebaute Flächen gab. Und die waren wichtig. Im Falle einer äußeren Bedrohung bot die Stadt auch den Menschen aus dem Umland eine sichere Fluchtburg. Die Bewohner der verstreut liegenden Gehöfte sowie das Personal der bischöflichen Hofverbände wie Neuenbeken, Neuhaus, Sudheim und Enenhus sollten städtischen Schutz genießen. Dem Landesherrn musste die Sicherheit seiner mittelbaren Untertanen im Krieg und anlässlich zahlreicher Fehden wichtig sein. Schließlich hing auch und gerade seine eigene Existenz von deren Nahrungsproduktion ab.

Das Neuhäuser Tor, um 1860 auf einer frühen Ansichtskarte.

Es entstand ein Gespür der Bewohner dafür, bei allen Standes- und Vermögensunterschieden einer Schicksalsgemeinschaft anzugehören. Die alle gemeinsam vor Unbilden bewahrende Stadtmauer hatte einen erheblichen Anteil daran. Zuerst stärkten die Jahrzehnte dauernden Bauarbeiten, zu denen alle in und vor der Stadt Lebenden beitragen mussten, ein neues Wir-Gefühl. Dann förderte die Pflichtaufgabe zum Wachdienst auf der nunmehr sehr langen Mauer das Einheitsempfinden der Bewohner. Vermutlich gab es sogar einen alle Paderborner verbindenden Stolz auf ihre nunmehr recht ansehnliche Stadt.

Wir wissen nicht genau, wie viele Menschen im geschlossenen Mauerring lebten. Vermutlich lag die Zahl der erwachsenen Männer in der Stadt, die nicht dem Klerus zugeordnet oder unterstellt waren, im Jahr 1222 bei mindestens 500. Soviele Paderborner wurden nämlich nach einer Revolte, über die noch zu berichten sein wird, zu einer Kollektivstrafe verurteilt. Sie mussten im Büßergewand barfuß vor den Sitz von Bischof Bernhard III. (1204–1223) ziehen und um Gnade bitten.

Paderborn war im 11. und 12. Jahrhundert eine stark wachsende Stadt. Die Baumaßnahmen Meinwerks und der folgenden Herrscher, darunter ganz besonders Bischof Imad (1051–1076), hatten zahlreiche Handwerker beschäftigt. Hinzu kommen fünf große Stadtbrände in den Jahren 1000, 1058, 1133, 1152 und 1165. Bei aller Not, die die verheerenden Feuersbrünste brachten, waren sie auch Konjunkturprogramme, die die sich entwickelnde lokale Wirtschaft förderten.

Die Südseite des Paderborner Doms 1840 und heute. Der Stahlstich nach einem Gemälde von J. F. Lange zeigt den Turm noch mit einem Satteldach.

Dombau

Der Dom in seiner heutigen Gestalt entstand im 13. Jahrhundert. Von 1215/1220 an wurden Maßstäbe gesetzt, die 800 Jahre danach noch beeindrucken. Mehr: Wenn die erste vor 1200 Jahren gestiftete Bischofskirche zu ihrer Zeit als ein Bau „von staunenswerter Größe" eingeschätzt wurde, um wie viel gigantischer musste die von 1220 bis 1280 wachsende Kathedrale die Menschen erscheinen!

Der romanische Basilika Bischof Imads aus der Zeit zwischen 1058 und 1068 war durch die Stadtbrände mehrfach in Mitleidenschaft gezogen worden. Deshalb musste etwas geschehen. 1215 wurde zunächst mehr ein Wiederaufbau als ein Neubau in Angriff genommen.[25] Erst im Laufe der Bauarbeiten sollte sich das ändern. Man begann mit dem Domturm. Uwe Lobbedey, langjähriger Hauptkonservator beim Westfälischen Museum für Archäologie, hat so detailliert wie kein anderer die folgenden Schritte datiert und geordnet.[26] Das Problem: Die ersten Maßnahmen waren leicht nachvollziehbar, erst die weitere Ausgestaltung und Bauabfolge nach Osten hin blieb lange schwierig.

Turmbau

Ein massiver Mittelturm, der bis heute Festungscharakter hat, setzte im Westen ein unübersehbares Zeichen des Neuen. Allein das Wachsen dieses ersten Hochhauses in der Stadt verdeutlichte Macht und Herrlichkeit der Kirche von Paderborn. Rechts und links entstanden Flankentürme, die dem groben Klotz optisch etwas Leichtigkeit verliehen. Schon 1231, und damit ungewöhnlich schnell, wurde das westliche Querhaus gebaut. Dieser Riegel von der Roten Pforte im Norden zum etwas später ausgestalteten Paradiesportal machte die Dimensionen des Geplanten vollends deutlich. Dieser Teil der Großbaumaßnahme wurde noch in spätromanischer Form ausgeführt.

Moderner, nämlich im aufkommenden frühgotischen Stil, wurde im Osten gearbeitet. Auch hier hatte man schon damit begonnen, einen neuen Ostchor über der romanischen Krypta zu errichten. Beobachtern könnte diese Phase wie der Bau zwei verschiedener Kirchen vorgekommen sein. Vom Markt aus betrachtet, sah man links einen gigantischen Wehrturm mit einen nicht minder wuchtigen Querhaus. Das Ganze war in starken Bruchsteinen ausgeführt, die Fenster eher klein und die Kulisse bedrohlich. Rechts dagegen entstand etwas Anderes mit einem Turm über der Ostquerung und hohen Fernstern. Und zwischen beiden Baustellen klaffte eine Lücke. Relikte des romanischen Vorgängerbaues machten den Anblick sogar noch verwirrender.

Das Paradiesportal war über Jahrhunderte das prächtigste romanische Figurenportal weit und breit. Die ursprünglich doppelt so große Vorhalle diente den Jakobspilgern als Schlafgelegenheit.

Die fällige, architektonisch überzeugende Schließung der Verbindung zwischen beiden Teilen sollte länger als geplant auf sich warten lassen. Wegen Pfuschs am Bau kam es 1236, möglicherweise auch etwas eher, zur Katastrophe. Der so genannte Vierungsturm über dem östlichsten Deckenteil des entstehenden Langhauses brach in sich zusammen. Zugleich barsten 14 Gewölbejoche, die die hohe Decke zum Lobe des Herrn tragen sollten. Immerhin konnten die Paderborner in der heil gebliebenen Apsis weiterhin Gottesdienst feiern.[27]

Von Toten und Verletzten bei der Katastrophe ist nichts bekannt. Nicht einmal der Name des unglückseligen Dombaumeisters ist überliefert. Die Arbeiten kamen zum Stillstand. Sie wurden nach einiger Zeit unter neuer Leitung und deutlich langsamer fortgeführt. Vermutlich wurde der Mörtel jetzt weniger gestreckt und stärker auf Qualität statt Tempo gesetzt. In diese Phase fällt auch die künstlerische Ausgestaltung des Paradiesportals, das 1340 fertig wurde. An keiner Stelle des neuen Doms wird der Einfluss der nordfranzösischen Kathedralgotik deutlicher.

Paradiesportal

Die südliche Vorhalle war bis 1859 doppelt so groß wie heute. Das Paradiesportal diente unter anderem den Jakobspilgern als Schutzraum und Schlafgelegenheit. Wer aus dem Norden Deutschlands kam, sah eine solche architektonische Schönheit oft zum ersten Mal. Auf dem Weg nach Santiago de Compostela sollten die frommen Wanderer weitere Kirchen mit einem solchen Empfangsbereich kennenlernen.

Besucher standen beim Betreten des Hohen Doms vor dem seinerzeit größten romanischen Figurenportal weit und breit. Zwischen den beiden Dompforten thront die Mutter Gottes mit

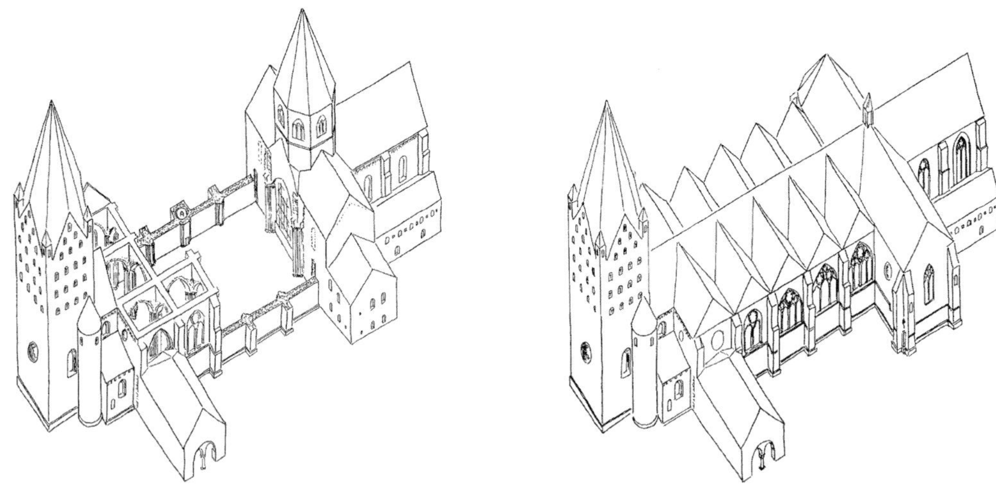

Der Bau des heutigen Domes begann 1215/1220 mit dem Turmbau. Um 1236 stürzte im Ostteil (rechts) der hohe Vierungsturm wegen Pfuschs am Bau ein. 1280 waren Langhaus und Ostquerhaus fertig.

dem Jesuskind. Maria präsentiert sich nach dem damaligen Verständnis als die neue Eva, die die Türen zum Paradies öffnet.[28] Daher der Name. Sie ist zugleich die Patronin der Bischofskirche. Die beiden anderen Schutzheiligen, Liborius und Kilian, sind rechts und links von ihnen angeordnet. Auf dem dunklen Holz der Türen fallen sie kaum ins Auge.

Je drei Jünger und eine weitere Heiligenfigur bilden das spätromanische Säulen- und Statuenportal. Eindeutig erkennbar sind vier Apostel: Auf der linken Seite Jakobus mit der Muschel, dem Zeichen der Jakobspilger, und Petrus mit gelocktem Haar. Rechts befinden sich Paulus mit hoher Denkerstirn und der bartlose Johannes. Bei den äußeren Figuren könnte es sich um Bischof Julian von Le Mans, gestorben vor 350, und die heilige Katharina von Alexandrien, hingerichtet um 305, handeln.

Nach dem Teileinsturz

Die teileingestürzte Halle blieb zwei Jahrzehnte eine Baustelle. Erst zwischen 1250 und 1260 ging es wirklich weiter. Endlich kamen die Arbeiten gut voran. Zugleich hatte man sich entschieden, die Seitenschiffe ebenso hoch auszubauen wie das Mittelschiff, und damit eine Hallenkirche zu schaffen: Eine gigantische Leistung, die bis heute ausstrahlt.

Vollendet wurde die nunmehr tatsächlich als kompletter Neubau zu betrachtende Maßnahme mit den zwei Armen des Ostquerhauses. Im Süden verschwand damit eine kleine Bischofskapelle aus früheren Tagen. Im Norden entstand der so genannte Hasenkamp, das bis heute wenig beachtete Querhaus links vom Hochchor.

Bausumme und Geldgeber sind ebenso unbekannt wie die Zahl der Arbeiter und Künstler, die der Dombau über viele Jahrzehnte ernährte. Sicher ist, dass Fachleute für den Kathedralenbau aus Frankreich beteiligt waren. Der große Einsatz von Arbeitskräften ließ die Stadt aufblühen. Allein das Heranschaffen des Baumaterials aus den Steinbrüchen und Wäldern der Umgebung schuf ein bis dahin nicht vorhandenes Transportgewerbe. Gasthäuser, Bewirtung und Werkstätten verliehen der Stadt, die ohnehin stark wuchs, zusätzliche Prosperität. Unstrittig ist auch, dass ein solches, heute würde man sagen, Leuchtturmprojekt erhebliche positive Impulse für die gesamte Region auslöste.

Bewohner der Stadt

Die Bewohner der mittelalterlichen Stadt waren keineswegs gleich, schon gar nicht eine geschlossene Gruppe.[29] Gesicherte Zahlenangaben gibt es allerdings nur für wenige Untergruppierungen.

Bürger

Wer über einen eigenen Haushalt verfügte, keinem Grundherrn verpflichtet war und den Bürgereid geleistet hatte, war fein raus. Er stand sich besser als die Masse der Stadtbewohner und wähnte sich im Rang über ihr. Er zahlte allerdings auch mehrere Steuern und musste zur Sicherheit der Stadt beitragen. Ein gut situierter Bürger verfügte über ein Pferd mit Ausstattung für den Kampf, Armbrust und weitere Waffen. Ob beritten oder nicht, Wachdienste und erforderlichenfalls Kampfeinsätze waren Bürgerpflicht.

Unfreie

Auch in Paderborn machte Stadtluft frei. Wer mehr als ein Jahr und einen Tag in der Stadt (über-)lebte, konnte im Prinzip darauf hoffen, die Bürgerrechte zu genießen. De facto war die Lage für eine große Gruppe von unterschiedlichster Herkunft allerdings ungleich komplizierter. Nur wenige Umlandbewohner wurden von ihren Grundherren aus der Abhängigkeit entlassen. Entlaufene mussten hoffen, dass sie nicht doch zurückgefordert und dann tatsächlich der Stadt verwiesen wurden. Schließlich gab es Hörige, die nur auf Zeit in der Stadt sein durften, um dann nach Belieben des Grundherren wieder abkommandiert zu werden. Nicht einmal Heirat oder beispielsweise die Garantien eines Handwerksmeisters für seinen Gehilfen halfen da weiter. Zugleich war die Verfügung über die in die Stadt gelangten, oft willkommenen Arbeitskräfte ein ständiger Zankapfel zwischen Stadt und Land.

Geistliche

Die geschätzt 250 Geistlichen und Ordensangehörigen in der Stadt, vom Messpriester bis zum Domherrn, waren von alledem unberührt. Sie unterstanden dem Kirchenrecht und konnten sich innerhalb der Bürgerschaft vieles erlauben, was den normalen Bewohnern zum Ärgernis geriet. Noch konfliktträchtiger war die Tatsache, dass auch ihre geschätzt 1000 Bediensteten dem Kirchenrecht unterstanden, der Stadt aber weder Steuern noch Gemeinschaftsdienste schuldeten. Da Geistliche und deren Dienerschaft oft auf städtischem Grund und nicht in der Domfreiheit lebten, wurde die Rechtslage noch komplizierter.

Ministeriale

Die Dienstleute des Bischofs, seine Ministerialen, stehen für eine kirchliche Elite, die innerhalb der Bürgerschaft agiert, und über ganz besondere Privilegien verfügte. Sie durften Handel betreiben, pachteten schon mal Mühlen oder brachten Feldfrüchte auf den Markt, ohne städtischen Regelungen zu unterliegen. Auch hier war Ärger über Ungleichbehandlung und fehlende Rechtssicherheit programmiert.

Randgruppen

Randgruppen bildeten die Juden, die zeitweise unter dem Schutz des Bischofs standen, sowie die Angehörigen nichtehrbarer Berufe. Darunter waren nicht nur Dirnen und Spielleute zu verstehen, sondern auch Abdecker, Totengräber und sogar Barbiere. Ausgegrenzt, aber von den Bürgern versorgt, lebten die Leprosen wegen der Ansteckungsgefahr draußen vor der Stadt am Hellweg nahe dem Balhorner Feld.

Auf dem Weg zum Stadtrat

Die kommunale Selbstverwaltung, wie wir sie kennen und schätzen, ist nirgendwo auf der Welt vom Himmel gefallen, auch nicht in Paderborn. Sie ist immer das Ergebnis eines langen Prozesses, blockiert und getrieben von Konflikten. Dabei gibt es allerorten und in allen Systemen selbsternannte oder auch vorgeschobene Sprecher einer Gruppe. Wir finden Zusammenschlüsse Gleichgesinnter und selbst in totalitären Systemen die Erkenntnis, dass steter Tropfen Steine höhlen kann.

Drei Jahrhunderte nach der Überführung der Gebeine des Heiligen Liborius nach Paderborn, mithin der Vollendung der christlichen Missionsstation in heidnischem Gebiet, emanzipierte sich die rein irdische Dimension der Siedlung. Erstmals wird ein Stadtrat für Paderborn im Jahre 1238 in den schriftlichen Überlieferungen bezeugt. Bis zur freien Wahl seiner Mitglieder durch das höhere männliche Bürgertum sollten allerdings weitere 89 Jahre vergehen.

Der Weg dahin ist in seinen Anfängen kaum bekannt. Aber je öfter es zu juristischen Auseinandersetzungen und entsprechenden Urkunden kommt, umso deutlicher lässt sich das ständige Ringen um Mitsprache rekonstruieren. Selten, aber bisweilen erkennbar, ist die Förderung von Mitverantwortung durch kluge geistliche Landesherrn.

Mehrere „Cives", das lateinische Wort für „Bürger", werden 1103 erstmals in einer Zeugenliste aufgeführt. Diese Aufzählung mehrerer Namen von Personen, die vor dem Stadtgrafen des Bischofs etwas beeiden, ist zwar Bestandteil einer gefälschten Urkunde, dennoch hält sie der Historiker Mathias Becher für brauchbar.[30] Hintergrund: In den so genannten Abdinghofer Fälschungen von 1150 geht es darum, möglichst authentisch angebliche Besitzansprüche zu belegen. Da macht es sich gut, reale, aber eben verstorbene Bürger namens Brun, Rother, Thancmar, Heribold, Thiederic und Welziko als Zeugen aufzuführen. Auf jeden Fall wird deutlich, dass es schon zu diesem Zeitpunkt neben dem Klerus und dessen Bediensteten eine weitere relevante Gruppe von anerkannten und rechtsfähigen Personen gibt.

Innerhalb der Domimmunität galt Kirchenrecht. Aber außerhalb des „heiligen Bezirks" war eben auch kein rechtsfreier Raum mehr. Eine geschmiedete Kette, die über die kommenden

Bischof Simon V. hat bis heute einen Ehrenplatz im Altarraum des Domes. Links am Südpfeiler findet sich seine aufgerichtete Grabplatte.

Jahrzehnte immer wieder zum Zankapfel werden sollte, trennte mitten in der Schildern-Gasse die beiden Rechtswelten. Außerhalb der Demarkationslinie wohnten Fernhandelskaufleute, Handwerksmeister, Gehilfen, freie Bauern und mit Sicherheit Unfreie oder Illegale, wie wir heute sagen würden.

Auch wenn die hierarchisch gegliederte Bewohnerschaft der Stadt reichlich Konflikte untereinander, teils vor Gericht teils mit der Faust, auszutragen hatte, so sahen sich alle Schichten immer öfter einem gemeinsamen Gegner gegenüber. Der amtierende Bischof war nicht nur Landes-, sondern auch Stadtherr. Er hatte Streit zu schlichten, Einnahmen zu generieren und Steuern eintreiben zu lassen. Vor allem aber musste der Herrscher seine territorialen Interessen durchsetzen. Die Herausbildung des Hochstifts Paderborn, die hier nur am Rande Thema sein kann, lief in weiten Teilen zeitgleich ab. Zu selbstbewusste Untertanen waren lästig, mitunter sogar mehr als ärgerlich.

Die Fürstbischöfe hatten 1220 ihre weltliche Macht von Kaiser Friedrich II. im „Bündnis mit den Fürsten der Kirche“[31] verbrieft bekommen. Darauf beriefen sie sich zu Recht und wollten davon auch nicht lassen. Die 1232 auch weltlichen Fürsten verliehenen Privilegien erlaubten die Ausübung ursprünglich königlicher Rechte. So durften fortan Bischöfe in ihren Territorien Abgaben erheben, Burgen und Städte bauen sowie Gerichtsurteile fällen, die der König anerkannte. Besonders günstig für die Kleriker: Wenn ein kirchliches Gericht Todesurteile fällte, oblag die Vollstreckung den weltlichen Mächten.

Das Stadtsiegel an einer Urkunde aus dem Jahr 1335. Es zeigt die Kaufmannskirche St. Pankratius, auch erste Marktkirche genannt. Sie befand sich bis 1784 auf dem heutigen Marienplatz.

Nicht allein der Landesherr, der fortan Fürstbischof war, blockierte in den kommenden Jahrhunderten die bürgerliche Emanzipation. De facto waren die Paderborner von einer ganzen Koalition alter Mächte abhängig. Neben dem Bischof standen das Domkapitel samt kopfstarker Haushalte mit eigenem Recht und Rückzugsraum in der Domimmunität, geistliche Institute wie die Stifte und Klöster rundum sowie auf dem Lande residierende kirchliche Verwaltungsbeamte beziehungsweise Ritter und adlige Gutsherren. Letztere hatten alte Mitspracherechte am Bischofssitz und damit nach ihrem Verständnis auch in der wachsenden Stadt.

Dennoch wackelte der Bischofsstuhl von Paderborn durchaus. Das hatte eine innere und eine äußere Ursache. Immer mehr Unfreie, deren Grundherren sie nicht ziehen lassen wollten, drängten in die Stadt. Die ansässigen Bürger schätzten die Arbeitskräfte aus dem Umland. Damit entwickelte sich ein gleichgerichtetes Interesse der unteren zugewanderten und oberen alteingesessenen Schichten. Ihr gemeinsamer Gegner war der Bischof samt seiner von Grundeigentümern und Geistlichen getragenen Administration.

Vor diesem Hintergrund stellten sich die Paderborner im Jahr 1222 gegen Bernhard III. Ob der amtierende Bischof aktiv verjagt oder einfach nur passiv ausgesperrt wurde, ist nicht ganz zu klären. So gern die Geschichte erzählt wird, so wenig Exaktes ist über den ungeheuerlichen Vorgang bekannt. Tatsache war, dass das geistige Oberhaupt seinen eigenen Dom nicht mehr betreten konnte.

Politisch bedeutsam und historisch relevant wird das schmähliche Geschehen erst im Zusammenhang mit dem beginnenden Kölnisch-Paderborner Konflikt. Die rheinischen Erzbischöfe wollten ein vom Kaiser nach der Entmachtung Heinrich des Löwen 1180 zugestandenes Grafenrecht in Westfalen festigen und bis an die Weser ausüben. Sie schlossen dazu lokale Bündnisse mit den Grafen von Schwalenberg, den Edelherren von Brakel und Lippe, sowie den Herren zu Büren. Mit den Gründungen der Städte Geseke, Brilon, Obermarsberg und Rüthen wurden auf Kölner Seite weitere Fakten geschaffen. Kontakte zwischen Köln und der sich emanzipierenden Bürgerschaft in Paderborn bewirkten ein Übriges. Vermutlich musste der Kölner Erzbischof die Paderborner Oberschicht nicht einmal zum Aufstand gegen den Stadtherrn anstacheln. Sie fühlte sich angesichts der Nöte Bernhard III. auch so stark genug, eine Kraftprobe zu wagen und das Aufbegehren der untersten Schichten zu nutzen.

Die Vertreibung Bernhard III. wertet der Historiker Heinrich Schoppmeyer als ersten dramatischen Höhepunkt einer seit langem schwelenden Kontroverse.[32] Zugleich waren die bürgerlichen Ministerialen im Dienste des Bischofs und die städtischen Eliten zu einer Gruppe mit fast identischer Interessenlage verschmolzen. Ihr Ziel war eine Schwurgemeinschaft, ein formeller Zusammenschluss aller im Interesse der Stadt de facto handelnden Laien. Dabei ging es mitnichten um so etwas Hehres wie demokratische Legitimation, es ging einzig um Problemlösung und letztlich um Macht.

Trotz des anschließend verhängten Bußgangs der 500 Aufständischen und ihres Kniefalls vor dem Bischof waren die Bürger letztlich die Gewinner. In einem Vertrag wurde erstmals altes Gewohnheitsrecht verbrieft. In die Stadt zugewanderte Hörige durften bleiben, sofern ihr Grundherr sie nicht innerhalb eines Jahres zurückforderte. So geringfügig diese Formalie heute scheinen mag, für einen Sklaven war das Papier eine phantastische Garantie. Die Regelung dürfte die Landflucht weiter angeheizt haben.

Die etablierten Städter wurden in dem Abkommen zudem an eine Selbstverständlichkeit erinnert. Sie hätten die Rechte des Bischofs, des Klerus am Dom sowie deren Ministeriale zu achten, hieß es in der Friedensregelung zwischen Bischof und Bewohnern. Soweit, so wenig überraschend. Aber, und das ist der Clou, erstmals sollte dies auch umgekehrt gelten. Damit standen sich Bürgerliche und Geistliche beinahe gleichberechtigt gegenüber. Mehr noch. Das Abkommen des Bischofs stärkte die Täter, die ihn, wenn auch nur befristet, vor die Tür gesetzt hatten, ganz praktisch: Die städtische schon länger einfach praktizierte Rechtsordnung wurde ebenfalls festgeschrieben und damit einklagbar.

Es gab jetzt bürgerliche Schöffen sowohl bei den niederen Burgerichten, als auch in der höheren Gerichtsbarkeit, dem Stadtgrafengericht. Die Schwurgemeinschaft der Honoratioren, die einer eigenen Verwaltung vorstand, führte erstmals ein eigenes Siegel. Das zeigte übrigens nicht den Dom, sondern die Kaufmannskirche am heutigen Marienplatz – klarer Ausdruck gewachsenen Selbstbewusstseins. Schließlich wird der Bischof nicht mit allen 500 barfüßigen Büßern verhandelt haben, sondern wohl eher mit einer Art Verhandlungsgruppe. Wir dürfen das Gremium als die erste uns bekannte Ratsherrenrunde betrachten.

De facto gab es im frühen 13. Jahrhundert noch keinen vollwertigen Stadtrat. Aber die Honoratioren wurden langsam zu einer festen Größe. Urkunden und Berichte aus dieser Zeit belegen dies. 1224, zwei Jahre nach dem befristeten Rauswurf des Bischofs, ergriff König Heinrich VII. (1229–1235) Partei für die „Burgenses paderbornenses". Dieser leider nicht näher beschriebenen Gruppe wurde die Wahl eines Reserverichters erlaubt. Wir lesen lediglich, dass es sich um „Honestiores civitatis" gehandelt habe. Nennen wir sie die Stadtelite. Das relativ unwichtige Ersatz-Amt, bis dahin nur mit Kirchenleuten besetzt, steht für mehr. Es ist ein Beispiel für immer neue Zugeständnisse, die dem Stadtherrn abgerungen wurden.

Bis zum ersten ernannten Stadtrat war es jetzt nicht mehr weit. Schon in den nächsten drei Jahren muss es dazu gekommen sein. Darauf deuten Gerichtsakten aus dem Jahr 1228 in der Nachbarschaft hin. Bernhard IV. genehmigte als Nachfolger des schmählich vertriebenen Bernhard III. Warburg und Nieheim mit der Verleihung von Stadtrechten sofort einen zwölfköpfigen Stadtrat. Es ist nur schwer vorstellbar, dass dieses Privileg dem äußerst selbstbewussten Paderborner Bürgertum noch länger vorenthalten werden konnte. Seine eigene Stadt zu übergehen, das hätte der „Neue" auf dem immer noch wackeligen Bischofsstuhl wohl kaum gewagt.

Befestigung der Macht

Im Gegenteil. Stadtgründungen zu betreiben, war ein Akt politischer Klugheit geworden. Eine wachsende Bürgerschaft, die Steuern zahlte, Anziehungskraft auf das Umland ausüb-

Die Burg Lippspringe, hier die Ruine des Amtshauses, war Eigentum und Machtbasis des Paderborner Domkapitels.

te und zum Schutz der Anlagen beitrug, war nicht zu unterschätzen. Schließlich waren die Kölner Erzbischöfe bemüht, ihrerseits das Hochstift mit Befestigungen einzuschnüren.[33] Deshalb musste sich der Fürstbischof die Kooperation und Treue seiner Untertanen mit mehr innerer Sicherheit und anderen Zugeständnissen erkaufen.

Die alten Adelsfamilien blieben auf ihren Herrensitzen im Umland auch nicht untätig. Für sie war der Unterschied zwischen Steuern erheben und Abgaben erpressen fließend. Gern wurde auch schon mal außerhalb des eigenen Territoriums abkassiert. Streitereien um Grenzverläufe und Einflusszonen waren an der Tagesordnung. Viele große Grundbesitzer waren alles andere als hohe Herren, sie waren brutale Raubritter.

Die Edelherren zur Lippe, ursprünglich bei Lippstadt ansässig, griffen mit dem Bau der Falkenburg nach einem neuen Herrschaftsgebiet, dem späteren Fürstentum Lippe. Die Rietberger Grafen antichambrierten zwischen Münster und Paderborn und von hessisch-waldecker Seite hatte das Hochstift stets das Schlimmste zu befürchten.

1312 versicherte das Domkapitel, dass seine im benachbarten Lippspringe gelegene Burg in Kriegszeiten auch der Paderborner Bevölkerung zur Verfügung stehe. Nur bei einem Streit mit dem Bischof sollte die Festung beiden Seiten verschlossen bleiben.[34] Das ist ein höchst aufschlussreicher Vertrag. Offenbar war die Bürgerschaft selbst zum Machtfaktor geworden, so dass die Eigentümer der Burg nicht ohne die Einbeziehung der Bevölkerung handeln konnten. Kurzum: Selbst bei einem Streit auf höchster Ebene musste die Festung an der Lippequelle daraus gehalten werden. Das Bedürfnis nach Sicherheit rangiert in unruhigen Zeiten eben klar über einem offenbar nicht unüblichen Familienzwist.

Bedingte Autonomie

Von einem namentlich bekanntem Ratskollegium lesen wir erst 1329. Spätestens jetzt hatte die Bürgerstadt „bedingte Autonomie", wie Schoppmeyer feststellt, erreicht.[35] Die formal immer noch von der Gunst des Landesherrn abhängige Selbstständigkeit wird nur noch durch zwei Faktoren eingeschränkt: die Bindung der Stadt an ihr direktes Umland und die in einem größeren Kreis rundum entstehenden neuen Territorien.

Wie schwach der Landesherr in Wahrheit war, wurde deutlich, als er sich eine sichere Fluchtburg vor den Toren der Stadt schaffen musste. Die Bedrohungen durch die eigenen Bürger und/oder durch die Kölner Erzbischöfe hatten sich unter Simon I. zur Lippe (1247–1277) erheblich verschärft. Deshalb holte er sich von Papst Alexander IV. (1254–1261) die Zustimmung für den Bau eines sicheren Hauses. 1257 begann er mit dem Bau einer stark befestigten Anlage in unmittelbarer Nähe seines alten, noch zu Bischof Meinwerks Zeiten gegründeten Haupthofes Neuhaus.

Er sollte das Refugium bald benötigen. Im Februar 1275 waren Unwillen und die Wut der Bürger auf ihren Bischof offenbar dermaßen hochgekocht, dass dieser fluchtartig die Stadt verließ. Von Neuhaus und von Salzkotten aus, das noch näher an der rettenden Außengrenze des Hochstifts lag, verfolgte er die Lage im aufgewühlten Paderborn. Was war geschehen, dass die Bürger nach dem Rausschmiss von 1222 schon wieder einem Landesherrn nach Leib und Leben trachteten?

Die Busdorfkirche war ursprünglich als ein Abbild der Grabeskirche in Jerusalem angelegt. Nur die zwei Rundtürme erinnern heute noch an diese Form.

Es ging ums Bier und ums Brot. Anfangs waren nur die Bäcker darüber erzürnt, dass der Domkämmerer die Preise für Hopfen und Getreide zu hoch getrieben hatte. Aber es gab mehr Betroffene am größten Getreidemarkt, den die Stadt für die Region darstellte. Und: Brotpreise hatten immer schon das Zeug, Revolten auszulösen. Im folgenden, zwei Jahre währenden Rechtsstreit, teilweise in Soest geführt, ging es ums Prinzip. Der Bischof und sein Finanzchef pochten auf ihr altes Recht, Marktaufsicht zu führen und Grundpreise für dort gehandelte Ware festzusetzen. Die unter steigenden Preisen leidenden Bewohner verfolgten jeden Schritt der Auseinandersetzung. Man war nicht länger bereit, den Kirchenleuten Extrabrötchen zu backen. Vermutlich war man schlicht jegliche Art von Bevormundung durch die Pfaffen leid.

Als dann die Stadt mit ihren Anwälten vor Gericht eine krachende Niederlage einsteckte, die Richter urteilten schlicht gemäß der uralten Rechtslage, war die Empörung groß. Die Wut schäumte wie das viel zu teure Bier. Und auch diesmal war das nicht alles. Genau wie zwei Generationen zuvor spielte der ungelöste territoriale Konflikt mit den Kölner Ansprüchen auf Herrschaft bis an die Weser den Bürgern in die Karten. Der inzwischen selbstbewusst und offensiv handelnde Stadtrat schloss einen Pakt mit dem neu ins Amt gekommenen Kölner Erzbischof Siegfried von Westerburg (1274–1297). Darin erklärte der Rat, dass Paderborn selbstverständlich die dem Erzbistum Köln 1180 verliehenen herzoglichen Rechte an einer „terra in westfalia" respektiere.

Man beachte: Die tiefe Verbeugung vor dem Kölner Bischofsstuhl war eine Missachtung des Paderborner Oberhirten mit all dessen Rechten. Er wurde nicht nur dreist übergangen, Simon I. wurde auch signalisiert, dass seine Untertanen sowohl dessen Autorität in der Stadt als auch seine wachsende Territorialherrschaft in Frage stellten. Wie zufällig passt eine spätere Darstellung des so respektlos behandelten Paderborner Bischofs an der Außenfassade des Doms zu diesem Vorgang. Zwei Spötter sitzen dem Landesherrn im Nacken. Dabei lässt der Künstler offen, ob sie ihm den Bischofshut huldvoll aufsetzen oder heftig an der Mitra zerren.

Nachdem sich andere westfälische Herrscher mit Paderborn gegen die Kölner Bedrohung verbündet hatten, zeigten sich auch die Bürger wieder gesprächsbereit. Allerdings nicht ganz

Links: Bischof Simon I. am Südgiebel des Doms. Spötter setzen ihm die Bischofsmütze auf – oder zerren sie gar an der Mitra? Rechts: Gedenktafel für Philipp Conrad von Viermunde – ein Schmuckstück der Dauerausstellung im neuen Stadtmuseum. Die Wappen verweisen auf Philipps mütterliche Vorfahren Hessen, Stapel, Haxthausen und Malspurg. Die Gedenktafel wurde in der Busdorfkirche aufgestellt, als Ritter Viermunde, der 1587 zu einem Kriegszug nach Frankreich aufgebrochen war, dort verstarb.

und schon gar nicht einfach so. Simon I. und Nachfolger Otto von Rietberg (1277–1307) machten Zugeständnisse bis hart an die Grenze zur Abgabe der Stadtherrschaft – und gewährten dem Rat 1279 endlich das Marktrecht über Brot und Bier.

Machthunger und Drang zur Mitsprache waren damit keineswegs gestillt, die Bürger rebellierten weiter. Wir kennen für das folgende Geschehen nicht den konkreten Anlass. Was auch immer es war, am Ende soll es 500 Tote gegeben haben. Die Opferzahl, ein Zehntel der Stadtbewohner, halten die Historiker für übertrieben. Unstrittig ist, dass einmal mehr die Bischofsburg in Neuhaus im Blickpunkt stand. Dorthin zogen die Paderborner wild entschlossen, um vor ihrem Fürstbischof zu protestieren. Vermutlich wollten sie ihm auch ans Leder. Der hohe Herr war allerdings nicht anwesend. Kurzerhand drang die Menge ins Gebäude und demolierte die Einrichtung. Zum Ziel des Zorns müssen auch Speisekammer und Weinkeller gehört haben. Denn als Männer des Bischofs anrückten, stießen sie auf keinen ernsthaften Widerstand mehr und erschlugen jede Seele, derer sie habhaft wurden. In einem 300 Jahre später verfassten und gewiss überzeichneten Bericht heißt es, die Leichen seien karrenweise vor der Paderborner Stadtmauer abgekippt und in einem Massengrab verscharrt worden.

Das scheinbar ewige Hin und Her, sowie das nicht nur symbolisch zu verstehende Rütteln und Reißen an der Kette im Schildern sollte erst ein Ende haben, als die Bürger die nach damaligem Verständnis vollständige Autonomie erreichten. Deutlichster Ausdruck war die 1327 im „Privilegium Bernhardi“ endlich zugestandene freie Wahl der Ratsherren. Der Bischof musste

Der Kreuzgang am ehemaligen Busdorfkloster wurde im 13. Jahrhundert angelegt. Noch heute nutzen die Paderborner den „Pürting" als kurzen Fußweg in die Stadt. Das Wort „Pürting" steht für Säulengang vom lateinischen „porticus".

nicht mehr gefragt werden. Mit Bischof Bernhard V. zur Lippe (1321–1341) stand endlich ein Landesherr an der Spitze, der klug genug war, sich den Freiheitswillen der Bürger zunutze zu machen. Das begann damit, dass er ihnen ohnehin seit Jahren ausgeübte Gerichts- und Selbstverwaltungsrechte als Privileg gewährte. Im Gegenzug verlangte der Bischof 400 Mark aus der Stadtkasse, die er zum Ausbau seiner territorialen Herrschaft dringend benötigte – und auch bekam.

Handel und Wandel im Mittelalter

Die mittelalterliche Stadt war der Ort für Handel und Handwerk.[36] In den ersten zwei Jahrhunderten nach dem Anstoß durch Meinwerks Bautätigkeit waren Handwerker noch ihre eigenen Händler.[37] Erst nach und nach verschoben sich die Gewichte zugunsten selbständiger Kaufleute. Diese konnten eher als andere bescheidenen Reichtum erwirtschaften. Vor allem aus diesen Kreisen ging das Bürgertum, später wird man sagen: Patriziat, hervor. Sie stellten Ratsherren und Bürgermeister, während Handwerker eher in ihren Zünften aufstiegen, aber nur selten in die oberste politische Schicht Paderborns vordringen konnten.

Zum Wandel trugen erste technische Fortschritte bei. Teilweise handelte es sich um verbesserte und intensivierte Arbeitsmethoden, mitunter kam es zu echten Erfindungen. Ganz klar, ohne Händler und Handwerker wäre Paderborn nie zur mittelalterlichen Stadt gereift. Obwohl zunächst nur dem Wohl und Wehe der kaufenden und konsumierenden Herrscher ausgeliefert, schaffen sie es, ihre Stellung mit Spür- und gewiss auch Sparsinn zu stabilisieren. Schon bald stellten sie sowohl im finanziellen wie im geistigen Sinne, einen führenden Stand dar.

Mühlen

Seit dem Beginn jeglicher Siedlung an den Quellarmen der Pader bändigten Mühlen die Kraft des Wassers. Bischof Meinwerk diente die Vergabe von Mühlenrechten und die Nutzung des Wassers für Fischzuchten geschickt zur Sicherung der Versorgung und Generierung von Einkünften.

Im 13. Jahrhundert hatte sich ein eigenes Mühlenviertel weitgehend auf kirchlichem Boden gebildet.1406 wurden 20 Getreide-, Malz-, Öl-, Schleif-, Säge-, Loh- (Lohgerber), Harnisch- (Ketten- und Harnischschmieder) und Walkmühlen (Tuchmacher) gezählt. Heimatfreunde sprechen heute vom ersten „gewerblichen Energiezentrum der Stadt".[38]

Selbst der Energiewende des 21. Jahrhunderts ist die über das Jahr stabile Wassertemperatur von 11 bis 14 Grad als vortemperiertes Füllwasser für Klimatisierungssysteme zu Diensten. Paderwasser wird wechselweise entweder zur Heizung oder zur Kühlung von Gebäuden eingesetzt und nach Gebrauch durch „Schluckbrunnen" zurückgeleitet. Das bescherte 2012 der Stadt in Kooperation mit EON Westfalen-Weser einen Nationalen Preis für integrierte Stadtentwicklung und Baukultur .

Das gewaltige Mühlrad der Stümpelschen Mühle an der Pader wird heute wieder genutzt – zur Erzeugung von sauberem Strom.

Hanse

Die Hanse bot den Kaufleuten des Mittelalters einen wesentlichen Rückhalt. Zunächst war sie ein Zusammenschluss von Fernhandelskaufleuten, später ein Städtebund, der den Warenaustausch über alle Zollgrenzen hinweg erträglich machte. Zu Zeiten der Kaufmannshanse vom 11. bis zur Mitte des 13. Jahrhunderts entstanden Fernhandelsbeziehungen über Lübeck nach Südschweden, Norwegen, Niederlande, ins Baltikum und nach England. Begonnen hatte alles 1230 mit einem Bündnis zwischen Hamburg und Lübeck, das vier Jahre zuvor das Privileg als Reichsfreie Stadt erhalten hatte. Zusammenschlüsse benachbarter Städte waren nicht neu, aber die Ausmaße der Hanse überragten schon bald ähnliche Systeme etwa in Italien.[39] Paderborn wuchs zu einem Teilnehmer in diesem nordeuropäischen Wirtschaftsraum heran, wenngleich nicht ganz so erfolgreich wie andere.

Zu Zeiten der Städtehanse fiel Paderborn, je stärker Lübeck aufstieg, Stück und Stück in seiner Bedeutung zurück. Der Handel vom Rheinland nach Norden ging jetzt an Ostwestfalen vorbei. Der Hellweg und die beschwerliche

Reise über Goslar und die Harzregion verloren an Bedeutung. Münster, Soest und Dortmund waren vom 13. bis 17. Jahrhundert dagegen verkehrsgünstiger gelegen und blieben wichtig.[40]

Auf den Hansetagen war Paderborn in der Folge nicht mehr ständig vertreten, schließlich wurden den Ratsherren die Mitgliedsbeiträge einfach zu hoch. Nicht nur die Paderborner glänzten durch Abwesenheit, auch viele andere Städte aus der Region: „Das Hauptübel war das Nichterscheinen", schreibt der Historiker Philippe Dollinger, „weil man die Kosten für die Abordnung sparen oder sich auch nicht an (Kriegs-)Entscheidungen beteiligen wollte, die man für unerwünscht hielt."[41]

Nachweislich entsandten Paderborner Fernhändler eine Reihe von Familienmitgliedern nach Norden und Westen. Ihre Namen sind in Neubürgerlisten und Urkunden der Städte Lübeck, Falsterbo (Südschweden), Bergen (Norwegen), Reval (Baltikum) und Deventer (Niederlande) verzeichnet. So zeugen Originalverträge im Paderborner Stadtarchiv noch heute von einem Henricus Palborn, Fernhändler für Waffen und Fisch (1278), oder von Hans Smedes. Der entstammte der Familie Oldermann und brachte es 1451 bis 1455 zum kaufmännischen Vorsteher eines Hansekontors in Bergen.[42] Paderborner Kaufleute sind auch als Einwohner der ostfriesischen Hafenstadt Emden nachweisbar. Dort machten sie im 16. Jahrhundert Geschäfte mit holländischen und englischen Kaufleuten, genannt merchant adventurers. Diese waren befugt, außerhalb des hanseatischen Bundes zu handeln. Die wichtigsten Artikel waren Hering, Bückling, Schellfisch, Plattfisch und Scholle – alles Spezialitäten, die auf dem Markt in Paderborn gefragt waren.

Paderborner Kaufleute lieferten ihren fernen Kunden so ziemlich alles, was sie selbst aus dem westfälischen Raum beziehen konnten. Neben Vieh, tierischen Produkten und vor allem Bier handelten sie mit Erzen, Eisen, Salz, Wachs, Handwerkszeug, Baumaterialien, Pelzen, Häuten und Leder. Die wegen der Gründung Lübecks im Spätmittelalter nachlasssenden Fernhandelsbeziehungen hatten Folgen. Paderborn war nur noch Knotenpunkt regionaler Bündnisse etwa mit Höxter, Warburg und Brakel. Kerngebiet blieb das Hochstift. Innerhalb des späteren Kreises Paderborn gab es schon 1614 eine Zollfreiheit, die der Stadt regionale Bedeutung und Wertschöpfung sicherte.

Seit 1475 verfügte Paderborn über das von Kaiser Friedrich III. (1440–1493) gewährte Privileg, Steuern auf Handelsware erheben zu dürfen. Danach waren für einen Wagen drei, für einen Karren eineinhalb Cöllnische Weißpfennige Zoll zu zahlen. Für genormte Warenmengen gab es bald eine Art Couponverfahren. Für gepackte Waren vom Bierfass bis zum Getreidesack wurden im Rathaus Geldwertzeichen auf ein Papier gestempelt, das dem Zollbeamten beim Verlassen am Stadttor ausgehändigt werden musste.

Paderborner Bier aus sage und schreibe 187 Braustätten[43] machte einen wesentlichen Teil der innerhalb und außerhalb des Stifts gehandelten Waren aus. Der Geschmack ist nicht überliefert, wohl aber sein guter Ruf. Die Nachfrage reichte nach Angaben aus einer anderen Urkunde bis Münster, Osnabrück, Kassel, Bremen und Oldenburg. So sind in den Zolllisten der Stadt 19 Fuder Bierexporte an nur zwei Handelstagen im Mai 1610 aufgeführt. Die Zahl der Brauereipferde, die solche Fuhrwerke von Paderborn durch ganz Norddeutschland zogen und den Ruf der Stadt gleich mit beförderten, ist nicht überliefert. Sie dürfte imposant gewesen sein. Wirtschaftsförderung auf seine ganz eigene Art betrieb Fürstbischof Ferdinand von Fürstenberg (1661–1689). Er dichtete ein Loblied auf das Paderborner Bier.

Paderborns Bedeutung als Einkaufsstadt, um einen modernen Begriff zu benutzen, war schon damals nicht zu unterschätzen. Aus dem gesamten Umland kamen Einzelhändler, um

Nachbau der historischen Pumpanlage von 1523, „Wasserkunst" genannt, durch den Verein „Freunde der Pader". Vom Paderquellgebiet aus wurde jahrhundertelang Wasser in die „Kümpe" der Stadt gepumpt.

Dinge des täglichen Bedarfs, so genannte Hockerware, anzupreisen. Die Geschäfte gingen gut. So kaufte ein Johann Remmers aus Bremen 1609 für die enorme Summe von 152 Talern Fisch, Butter, Schuhe und Werkzeuge wie Hämmer und Zangen. Auch Bürgermeister Nörwardt aus Brilon ging gemäß einer Urkunde aus dem Stadtarchiv 1614 in der großen Einkaufsstadt jenseits der Grenze für 54 Taler shoppen.

Wasserkunst

Technische Neuerungen blieben die Ausnahme – und wenn es doch welche gab, fehlten den Zeitgenossen die passenden Worte. So wurde die erste Anlage für Trink- und Löschwasser nicht als Pumpwerk, sondern als „Paderborner Wasserkunst" bezeichnet. Die Feuersbrunst von 1506, die 300 Häuser vernichtet hatte, führte zur ersten vorbeugenden Brandschutzmaßnahme in der Stadt. Es galt, die Löschwasserversorgung in der Stadt oberhalb der Quellen und Flussarme grundlegend zu verbessern.[44] Die erste Pumpe entstand 1523 an der Börnepader. Die Kraft des fließenden Paderwassers wurde über ein Wasserrad auf eine Kolbenpumpe übertragen, die über ein hölzernes Rohrleitungssystem Wasser „künstlich" bergauf in die knapp 15 Meter höher gelegenen Stadtteile beförderte. Damit hatte die Stadt eine öffentliche Wasserversorgung.

Die ersten, die das angenehm warme Wasser der Pader zu nutzen wussten, waren die Paderborner Waschfrauen. Die Aufnahme aus den 1930-er Jahren zeigt eine Szene, wie sich sie schon Jahrhunderte früher hier abgespielt hat.

Der höchstgelegene Kump stand am Kamp. Von dort nahm das Paderwasser seinen Lauf über Rohrleitungen zu mehreren tieferliegenden öffentlichen Schöpfstellen. Der Ausbau zum großen Löschwasserbehälter erfolgte 1586. Weitere Kümpe entstanden zwischen dem heutigen Bischofspalais und dem Vincenz-Krankenhaus, auf dem Marktplatz (Neptunbrunnen), vor dem Rathaus, auf dem Marienplatz und in der Westernstraße vor dem Franziskanerkloster. Später folgten weitere Versorgungsanlagen für das Jesuitenkolleg (1604) und das Kapuzinerkloster, das sich von 1626 an aus der Dielenpader versorgte.

Das System war so gut, dass es bis zum Bau einer modernen öffentlichen Versorgung im späten 19. Jahrhundert von Bedeutung blieb. Die Stadt bekam 1888 ein Leitungsnetz mit Hausanschlüssen und Verbrauchszählern. Damit war der Grundstein zur Gründung der Städtischen Wasserwerke, heute Stadtwerke Paderborn GmbH, gelegt. Schon 1902 desinfizierte eine der ersten Ozonanlagen in Europa das Paderborner Leitungswasser.

Flößwiesen

Noch heute erkennbar ist eine weitere wassertechnische Nutzung, diesmal unterhalb des Quellgebiets.[45] Reste von Stauwehren und Gräben in der Heinz-Nixdorf-Aue parallel zum Fürstenweg zeugen von einer alten Flößwiesenbewirtschaftung. Zum Ende der Frostperiode wurden die Wiesen mit Paderwasser geflutet. Das hatte mehrere Vorteile. Schwebstoffe und im wärmeren Wasser gelöste Nährstoffe düngten den Boden. Außerdem beschleunigte die leichte Erwärmung das Wachstum der Wiesen für die Heuproduktion. Durch das Flößen konnte mindestens eine Mahd mehr pro Jahr eingeholt werden. Zugleich stiegen die Erträge pro Ernte. Die Flößwiesen wurden bis in die 1960-er Jahre genutzt.

Jüdisches Leben

Die erste kurze Erwähnung jüdischen Lebens findet sich 1378: Der Bischof wirft den Paderbornern vor, „Jakobe, unsem joden" Kannen, Töpfe und Geld gestohlen zu haben. Erst 1550 gibt es wieder Hinweise, diesmal auf vier jüdische Familien, die aus eigennützigen Erwägungen des Bischofs heraus wieder in die Stadt aufgenommen werden sollen.

Ihre Lebensform unterschied sich in Sprache, Kultur und Tradition deutlich von der christlichen Umgebung. Die Juden unterlagen nicht der allgemeinen Rechtsordnung. Wer sich im Paderborner Land niederlassen wollte, musste sich bischöflichen Schutz erkaufen. Ferdinand von Fürstenberg gewährte 1661 einen so genannten Generalschutzbrief. Darin verpflichtete sich der Landesherr, Eigentum, Handel und die betroffenen Personen selbst zu sichern. Der stets recht teure Schutzbrief musste alle zehn Jahre erneuert werden. Starb ein Bischof, musste vom Nachfolger sofort eine neue Garantie gekauft werden. Die alte war ungültig geworden.

Während die Fürstbischöfe an möglichst vielen zahlungskräftigen Juden interessiert waren, wünschten die Städte das Gegenteil. Dokumentiert sind eine ganze Reihe von Klagen des Paderborner Rats. Die Judenschaft habe sich zu stark vermehrt und betreibe unerlaubte Geschäfte, hieß es immer wieder. Handwerker und Kaufleute fürchteten die jüdische Konkurrenz. Der Forderung, Juden deshalb des Landes zu verweisen, kamen die Landesherren nie nach.[46]

Dank der Nähe zu den fürstbischöflichen Behörden und Paderborns Stellung als Hauptstadt des Fürstentums verfügten die Paderborner Juden einerseits über ein relativ breites Handelsspektrum. So betrieb der Schutzjude Lehmann Aron umfängliche Geld- und Wechselgeschäfte mit anderen Staaten. Joseph Abraham hatte sich auf den Handel mit Wolle spezialisiert. Andererseits war die jüdische Minderheit immer wieder Anfeindungen ausgesetzt. Es gibt über die Jahrhunderte zahlreiche Berichte über Verwüstungen jüdischer Häuser. Die Täter sind oft Studenten, Handwerker und auch Kinder, die man ungestraft Scheiben einwerfen lässt.

FRÜHE NEUZEIT BEGINN

Reformation

Martin Luther war nie in Paderborn, aber seine Lehre erreichte die Stadt relativ bald. Im 40 Kilometer entfernten Lemgo wurden Luthers 95 Thesen gegen den Ablasshandel schon 1518, nur ein Jahr nach deren Veröffentlichung in Wittenberg, gelesen. 1524 berichtete der Böddeker Klosterbruder Göbel aus dem benachbarten Hessen: „Kassel is gans vorkert und lutters geworden."[47] Noch im gleichen Jahr hielt Johannes Westermann im Franziskanerkloster von Lippstadt die erste evangelische Predigt in Westfalen. Abdrucke des Textes waren begehrt und breiteten sich schnell aus. Gelesen und heftig diskutiert wurden sie allem Anschein nach auch im Minoriten-Kloster am Kamp.

Wir wissen nicht genau, wann die erste reformatorische Schrift die Stadt erreichte, aber die kirchliche Obrigkeit reagierte schnell. Für die Verbreiter der neuen Lehre wurde kurzerhand ein Kanzelverbot verhängt. Aber es half alles nichts, der Geist war aus der Flasche. Die aufmerksam gewordenen Paderborner hörten zwei Jahre später, 1526, die erste protestantische Predigt in ihrer Stadt. Gott kann jede Seele vor dem Fegefeuer bewahren, ganz ohne Ablassbrief und endlose Wartezeit. So lautete die neue Lehre. Gehalten wurde die Ansprache vom Hofkaplan des Kurfürsten Johann Friedrich I. von Sachsen (1532–1554). Der Prediger nutzte dazu statt der Kanzel das Fenster eines gastlichen Hauses. Der Kurfürst von Sachsen, genannt der Großmütige, war gerade auf der Durchreise zum Niederrhein, wo er seine spätere Frau Sibylle von Kleve treffen wollte.

Über die Wirkung der Fensterpredigt rätseln die Historiker. „Von einer breiteren Resonanz dieser Predigt ist jedoch nichts bekannt, wie überhaupt in vielen westfälischen Städten die Herausbildung einer sich eindeutig zu Luthers Lehre bekennenden Bevölkerungsgruppe vergleichsweise langsam vor sich ging", urteilen die Autoren Ehrenpreis und Horstkemper im Standardwerk zur Paderborner Stadtgeschichte.[48]

Franz von Löher interpretiert die Quellen in seinem „Kampf um Paderborn", erschienen 1874, noch ganz anders. „Die Leute strömten in Menge herbei und ...was sie hörten, ging ihnen zu Herzen."[49] Alter Unwille gegen die Domherren sei durch die Fensterpredigt neu geweckt

Das Adam-und-Eva-Haus (links), Paderborns ältester Privatbau, ist der einzige indirekte Hinweis auf die Reformation in der katholischen Stadt. Es zeigt auf seinem Schnitzgiebel biblische Szenen, die Evangelisten und Spottfiguren, aber keine Heiligen – nicht einmal den Schutzpatron Liborius.

Links: Franz von Löher (1818–1892), Paderborns erster Sozialhistoriker. Rechts: Landgraf Philipp von Hessen (1504–1567) unterstützte die Reformation in Paderborn, kam den bedrängten Protestanten in der Stadt aber nicht zur Hilfe.

worden, schreibt Paderborns erster Sozialhistoriker. „Die Geistlichkeit verkaufte wider städtisches Recht Getreide und Wein, deren Dienerschaft betrieb Mühlen und Handwerk. Das ungleiche Recht auf engem Raum war den Bürgern schon lange ein Dorn im Auge."

Handfest zur Sache ging es beim Tanzfest 1528 auf dem damals Kohlgrube genannten Platz zwischen Schildern und Dom. Erst stritten sich Bürgersöhne und geistliches Gesinde ums Vortanzen, dann folgte eine Massenschlägerei mit ganz erheblichen Folgen. Tagelang wurden der Dom und die Wohnhäuser der hohen Geistlichkeit geplündert. „Man schleppte Wein und Bier und Speisevorrat auf die Straße" schildert Löher. Er kommentiert Ungehorsam und Rebellion durchaus mit Sympathie. Im Dom brach die wütende Menge die Gitter zum Hochaltar auf und „die Bücher flogen von den Chorstühlen und an die Stelle der Domherren stellten sich berauschte Handwerker und äfften unter Jubel und Gelächter den Wechselgesang der Domherren nach... Entsetzt flüchtete das ganze Domkapitel aus der tosenden Stadt."[50]

Das Ergebnis waren 1300 Gulden Geldstrafe, zahlbar vom Rat der Stadt an den Fürstbischof sowie neben weltlichen Auflagen die erste eindeutig theologische Reaktion der Amtskirche auf die in Paderborn um sich greifende Reformation: Neugläubige Einflüsse müssten unterdrückt werden, heißt es in der sofort erlassenen Verordnung des Fürstbischofs, genannt erster Rezess. Es sollten weitere folgen.

Löher, der die Geschehnisse aus der Sicht des 19. Jahrhundertes radikaler als die Heutigen interpretiert, schreibt: „Die Kunde von diesen Ereignissen flog durchs Land. Die Mönche, welche sich auf den Dörfern herumtrieben, waren ihres Lebens nicht mehr sicher. Feuertöpfe und Schwindler strömten nach der Stadt. Bei den Franziskanern fanden sie offen Gehör, denn diese Mönche waren die eifrigsten, Luthers Lehren zu predigen. Nicht lange dauerte es, so holten sie sich sonntags abends hübsche Frauen und Mädchen ins Kloster, mit denen sie bei Flötenspiel und Fackelglanz Tänze aufführten. Es scheint, man fand nicht viel Arges dabei. Grundsätze, die sonst Kirche und Recht zusammen hielten, flogen jetzt wie Spinnweben in die Luft... Ein seltsam ruheloses Wandern, Streiten und Erörtern war in die sonst so stillen Westfalen und Niederländer gefahren."

Und weiter heißt es: „Paderborn sollte ein Vorspiel zu jenem Reiche Zion aufführen, welches bald darauf im blutroten Glanze im benachbarten Münster erschien. In all den Nachbarstädten, in Lemgo, Lippstadt, Soest, Höxter gab es Unruhen und Aufläufe. Man bemächtigte sich der Kanzeln, der Rathäuser, der Tortürme und führte Luthers Lehre ein."[51]

Hermann von Wied war von 1532 bis 1547 Fürstbischof in Paderborn. Erst bekämpfte er die Reformation, dann schloss er sich ihr an.

Mit dem Tod von Fürstbischof Erich von Braunschweig-Grubenhagen im Mai 1532 brach sich der Unwille gegen den geistlichen Landesherrn und den Magistrat endgültig Bahn. Luthers Anhänger forderten vom Stadtrat die Zuweisung einer eigenen Kirche. 300 von 1200 männlichen Bürgern schlossen sich zu einer Schwurvereinigung zusammen. Als der Rat ablehnte, zeigte sich zum ersten Mal, wie stark der neue Glaube in der Stadt geworden war. Die neue Bewegung nahm gleich zwei Gotteshäuser in Beschlag, die Gau- und die Marktkirche, die sich damals auf dem heutigen Marienplatz befand. Passende Seelsorger waren auch schon da, sie kamen aus dem Minoritenkloster am Kamp.

Das Domkapitel beendete die ungewohnte Religionsfreiheit mit einer außergewöhnlich schnellen Regelung der Nachfolgefrage. Die bischofslose Zeit, Sedisvakanz genannt, konnte mitunter Monate und sogar Jahre andauern. Diesmal nicht. Das Domkapitel wählte Graf Hermann von Wied, seit 1515 Erzbischof von Köln, zum neuen Oberhirten. Damit hatten Paderborns erste „Protestanten", im Sinne von Widerstand gegen die Obrigkeit, nicht gerechnet. Sie schlossen zwar noch die Stadttore und bewaffneten sich notdürftig. Aber ihr Ruf nach militärischer Unterstützung aus dem evangelischen Hessen verhallte ungehört. Weil Hilfe von außen ausblieb und der neue Bischof mit einer größeren Reitertruppe im Oktober 1515 geradezu nach Paderborn einmarschierte, war es vorbei mit Bürgermut und Bürgerwut.

Wied saß ja bereits auf dem Bischofsthron in Köln (1515–1547). Sein zusätzliches Amt als Administrator im fernen Paderborn übte er zunächst milde aus, zumindest hatte es den Anschein. Doch dann stellte er den ebenso Neu-, wie Leichtgläubigen Paderbornern eine böse Falle. Sein feierlicher Empfang für die Bürgerschaft als neuer Stadtherr geriet urplötzlich zur Einkesselung im Klostergarten des Abdinghofs. Soldaten verstellten den Weg. Alle Gäste wurden zu Gefangenen erklärt. Letztlich blieben 16 angebliche Rädelsführer in Kerkerhaft. Einige von ihnen wurden zum Tode verurteilt, aber wenig später wieder mit großer Geste begnadigt.

Wichtiger als die Drohgebärde war der folgende zweite Rezess, der erstmals eine theologisch geprägte Disziplinarmaßnahme festschrieb. Alle Bürger wurden verpflichtet, dem neuen Glauben abzuschwören und nicht länger Dienstboten aus der protestantischen Umgebung zu beschäftigen. Die Geistlichen der Stadt wurden wieder auf den alten Glauben ver-

Hermann Hamelmann (1526–1595) war der wichtigste Chronist der Reformation auf protestantischer Seite in Westfalen und Lippe.

pflichtet und die Schützengesellschaft wurde verboten. Im verkleinerten Rat mit nur noch 24 statt 40 Sitzen blieb die oberste Patrizierschicht fortan unter sich. Sie hatte im Gegensatz zu den Handwerkern der kirchlichen Macht noch die Treue gehalten.

Diese erste durchaus auch politisch zu verstehende Erhebung im Fahrwaser von Luthers Lehre war kein Schlussstrich. Die einfachen Leute vergaßen nicht. Der Gründungsmythos einer Bewegung gegen die Amtskirche war geboren. Nur eine Generation später erklärte der protestantische Intellektuelle Hermann Hamelmann (1526–1595) die Aufrührer von 1532 schon zu Märtyrern ihrer evangelischen Überzeugung und verglich die 16 Angeklagten aus dem Abdinghof-Kessel mit den 12 Aposteln Jesu.[52]

1545 zeigte sich, dass die reformatorische Bewegung nicht nur die Paderborner Stadt- und Landbevölkerung aufrührte. Völlig überraschend leitete Hermann von Wied, der in seinem Hauptbistum Köln permanent mit Diskussionen um die neue Lehre befasst war, die Freigabe des Glaubensbekenntnisses für Paderborn ein. Das ist umso erstaunlicher, als von Wied in Köln die Reformation zunächst bekämpft und zwei lutherische Prediger hatte hinrichten lassen. Aber nach Disputen mit den Reformatoren Philipp Melanchthon (1497–1560) und Martin Bucer (1491–1551) war der Fürsterzbischof im Laufe der Jahre selbst zu einem Anhänger Luthers geworden.

Damit stand das für viele bis heute Undenkbare urplötzlich als historische Variante im Raum: ein auf Jahrhunderte so evangelisches Paderborn wie Detmold, Herford oder Bielefeld. Doch der alte Glauben sollte obsiegen. Allerdings brauchte es in diesem besonderen Moment des Jahres 1546 die schärfste Waffe, die Rom aufzubieten hatte. Der Papst setzte von Wied ab und exkommunizierte ihn. Zugleich übte das Paderborner Domkapitel allerheftigsten Widerstand gegen jegliche kritische Bestrebung aus.

Die alten Kräfte erwiesen sich in zweierlei Hinsicht als stark genug. Sie konnten das Aufbegehren der Gläubigen im Zaum halten, zugleich erkannten sie aber auch Fehlentwicklungen wie den Verfall des Gemeindelebens in den katholischen Pfarreien. Mit Rembert von Kerssenbrock (1547–1568) holte sich das Bistum im März 1547 einen Bischof, der aufräumte. Der energische Oberhirte führte strenge Visitationen der Gemeinden und der Geistlichkeit durch.

Dazu gab es allen Anlass. Von Gemeindezucht konnte kaum noch die Rede sein, dafür aber vom Lotterleben in manchen Pfarrhäusern und Klöstern. Fast überall kursierten Schriften der Reformatoren. Viele der selbst auf Veränderung dringenden Priester waren clever genug, sich katholische Vermittlungsschriften zu besorgen. Auch so konnte man die neue Botschaft für sich erschließen. Hinzu kamen für Rembert von Kerssenbrock schmerzliche Gebietsverluste des Paderborner Bischofsstuhls. Infolge der Regelungen aus dem Augsburger Frieden von 1555 gingen der Diözese protestantische Gebiete wie Lippe, Waldeck und viele andere Städte verloren – unter dem Strich 50 Prozent.

In Paderborn selbst blühte unterdessen das evangelische Gemeindeleben weiter auf. Mal wurde es von oben weitgehend drangsaliert, mitunter aber auch geduldet. Letztlich war die breite Volksbewegung durch Domkapitel und Adel nicht mehr aufzuhalten. Vier Jahrzehnte nach Luthers Thesenanschlag in Wittenberg war die neue Konfession bei vorsichtig geschätzt 1000 der damals 4000 Bürger angekommen.

Schließlich zogen die Paderborner sonntags in so großer Zahl zu evangelischen Gottesdiensten nach Wewelsburg (16 Kilometer) und über die Grenze der Grafschaft Lippe (15 Kilometer), dass niemand mehr an dieser Tatsache vorbei kam. Von Domprediger Gerhardus Rödeken ist der Satz überliefert: „Da gehen sie hin gen Schlangen und empfangen den Teufel und speien ihn wieder aus in die Heide."[53] Auch drohte jetzt die dritte Kirchengemeinde mit ihrem Pfarrer Rudolph Bredebeck vollends zum Protestantismus überzuwechseln. Lutheraner Hamelmann, der die Lage in Paderborn vom sicheren „Ausland" aus beobachtete, notierte, Bredebeck habe das Evangelium „etzliche Zeit rein gepredigt". Weil Domprediger Rödeken den Busdorf-Pfarrer aber mit einer Klage drohte und ihn „ins Elend vertreiben" wollte, lenkte dieser schließlich ein. Neben den offen evangelischen Gottesdiensten gab es vermutlich auch Hausmessen im Verborgenen. Die wenigen Randbemerkungen in den alten Berichten sind kaum nachprüfbar. Deshalb muss die Frage offen bleiben, ob es sogar zur Bildung einer lutherischen Untergrundkirche in Paderborn kam.

Ausgrabungen des LWL am Stadelhof zeigen Grausiges: Mehr als ein Dutzend Pesttote in vier Gräbern. Wegen der hohen Ansteckungsgefahr wurden die Opfer nur unordentlich bestattet.

Zum Ärger der Kirchenoberen fand der neue Glauben eine feste Heimstatt mitten in Paderborn – in der damaligen Marktkirche auf dem heutigen Marienplatz. Dort predigte 1566 und 1567 der Paderborner Bürgersohn Martin Hoitbandt. Er wurde zum wichtigsten Reformator in der Stadt – und das nicht nur aus Sicht seiner ihm treu ergebenen Gemeinde. Hoitbandts Anhänger berichten von einem evangelischen Ostergottesdienst 1567 mit sage und schreibe 500 Gläubigen, die das Abendmahl mit Brot und Wein empfingen. Dagegen gingen 1570 gerade jeweils ein Dutzend Altgläubige im Dom und in der Busdorfkirche zur Kommunion. Das geht aus einer katholischen Quelle hervor. Selbst wenn beide Zahlenangaben über- beziehungsweise untertrieben sein mögen, lassen sie nur einen Schluss zu. Paderborn ist in weiten Teilen eine evangelische Stadt geworden. Die Papstkirche wird im Stadtkern nur noch von Amtsträgern und Nutznießern des Apparats am Leben gehalten.

Paderborns alte Marktkirche St. Pankratius stand auf dem heutigen Marienplatz. Auf dem Höhepunkt der Reformation war sie das Zentrum der protestantischen Bewegung in der Stadt. 1784 wurde sie wegen Baufälligkeit abgerissen. Repro eines Gemäldes von Hunstiger.

Spätestens als 1566 die Pest ausbrach und die Ängste der Menschen ins unermessliche wuchsen, begann Hoitbandt das Abendmahl in beiderlei Gestalt auszuteilen. Brot und Wein mögen vielen in höchster Not als das bessere Angebot erschienen sein. Dabei lernten sie, deutsche Kirchenlieder mit Inbrunst und wachsender Überzeugung zu singen. Hoitbandt predigte klar reformatorisch gegen die Vorstellung vom Fegefeuer, den Ablasshandel und die Heiligenverehrung. Erstmals verstand das einfache Volk vieles von dem, was ihm zuvor unter lateinischen Formeln verschlossen geblieben war. Längst hörten dem geschätzten Prediger auch höhere Bürger und Kaufleute zu. Letztere kannten die neue Lesart der Bibel bereits. Sie waren gebildet, kamen herum und hatten ihre eigenen Kontakte zu Lutheranern – etwa am Messeplatz Frankfurt und über den Fernhandel mit Bremen und den reformatorischen Niederlanden.

Die wichtigsten Orte der Reformation in Paderborn waren neben der Marktkirche, die 1784 wegen Baufälligkeit abgerissen wurde, die Domschule im Schatten der Bischofskirche und das Minoritenkloster am Kamp. Dieses wurde später durch Dietrich von Fürstenberg überbaut und den Jesuiten geschenkt. Die Bildungseinrichtungen waren wichtig für die Heranziehung des Priesternachwuchses. Ausgerechnet hier wurde der neue Glaube besonders heiß diskutiert und damit sowohl direkt als auch indirekt verbreitet.

Die Burg Dringenberg bei Bad Driburg war neben Schloss Neuhaus Wohnsitz und Rückzugsort vieler Paderborner Fürstbischöfe.

Mit Johann Bodenius und Gerhard Nesenius wurden 1567 zwei ausgewiesene Lutheraner Rektor beziehungsweise Konrektor der Domschule.[54] Bodenius war im benachbarten Lippspringe geboren worden und besuchte vermutlich selbst die Domschule in Paderborn. Sein Eintritt als Novize ins Minoritenkloster wäre der nächste logische Schritt gewesen. Belegt ist, dass Bodenius nach einer akademischen Ausbildung in den 1560-er Jahren Leiter der Klosterschule St. Jodokus bei den Franziskanern in Bielefeld wurde. Dort erreichte ihn die Berufung zum Rektor der Paderborner Domschule und er kehrte ins immer mehr evangelisch werdende Paderborn zurück. Aber schon bald gerieten Bodenius und sein Stellvertreter Nesenius ins Visier des Bischofs und bekamen die Zwangsmaßnahmen gegen Martin Hoitbandt auch selbst zu spüren. Als vermeintlicher Mitverschwörer des Marktkirchenpfarrers wurde Bodenius schon nach einem Jahr wieder aus dem Leitungsamt und damit dem gesamten Schuldienst entfernt. Nesenius ging 1571 als Pfarrer Gerd Neese nach Schlangen. Weitergehende disziplinarische oder strafrechtliche Konsequenzen erfolgten zunächst nicht.

Das geschah erst, als Bodenius die Stadt verließ. Bodenius hatte relativ schnell eine neue Stelle als Schulleiter in Minden gefunden. Dort sollte er die Nachfolge des Calvinisten Rotger Copius antreten. Vor der Abreise besuchte der – nennen wir ihn „Reformer-Pädagoge" – im April 1568 noch einmal seine Vaterstadt Lippspringe direkt an der Grenze zum protestantischen Lippe. Außerhalb der Stadtmauern, aber noch innerhalb des Paderborner Bistums griff die Obrigkeit zu. Dompropst Wilhelm von Westphal und Dechant Volmar von Brenken ließen Bodenius inhaftieren. Der Neugläubige kam aber zwecks peinlicher Befragung nicht nach

Heinrich von Sachsen-Lauenburg war 1577–1585 als Protestant Fürstbischof in Paderborn.

Paderborn, sondern auf die bischöfliche Burg Dringenberg. Dort wurde er in Anwesenheit des Henkers von Geseke unter Androhung von Folter vernommen.

Der bis heute erhaltene Fragenkatalog[55] lässt erahnen, welch aufrührerischem Netzwerk sich die Häscher des Fürstbischofs auf der Spur wähnten. Die namentlich nicht bekannten Vernehmer interessierten sich für geheime Treffen und die Autoren der vorgefundenen anonymen protestantischen Schriften. Vor allem wollten sie alles wissen über außerstädtische – heute würden wir sagen – internationale Beziehungen zu anderen vermeintlichen Brutstätten des Aufruhrs.

Nichts davon konnte Bodenius nachgewiesen werden. Dennoch zeigt das Beispiel, welcher existenziellen Bedrohung sich Bischof und Domherren ausgesetzt sahen. Ob Inquisition oder Stasi-Methoden – das Vorgehen gegen Andersdenkende nahm auch hier den immer gleichen Ausgang. Bodenius war in größter Gefahr und musste verschwinden, was ihm nach einer zweiten Befragung durch Flucht von der an sich stark befestigten Burg auch gelang. Auf dem Weg nach Minden berichtete er Hamelmann, der zu dieser Zeit in Lemgo weilte, detailliert über die Vorgänge in Paderborn. Nur deshalb wissen wir davon.

Zum gleichen Zeitpunkt, nämlich 1568, wurde Martin Hoitbandt durch Bischof Johann von Hoya (1558–1574) endgültig der Stadt verwiesen. Ein dritter Rezess, vom Landesherrn dem Stadtrat diktiert, sollte dem Lutherspuk endgültig ein Ende bereiten. Selbst die Polizei war jetzt zur Aufsicht über die Gottesdienste im Einsatz – „damit keine verbotene Erneuerung oder verdächtige Lehre einreiße."

Und doch erwies sich die neue Lehre als stärker. Hoya und dessen Nachfolger Salentin von Isenburg, der 1574 „bewaffnet und bewehrt"[56] in die Stadt einritt, konnten wenig ausrichten. Im Gegenteil: Die beiden oft abwesenden geistlichen Landesherren mussten sogar den spektakulären Konfessionswechsel zum Calvinismus der Herren von Büren hinnehmen. Die führende Adelsfamilie des Paderborner Landes war traditionell damit betraut, die alte Kirche zu erhalten und zu schützen. Sie tat das Gegenteil. Der Bock war zum Gärtner geworden. [57]

2013 wurde ein gründlich zerschlagenes Grabdenkmal für den 1575 verstorbenen Sylvester von Büren aus Reststücken rekonstruiert. Damit sicherte die Kunsthistorikern Sabine Angenendt eines der ganz wenigen Erinnerungsstücke an den fast vollständigen Glaubensübertritt der Stadt- und Landbevölkerung im Hochstift Paderborn.[58] Die Emanzipation – genauer: der Ungehorsam – des Adligen gilt als Zeichen des religiösen Aufbegehrens gegen den Bischofsstuhl von inzwischen auch höheren Schichten. Der Versuch der radikalen Auslöschung jeglicher Erinnerung an Sylvester von Büren war nur wenige Jahrzehnte später die Antwort darauf. Noch ein ebenso religiöses wie politisches Statement – diesmal der kommenden Gegenbewegung.

Auch der Wandel des Pfarrers Georg Holthausen († 1580) zeigt, wie paradox die Lage war. 1575 wirkte er noch ganz auf katholischer Linie und kritisierte zahllose Verstöße gegen den Zölibat. Bei einer Visitation im Auftrag des Bischofs stieß er in vielen Instituten und Pfarrhäusern auf Konkubinen. Holthausen bemängelte das Vorhandensein protestantischer Schriften in großer Zahl. Zugleich äußerte er seinen Unmut über das inzwischen weit verbreitete Singen deutscher Lieder im Gottesdienst. Der Lagebericht dürfte der Bistumsleitung, alarmiert über die Zustände, Holthausens Eignung als Mann für besondere Aufgaben verdeutlicht haben. Er schien der ideale Pfarrer für die gerade, wie man sicher war, vom Luthertum befreite Marktkirchengemeinde zu sein. Auf solche Kräfte mussten die in der Defensive steckenden Wahrer des alten Glaubens setzen.

Aber weit gefehlt. Nur zwei Jahre später, nach der Wahl eines neuen Bischofs und Landesherrn, heiratete der in die Jahre gekommene Holthausen eine ihm vermutlich seit langem zugetane Partnerin. Mehr noch, er predigte fortan den neuen Glauben. Die demonstrative Trauung und der Übertritt zum Luthertum eines amtierenden Pfarrers fand gewiss den Beifall der weiterhin so rebellisch wie protestantisch denkenden Marktkirchengemeinde. Das alles passte ins Bild. Der Vorgang hatte ein Vorspiel gehabt – den spektakulärsten Höhe- und Scheitelpunkt der reformatorischen Bewegung in Paderborn überhaupt.

Heinrich IV. von Sachsen Lauenburg (1577–1585) ritt nach der Ausrufung zum neuen Fürstbischof von Paderborn Seite an Seite mit seiner Ehefrau Anna Betzdorf/von Broich in die Stadt ein. Er handelte dabei nicht einmal im Unrecht. Denn der Papst hatte Heinrich IV. wegen dessen Heirat längst exkommuniziert. Das Problem: Für das Domkapitel war der Kandidat an sich unwählbar. Dennoch setzte sich die Bistumsspitze über Rom hinweg. Ein bemerkenswerter Vorgang. Der erlaubt nur einen Schluss: 1577 war auch das Domkapitel protestantisch dominiert.

Der letzte Damm war gebrochen. Das Kirchenvolk sang deutsche Lieder. Es bevorzugte statt der Kommunion Brot und Wein zum Abendmahl. Man störte vermeintlich papistische Predigten, die dem Kirchenvolk missfielen. Das mehr oder weniger offene Zusammenleben von Priestern mit Frauen in den Pfarrhäusern sowie deren gemeinsame Kinder dürften allerorten Stadtgespräch beziehungsweise Dorfgeschwätz gewesen sein. Jetzt hatte auch der höchste Repräsentant der Kirche im Hochstift die Seite gewechselt. Heinrich IV. von Sachsen-Lauenburg zeigte sich ohne Arg als Ehemann und Oberhirte einer für Rom verlorenen Herde.

Halten wir fest: Der Lauenburger amtierte als ein von Rom geächteter dreifacher Fürst-Erzbischof – nämlich seit 1566 in Bremen, seit 1574 in Osnabrück und seit 1577 in Paderborn. Seine Heirat mit der bürgerlichen Anne Betzdorf, die danach zu einer von Broich geadelt wurde, hielt er zunächst geheim. Als Begründung für die Zulassung dieser Ehe ließ er ins Traubuch eintragen, die Gabe der Keuschheit sei ihm (leider, d. Aut.) nicht gegeben.

Der katholische Markenkern der Stadt war bis an höchster Stelle ausgelöscht. Das führte Heinrichs Einzug in Paderborn Anfang 1578 jedem der zur Begrüßung angetretenen Gläubigen vor Augen. Aber, und das ist das größte Paradoxon von Paderborn, die radikale Gegenreformation konnte im Hintergrund bereits in Stellung gehen. Dietrich von Fürstenberg, seit 1576 Dompropst, war auf Posten. Seine Vertrauten besetzten die Schaltstellen einer jahrzehntelang von immer wieder wechselnden fremden Herren kaum kontrollierten kirchlich-landesherrlichen Struktur. Ihre Stunde sollte bald schlagen.

Gegenreformation

Auch wenn es äußerlich nicht so aussah, die Gegenbewegung begann schon mit dem Amtsantritt des Heinrich von Lauenburg. Von Gegenreformation oder katholischer Reform konnte zunächst noch nicht die Rede sein. Selbst die Anhänger Roms dürften sich des bevorstehenden Wiedererstarkens der Katholizismus kaum bewusst gewesen sein. Am Ende dieses langsam beginnenden Prozesses aber wird Paderborn wieder katholisch sein.

Wie immer in Zeiten des Übergangs pflegen einzelne die Illusion der Wiederherstellung einer angeblich guten alten Zeit. Andere philosophieren über einen, wie auch immer gearteten, dritten Weg. Die seit dem Augsburger Religionsfrieden von 1555 auch in Paderborn diskutierte Idee der Gleichzeitigkeit von alter und neuer Lehre nach dem Vorbild der freien Reichsstädte war vielen geläufig. Die Vorstellung war zugleich zulässig und attraktiv. Ein Nebeneinander beider Religionen in einer Stadt hätte die Paderborner Bürgerschaft gern gesehen. Aber juristische Gutachten und Gegengutachten zu dieser Frage, angefordert vom Rat, zeigten letztlich, dass Paderborn die Privilegien einer freien Reichsstadt dann doch nicht zustanden beziehungsweise leicht vorenthalten werden konnten.

Katholische Reform

Martins Luthers Thesenanschlag an der Wittenberger Schlosskirche 1517 und seine Kritik am Ablasshandel waren zuerst eine innerkirchliche Herausforderung gewesen, der sich die katholische Seite, wenn auch zögerlich, stellte. Fast drei Jahrzehnte vergingen, bis das Konzil von Trient (1545–1563) seine Arbeit aufnahm. Es folgten 18 Jahre wechselweise tagender und pausierender Beratungen. Am Ende war das Ergebnis eine klare theologische Antwort auf die Fragen der Neuerer.

Dieser „Katholische Reform" genannte Prozess war zudem europäisch. Sein Impuls blieb lange Zeit ohne Einfluss auf die Lage in Paderborn. Der Habsburger Karl V. (1519–1556) erwies sich von seinem spanischen Thron aus als ein Beschützer der alten Kirche. Das heißt, von Anfang an stand – einer Drohung gleich – neben dem Wort auch die Waffe. Allerdings war auch die damals stärkste Macht der bekannten Welt nicht in der Lage, den Aufruhr in den Köpfen der Menschen zu beherrschen, gar auszuschalten.

Das Konzil von Trient legte mit seinen Beschlüssen gnadenlos offen, was im Argen lag. Im Übrigen beförderten die Konzilsväter zumindest in Teilen die von Jan Hus († 1415/16) und anderen Reformatoren schon lange vor Luther verlangte Erneuerung der Kirche an Haupt und Gliedern. Das Schulwesen und die Priesterausbildung sollten verbessert werden. Pfarrer mussten wieder in der Gemeinde leben und der Ablasshandel strenger gefasst werden. Aus Sicht der Kritiker wurde der Kauf des Seelenheils mit Geld damit allerdings keineswegs abgeschafft. Die katholische Seite hatte sich bewegt, den Reformatoren war das aber noch zu wenig.

Trient belebte wieder die Einberufung von Synoden in den Bistümern und die Durchführung von Visitationen in den Gemeinden. Ein Index verbotener Bücher wurde aufgestellt und es erschienen neue Schriften, die den Weg im Sinne Roms wiesen. Katechismus, Stundengebete und Messbuch wurden überarbeitet. Die damit eingeleitete Reform von innen war mehr als eine Selbstbehauptung gegenüber äußerer Bedrohung. Sie sollte auch zur Selbstbesinnung der Kirche in der Krise werden.[59]

Ganz entscheidenden Einfluss nahm die Gründung des Jesuitenordens. Nicht aus Trient, sondern direkt aus Rom kam 1540 die Anerkennung der 1534 in Paris gegründeten Societas Jesu. Jeder einzelne Jesuit unterstellte sich mit einem Gelübde direkt dem Papst, der ihn überall hin entsenden sollte, wo der Glauben bedroht war. Papst Paul III. (1534–1549) ergriff die helfende Hand zu gern. Seine Soldaten in Glaubensfragen bauten Schulen und Kollegien in ganz Europa.[60]

Die Gewichte verschieben sich

Ein knapper Blick auf die Bischofsliste von 1498 bis 1585 reicht aus, um Gründe für die erstaunlich offene religiöse Entwicklung in der Stadt zu erkennen. Sechs der sieben Bischöfe beziehungsweise Administratoren hatten noch einen zweiten Bischofsstuhl in deutlich größeren Städten wie Köln, Münster oder Bremen zu besetzen. Der Oberhirte dürfte also die meiste Zeit gar nicht im Hochstift anwesend gewesen sein. Mitunter waren die hohen Herren an einer ernsthaften Amtsführung weniger interessiert oder es gab anderswo Dringenderes zu tun. Ob es die Kommune der Wiedertäufer in Münster (1534–1536) war oder die starken protestantischen Einflüsse aus den Niederlanden auf Osnabrück und Bremen, dort pressierte es mehr als im kleinen Paderborn mit etwa 4000 Einwohnern. Man glaubte, die Stadt sich selbst überlassen zu können. Und wenn der Bischof doch einmal nach Paderborn kam, wohnte er vor den Toren der Stadt und schätzte das Leben auf dem Schloss in Neuhaus oder in der Residenz Dringenberg.

So übte der bereits erwähnte Heinrich von Lauenburg, der zugleich Erzbischof von Bremen und Bischof von Osnabrück war, zwar formal Druck auf die Neugläubigen aus. Aber er war mitnichten ein harter Verfolger. Im Übrigen war er ein nicht sonderlich aufmerksamer Glaubenswächter. Es entstanden erneut Freiräume im Glaubensleben. Die nutzte Heinrich Wulf (1572–1599), der Pfarrer in der Gaukirche. Er teilte bald wieder das Abendmahl beiderlei Gestalt, also mit Brot und Wein, aus.

Fürstbischof Dietrich von Fürstenberg (1585–1618) beendete die Reformation, entmachtete den Stadtrat, ließ ein neues Rathaus bauen; gründete die Jesuitenuniversität und verlegte die Domschule an den Kamp, heute das nach ihm benannte Gymnasium Theodorianum.

Dietrich von Fürstenberg setzt die Wende durch

Nehmen wir es vorweg: Heinrichs Nachfolger, Dietrich IV. von Fürstenberg, wird die vollständige Rolle rückwärts in Paderborn vollziehen – und sie in seiner Regierungszeit ganz allein durchsetzen. Er etabliert eine so radikale Rückkehr zum katholischen Glauben, dass Lutheraner nicht einmal in den folgenden Wirren des Dreißigjährigen Krieges von 1618 bis 1648 noch einmal eine echte Chance in Paderborn bekommen sollten.[61] Dazu musste der Fürstenberger allerdings einen ganz langen Atem, politische Klugheit, religiöse Überzeugung und Kaltblütigkeit, um über die Leiche eines viergeteilten Bürgermeisters zu gehen, beweisen. Dietrich, griechisch Theodorus genannt, verfügte über diese besonderen Eigenschaften.

Der 1546 geborene Sohn einer äußerst machtbewussten Adelsfamilie aus dem Sauerland und Jesuitenschüler in Köln wurde schon mit 17 Jahren Mitglied des Paderborner Domkapitels. Dort entwickelte er sich schnell zum Wortführer einer katholischen Minderheit.[62] Die Gruppe war einflussreich. Trotz protestantischer Mehrheit setzten der junge Fürstenberg und seine Verbündeten durch, dass künftig nur noch katholische Mitglieder aufzunehmen seien. Der Eid auf die Beschlüsse von Trient muss zuvor irgendwie in Vergessenheit geraten sein. Mit der neuen Struktur des Domkapitels oder auch mit dem formellen Akt der bloßen Bestätigung bestehender Rechte errang Dietrich im Folgenden immer neue kleine Siege.

Was ihn selbst betraf, ging Dietrich mit den geistlichen Ämtern nach Belieben um. 1577 war er bereits Dompropst, aber nicht geweihter Priester. Sein Ziel war der Thron des Fürstbischofs – und dem kam er erstaunlich schnell näher. Ob gottgewollt oder nicht, 1585 stürzte Amtsinhaber Heinrich IV. von Lauenburg im besten Mannesalter nach einem evangelischen Gottesdienst bei Bremen vom Pferd. Der Lauenburger erlag bald darauf seinen Verletzungen. Der Weg für Dietrich IV. war damit frei.

Der Fürstenberger hatte zuvor schon ein Mal, viel zu jung, kandidiert. Jetzt trat er besser vorbereitet zur Bischofswahl an und wurde gewählt. Allerdings wollte er nicht auf seine Pfründe verzichten. Wenn er schon die weltlichen Einkünfte sowie – heute würden wir sagen – Boni und Aufsichtsratsposten abgeben musste, dann sollten sie an Geschwister oder fernere Verwandte weitergereicht werden. Die höheren Weihen zum Subdiakon, Diakon, Priester und Bischof schob Dietrich IV. solange wie möglich auf. 1589 wurden dann alle erforderlichen kultischen Handlungen innerhalb von wenigen Tagen in Neuhaus und im Kloster Böddeken nachgeholt. Zu diesem Zeitpunkt war Dietrich IV. bereits der seit vier Jahren gewählte, aber noch nicht geweihte Bischof von Paderborn.

Zum Programm der ersten hundert Tage im Amt des neuen Bischofs gehörten für Jedermann spürbare Veränderungen wie die (anderswo längst vollzogene) gregorianische Kalenderreform. Die öffentliche Ankündigung des neuen Landesherrn, den katholischen Glauben zu schützen und nichtkatholische Prediger auszuweisen, konnten die Paderborner Gläubigen nur als das verstehen, was es war: eine Drohgebärde.

Bereits im ersten Regierungsjahr fanden wieder Synoden und Visitationen in den Gemeinden statt. So setzte der neue Herr im Hause unverkennbare Duftmarken. Stets ging es um die Frage, ob die tridentinischen Beschlüsse zur Glaubenslehre und Liturgie eingehalten wurden oder nicht. Die Jesuiten übernahmen 1585 den Unterricht an der Domschule in vollem Umfang. Vor allem aber, und gewiss vom Volk aufmerksam verfolgt, ging es in Stadt und Land um die geforderte Ehelosigkeit der Gottesdiener. Auch hier setzte Dietrich IV. als kluger Stratege auf Zeit. Und tatsächlich. Zölibat und Keuschheit zogen nach und nach wieder in die Pfarrhäuser des Hochstifts ein.

Die Brisanz gerade dieses Aspekts trägt bis heute. Auf die Frage nach dem aussagestärksten Indiz für das Ende des protestantischen Intermezzos und damit eines glaubwürdigen katholischen Neuanfangs in Paderborn, nannte der Historiker Frank Göttmann 2016 bei einer Diskussion in der Abdinghof-Gemeinde das „Verschwinden der Konkubinen aus Kurien und Pfarrhäusern".[63]

Die Durchsetzung aller Neuerungen brauchte ihre Zeit, was der politischen Vorgehensweise Dietrich IV. von Fürstenberg nicht entgegenstand. Kaum übereilt, dafür aber weit hartnäckiger als alle seine Vorgänger zusammen begann er 1596, im elften Jahr seiner Regentschaft, mit der Suspendierung nichtkatholischer Priester. In vielen Fällen wurde auch dann noch das Ausscheiden wegen Alters abgewartet. Ein wenig kräftiger wurden die Zügel 1602 angezogen. Fortan mussten die bis dahin offenbar existenten evangelischen Gemeinden im Hochstift eine klar katholische Agenda beziehungsweise Gottesdienstordnung einführen. Erst jetzt wurden nichtkatholische Geistliche grundsätzlich nicht mehr eingestellt. Mit Ausnahmen von der Regel war endgültig Schluss.

Dietrich IV. und seine katholischen Reformer hatten zu Beginn der 1590-er Jahre bei weitem nicht nur die evangelische Kirchgänger gegen sich. Widerstand gegen jegliche Veränderungen führte zeitweilig zu der breitest denkbaren Opposition – von Handwerksgesellen über die Zünfte und Ratsfamilien bis zu den Mitgliedern des Domkapitels und der Ritterschaft auf dem Land.[64]

Und was hatte Dietrich IV. im ersten Jahrzehnt seiner so schwungvoll begonnenen Regentschaft getan? Er hatte sich politisch eingemischt sowie Rechtstreitereien mit Räten, Rittern und Regenten von außerhalb geführt. Das geschah ganz selten mit Waffen, aber oft mit Erfolg. Der Fürstbischof bewies durchaus taktisches Geschick dabei, einen günstigen Augenblick abzuwarten und aufkeimende innerstädtische Widersprüche für sich zu nutzen.[65] Höhepunkt war seine Kampagne gegen Liborius Wichart, den letzten evangelischen Bürgermeister von Paderborn. Der hatte in einem Konflikt mit der alten und korrupten Ratsoligarchie sowie einer Gruppe von gut gebildeten Priesterkindern – katholische Juristen genannt – eine klar antikatholische Position eingenommen. Unter ihm entwickelte sich die alte Bürgeropposition zu einer Gruppe kompromissloser Verteidiger städtischer Autonomie.[66] Wichart und dessen Anhänger vorwiegend aus der Maspern-Bauerschaft gewannen die Wahl am Silvestertag 1603. Demonstrativ zog die gesamte Ratsversammlung danach zum lutherischen Dankgottesdienst in die Marktkirche ein.

Das bürgerliche Aufbegehren, die Radikalisierung der Lager und der trotzdem beinahe schon demokratisch legitimierte Machtwechsel zwischen Etablierten und Oppositionellen müssen Bischof und Domkapitel ein Dorn im Auge gewesen sein. Sie fürchteten nicht ohne Grund, dass es zu ähnlich heftigen Aufständen kommen konnte wie in einigen anderen Städten Norddeutschlands. Die unterschwellige Bedrohung durch eine versprengte und unberechenbare Soldateska aus dem spanisch-niederländischen Krieg lud die Lage zusätzlich auf.

So etwas ist stets die Stunde für Machtpolitiker. Dietrich IV. konnte als Mann der Gegenreformation sogar versucht sein, die antireformatorische Haltung der Spanier irgendwie für sich zu nutzen. Auf jeden Fall mussten rein evangelische Städte die spanischen Marodeure mehr fürchten als das formal weiter katholische Paderborn. Das Ansinnen des immer selbstbewusster werdenden Rates, eine eigene Gerichtsbarkeit bis zum Bluturteil zu beanspruchen, legte Dietrich IV. prompt als Landesverrat aus. Damit hatte er ausreichend Anlass, Paderborn militärisch zu belagern und sein landesherrliches Gewaltmonopol herauszustellen.

Weil wieder nicht Hilfe protestantischer Landesherren von außen kam, fügte man sich den Umständen. Solcherart unter Druck wurde Wichart 1604 noch vor der Kapitulation der Stadtbevölkerung ausgeliefert. Der Fürstbischof ließ den evangelischen Führer des Rates zum Tode durch Vierteilung verurteilen. Das grausige Schauspiel, zu dem die Paderborn antreten mussten, fand vor dem Westerntor statt. Die sterblichen Überreste wurden zur Abschreckung an fünf Stadttoren aufgespießt. Die Bürger hatten verstanden.

Nach und nach fanden sie zum katholischen Glauben zurück. Von einer versöhnlichen und schnellen Heimkehr in den Schoß der Mutter Kirche konnte allerdings nicht die Rede sein. Hunderte waren schon als Kind evangelisch getauft worden und zeit ihres Lebens der lutherischen Lehre gefolgt. Auch die Edelherren von Büren und andere vornehme Familien gaben ihre Opposition zur Papstkirche nur langsam auf und huldigten äußerst zögerlich dem Fürst-

Schon zu Lebzeiten leitete Fürstbischof Dietrich von Fürstenberg seinen Nachruhm ein. Er ließ sich als frommer Diener Gottes darstellen – für das größte Grabdenkmal nahe der Roten Pforte im Dom.

bischof. Der Übergang brauchte Zeit. So wird aus dem benachbarten Lippspringe berichtet, dass dort ein ehemaliger Franziskaner noch 1605, fünf Jahre nach dem Bau einer neuen katholischen Pfarrkirche, evangelische Gottesdienste abhielt.[67]

Nach 21 Jahren hatte der Gegenreformer 1606 formell sein Ziel erreicht. Dietrich IV. schaffte die Bekenntnisfreiheit endgültig ab. Er baute die Wewelsburg zur dreieckigen Wehranlage um, schikanierte, aber unterband nicht die Schließung von Mischehen, verwies besonders renitente Ungläubige des Landes und hievte die seit Amtsantritt unterstützten Jesuiten in höchste Positionen.

Die Gründung des Jesuitenkollegs 1592 war ganz klar ein Akt gegen das Minoritenkolleg am Kamp. Die Minoritenbrüder hatten sich nach Luthers Thesenanschlag, wie erwähnt, offen für die neue Lehre gezeigt. Auch hier schuf Dietrichs IV. Fakten. Er kaufte das Kloster sowie benachbarte Grundstücke auf und schenkte sie den Jesuiten. 1596 stuften die Jesuiten die Gebäude ihrer lutherischen Vorgänger als nicht mehr nutzbar ein, rissen alles ab und starteten auf Veranlassung Dietrichs noch im gleichen Jahr einen Neubau.

Ausgrabungen auf dem Gelände des Theodorianums im Sommer 2016 legten für wenige Wochen offen, dass die wenigen Spuren der reformatorischen Bewegung sprichwörtlich unter dem Schulhof des Gymnasiums vergraben liegen.[68] Man fand die Grundmauern des Kreuzgangs. Die Baumaßnahmen und die Stiftung der ersten katholischen Universität Westfalens waren äußerer Ausdruck eines nunmehr tatsächlich durchgesetzten Roll back. Neben dem Verlust der de facto Wahlfreiheit in Glaubensfragen war auch die städtische Selbstbestimmung auf der Strecke geblieben. Stadtluft war nicht mehr frei und die Verwaltung wurde 1604 von einem Schultheiß, also einem Weisungsträger des Fürsten, geführt.

Bis zum Tode Dietrichs IV. 1618 erfolgten weitere Neuordnungen des Ordenslebens in Paderborn. 1612 zogen Kapuzinermönche aus Köln in den Stadelhof am Ükern ein. Später, 1658, siedelten sich Franziskaner an der Westernstraße an. Sie sollten ein Gegengewicht zu den Jesuiten, die Träger der Hexenprozesse nach dem Dreißigjährigen Krieg, bilden.

Mit dem bis heute größten Grabdenkmal für einen westfälischen Bischof hinterließ Dietrich IV. im Hohen Dom ein unübersehbares Zeichen seiner unbestreitbaren Macht, aber auch seiner zu hinterfragenden Herrlichkeit. Noch zu Lebzeiten erteilte er den Auftrag für ein 14,24 Meter hohes Prunkgrabmal, das zunächst im Ostchor aufgestellt wurde. Der Anspruch an das der Nachwelt zu vermittelnde Bild war unübersehbar. Selbst in der Krönungs-Kirche fast aller englischen Könige, der Westminster-Abtei in London, ist keines der zahlreichen innerkirchlichen Grabmäler höher als zwölf Meter.

Dietrich IV. präsentiert sich in dem Werk des Künstlers Heinrich Gröninger (um 1578–1631) als ein demütig vor Gott knieender Beter. Alles war mit seinem Haus- und Hofbildhauer noch vor dem Tode haarklein abgestimmt worden. Im Zentrum des Grabdenkmals umgibt er sich

Das Rathaus von Paderborn, Glanzstück im Stil der Weserrenaissance, entstand ausgerechnet zu dem Zeitpunkt, an dem der Stadtrat vom Fürstbischof für Jahrhunderte entmachtet wurde.

mit den Bauten seiner Regentschaft. Nicht die Bischofskirche, sondern Jesuitenkolleg und Wewelsburg bilden an zentraler Stelle den Hintergrund zur Figur des Bischofs. Eingerahmt wird das politische Statement im manieristischem Stil von Darstellungen Karls des Großen, Kaiser Heinrichs II., dessen Königin Kunigunde und anderen.

Dem geistlichen Herrn mangelte es nicht an Selbstüberschätzung. Trotz landadliger Herkunft und als vergleichsweise kleiner Regionalfürst sieht er sich in einer Reihe mit den deutschen Königen. Mit Fug und Recht darf sich Dietrich IV. neben die zwei anderen großen Baumeister der Stadt stellen. So wie Karl der Große und Bischof Meinwerk mit ihren Bauten auch die städtische Anlage grundlegend geprägt haben, so drückte der Fürstenberger Paderborn baulich ebenfalls seinen Stempel auf.

Fürstenberg beschränkte sich nicht auf sakrale Bauten. Seine Handschrift wird bis heute dort am deutlichsten, wo man sie nach der bisher Geschilderten kaum vermutet. Der Neubau des dreigiebligen Rathauses im Stil der Weserrenaissance geht auf eine Anordnung Dietrichs IV. zurück. Der entschiedene Gegner einer selbstbewussten und sich gar prachtvoll präsentierenden Bürgerschaft ordnete zunächst die Sanierung des alten und bescheidenen Rathauses von 1473 an. Dann aber wurde auf ausdrücklichen Befehl des Bischofs 1612 ein Neubau mit einer um 90 Grad nach Westen gedrehten Achse beschlossen.[69] Das schuf Raum für die dreigieblige Ansicht und ausreichend Platz davor, um die wunderbare Frontseite von einer großen Menge bestaunen lassen zu können.

Größer hätte der Gegensatz nicht sein können. Der Rat war entmachtet, die grausige Bestrafung des letzten selbstbewussten Bürgermeisters durch Vierteilung hatten fast alle Bürger der Stadt miterlebt und jetzt ein Prachtbau für den an der kurzen Leine geführten Stadtrat! Hinter dessen Fassade sollte fortan eine um ihre politischen Rechte und Zuständigkeiten stark beschnittene Stadtvertretung residieren – aber nicht mehr mitregieren. Mit den bescheidenen Befugnissen von 1604 war jedenfalls kein Staat mehr zu machen.

Der in der Stadt de facto allein herrschende Bischof ging noch weiter. Die immensen Baukosten halste er der Stadtkasse auf. Dabei hatte sich das Stadtsäckel nach all den Wirren gerade erst einigermaßen erholt. Jetzt musste die gesamte Finanzkraft wieder einem Ziel gewidmet werden. Selbst die Auswahl des Baumeisters scheint Dietrich IV. bestimmt zu haben. Beauftragt wurde der Steinmetz und Maurer Hermann Baumhauer. Er hatte zuvor schon für den Landesherrn die Wewelsburg befestigt. Ende 1614 wurde Richtfest gefeiert. 1620 war das Rathaus endgültig fertiggestellt. Nicht überliefert ist, ob der Bischof bis zu seinem Tode 1618 die Rathausbaustelle ähnlich häufig wie „seine" Baumaßnahmen am Kamp besuchte.

Bis heute gilt das Historische Rathaus von Paderborn als Musterbeispiel der Weserrenaissance. Stilistische Besonderheiten sind die klare Zuordnung der Bauteile, die Betonung der verputzten und die hell bemalten Flächen. Die scharf eingeschnittenen Fenster an der Frontseite erhellen als eine scheinbar durchgehende Glasfront den großen Ratssaal. Arkaden rechts und links des zunächst nur eintürigen Haupteingangs erinnern an oberitalienische Vorbilder aus Florenz und Venedig. Die Großartigkeit des Baus trägt bis heute. In der ZDF-Sendung „Unsere Besten – Die Lieblingsorte der Deutschen" platzierten die Zuschauer Paderborns Historisches Rathaus auf Rang fünf.

Dreißigjähriger Krieg

Der Dreißigjährige Krieg von 1618 bis 1648 deckte sich mit der Amtszeit eines neuen Fürstbischofs, der jedwede Hilfe verweigerte, brachte mit zehn Herrschaftswechseln soviel Belastungen wie kaum einer anderen Stadt und ruinierte seine Bewohner auf Jahrzehnte.[70] Nach einer anderen Zählweise wurde die Stadt sogar 16 Mal von feindlichen Hessen, Schweden, Braunschweigern und den befreundeten kaiserlichen Truppen besetzt, verbrannt, zerstört sowie von der Pest, weiteren Seuchen und dem Hexenwahn heimgesucht.[71] Wäre Frankreichs König Ludwig XIV. (1643–1715) nicht über das Bistum Le Mans eingeschaltet worden, wäre Paderborn im Rahmen des Westfälischen Friedens 1648 doch noch protestantisch geworden und würde heute zu Hessen gehören.

Kriegsbeginn mit Verzug

Das Jahr 1618 war aus Sicht der Bewohner zunächst ein gutes. Nach dem Tod Dietrich IV. von Fürstenberg übernahm Ferdinand I. von Bayern (1618–1650) die Regentschaft und ließ schon Anfang 1619 auf Wunsch der Bürger wieder mehr Mitsprache in städtischen Angelegenheiten zu. Zu Recht durften die Paderborner mit weniger Eingriffen „von oben" rechnen. Der vielbe-

Der alte Schrein mit den Gebeinen des Heiligen Liborius wurde im Dreißigjährigen Krieg geraubt und eingeschmolzen. Der 1627 geschaffene neue Liborischrein wird bis heute beim Liborifest zur Anbetung ausgestellt.

schäftigte Kurfürst war Erzbischof von Köln sowie Administrator in den Bistümern Münster, Lüttich und Hildesheim.

Weniger ins Auge fiel den Zeitgenossen, dass Ferdinand I. über seinen Bruder, Herzog Maximilian I. von Bayern (1597–1651), sehr eng mit den mächtigsten Kriegsparteien der kommenden Jahrzehnte verbandelt war. Herzog, seit 1623 Kurfürst Maximilian I. war das Oberhaupt der Katholischen Liga. Allen seinen Territorien standen schwere Zeiten bevor, insbesondere je nördlicher sie lagen und den Protestanten beziehungsweise den Schweden ausgeliefert waren.

Der Tolle Christian

Die aus Sicht des Hochstifts zunächst erfreuliche Nachricht vom Sieg der Katholischen Liga am Weißen Berg bei Prag (1620) war für Paderborn am Ende eine schlechte. Herzog Christian zu Braunschweig-Wolfenbüttel (1599–1626) wollte sich nicht mit der Niederlage der Protestanten abfinden. Er warb 1500 Reiter und 3000 Fußsoldaten an, erhielt einen ersten Dämpfer bei einem Gefecht nahe Gießen und schlug sein Winterquartier in Westfalen auf. Dazu besetzte er unter anderem die Städte Lippstadt am 2. Januar, Soest am 22. Januar und Paderborn am 29. Januar 1622.

Dort wurden zunächst zwei Stadttore zugemauert sowie je 25 Söldner von Stadt und Bistum angeworben. Vor allem aber wurde versucht, mit Verhandlungen die Stadt vor Plünderungen und Einquartierungen zu bewahren. Vergebens. Christian von Braunschweig war nicht Diplo-

Aus dem Silberschrein des Heiligen Liborius ließ Christian von Braunschweig 1622 so genannte „Pfaffenfeindtaler" prägen. Die Aufschrift „Gottes Freundt der Pfaffen Feindt" war nicht nur Spott: mit den Geldern finanzierte er seine Kriegszüge

mat, sondern Erpresser. Vier Wochen Nervenkrieg eröffnete er mit Geldforderungen, die interessanterweise den Stadtrat aussparte: 100.000 Taler sollte der Klerus für die Schonung des kirchlichen Besitzes zahlen. 30.000 Taler forderte er von den Juden und 15.000 Taler von Ritterschaft und Landständen, also Domkapitel, Ritterschaft und den Landstädten. Die Summen waren astronomisch. Zwischenzeitlich handelte man den Tribut auf 20.000 Taler herunter. Auch klammerte man sich an die – allerdings vergebliche – Hoffnung, Kurfürst Ferdinand, Bischof und Stadtherr von Paderborn, würde bewaffnete Hilfe ins Hochstift entsenden.

Mit jedem weiteren Überfall auf Nachbarstädte, Dörfer und Burgen wurde jedoch unwahrscheinlicher, dass noch ein Wunder geschah. Vor allem aber kam die nur zu berechtigte Frage auf, was das Wort des Braunschweigers überhaupt galt. Vom 19. Januar an verließen nach dem Scheitern der Verhandlungen der Dompropst und einige Domkapitulare fluchtartig die Stadt. Die Jesuiten und ihre Schüler retteten sich nach Münster. Wer eben konnte, versteckte sich irgendwo auf dem unsicher gewordenen Land. Die Besetzung Paderborns schien so oder so bevorzustehen. Deshalb öffneten die Zurückgebliebenen schließlich die Tore der Stadt.

Viele Geschichten ranken sich um die Verantwortlichkeit dafür. Lutherische Sympathisanten hätten den Braunschweiger hereingelassen, wird seitdem erzählt. So behauptet auch Rudolf Kiepke noch 1938: „Die protestantischen Bürger aber wussten längst, was die Stunde von ihnen forderte. Draußen steht der Retter, also muss er eingelassen werden."[72] Unabhängige Tatsachenberichte existieren nicht.[73]

Wie auch immer, für die Zeitgenossen wuchs mit jedem weiteren Kriegsjahr die bittere Erkenntnis: Es gibt in diesem vorgeblichen Religionskrieg keine Schonung, schon gar nicht aus konfessionellen Gründen. Jeder der insgesamt zehn Besatzer der Stadt, ob mit evangelischen oder katholischen Truppen, erpresste Kirche und Kommune, raubte Scheunen wie Lagerhäuser aus und quartierte mangels Lazaretten seine Verwundeten in Bürgerhäusern ein. Danach überließen die Offiziere ihren Mannschaften die Stadt zur Plünderung.

Raubzug durch den Dom

Legendär wurde gleich der erste Raubzug des Dreißigjährigen Krieges in Paderborn. Der Herzog von Braunschweig stellte seinen Ruf als „Der Wilde" oder auch „Der Tolle Christian" vollends unter Beweis. Der Neffe des dänischen Königs Christian IV. (1588–1648) schleppte nicht nur den Liborischrein samt Reliquien fort, er kassierte auch soviel und so gründlich in Paderborn ab wie kein anderer Kriegsherr mehr nach ihm. Die Geschichte von der Ummünzung der Edelmetalle aus dem Liborius-Schrein in Pfaffenfeindtaler kennt in Paderborn jedes Kind.

Noch am 31. Januar machte sich der Braunschweiger, der sechs Wochen in der Stadt bleiben sollte, über die Bischofskirche her. Direkt unterhalb der aus Gold und Silber gefertigten und mit Edelsteinen verzierten Prachttruhe für die sterblichen Überreste des Schutzpatrons wurden die raffgierigen Besatzer weiter fündig. 8000 Goldmünzen im Wert von je 6 Talern[74] sollen sie allein aus dem Sockel des Hochaltars gebrochen haben. Noch einmal 8000 Taler habe man im Kapitelsaal entdeckt und mit dem Aufbrechen jedes weiteren Altars und vieler Gräber im Dom seien noch mehr Geld und Sakralgegenstände zusammengekommen, heißt es in den Erzählungen. Danach wurden die übrigen Kirchen, Stifte und kirchlichen Häuser der Stadt systematisch ausgeraubt.

„Bis tief in die Nacht hinein hallt der Dom wider vom Dröhnen der Hämmer, vom Klirren der Spaten, vom Lachen und Rufen der Männer" beschreibt Kiepke, Herausgeber der 1933 gegründeten Heimatzeitschrift „Die Warte", die legendäre Plünderung Paderborns, als wäre er dabei gewesen. Die Dichterin Annette von Droste-Hülshoff (1797–1848) setzt Christian 1834 in ihrer Erzählung „Die Schlacht im Lohner Bruch" ein literarisches Denkmal. Und die angesehene Schriftstellerin und Historikerin Ricarda Huch (1864–1947) lässt sich noch 300 Jahre nach dem Geschehen vom Mythos um den Tollen Christian anstecken. Ihr "Wiegenlied aus dem Dreißigjährigen Krieg" soll von Verheerungen durch den Braunschweiger gerade im Paderborner Land inspiriert sein.

In ihren Lebensbildern deutscher Städte[75] folgt Ricarda Huch der Darstellung des Christian als Retter der Evangelischen: „Der junge Herzog, der im Jesuitenkollegium am Kamp Wohnung nahm, rächte die Leiden seiner Glaubensgenossen auf die wildhumoristische Art, die ihm eigentümlich war, und die ihn zu einer volkstümlichen Figur, halb Held, halb Wildfang und Popanz, machte. Er entnahm dem Dom den silbervergoldeten Schrein des Heiligen Liborius und ließ daraus Münzen schlagen mit der Aufschrift: ‚Gottes Freundt des Pfaffen Feindt'".

Die meisten Details und Wertangaben zum tatsächlichen Geschehen über den unstrittigen Raub des Liborischreins hinaus sind vermutlich übertrieben. Dennoch machen die Berichte zwei Dinge deutlich: In Ermangelung realer Schutzmöglichkeiten hatte das damalige Domkapitel das Kirchenvermögen im sakralen Raum notdürftig versteckt. Man war wohl so naiv zu glauben, geweihte Räume könnten Soldaten im Krieg fernhalten. Zudem entsteht eine Vorstellung davon, wie vermögend die Kirche von Paderborn gewesen sein muss. Im Übrigen fand sich bereits 1627 ein potenter Stifter, der Ersatz für den Verlust anbot. Der Landdroste Wilhelm von Westphalen und seine Frau Elisabeth von Loe übernahmen die Kosten, um einen neuen Schrein von Meister Hans Krako in Dringenberg fertigen zu lassen.

Die Soldateska blieb über Monate in der Stadt, Christian selbst kam noch zweimal zurück, bis er am 15. Mai überstürzt floh. In den Folgejahren erlitt er noch viele Niederlagen und fuhr kaum Siege ein, verlor einen Arm und starb mit 27 Jahren vermutlich am Wundfieber.

Schweden tritt in den Krieg ein

Der Kriegseintritt Schwedens 1630 war, wie die Niederlage der böhmischen Stände zehn Jahr zuvor, für Paderborn zunächst ein fernes Ereignis. Allerdings trat nun wieder Hessen-Kassel deutlicher auf den Plan und damit eine Macht, die dem Hochstift schon während der Reformation drohend im Nacken gesessen hatte. Landgraf Wilhelm V. von Hessen-Kassel (1602–1637) schloss im August 1631 ein direktes Bündnis mit dem schwedischen König Gustav Adolf (1611–1632). Er bekam den Auftrag, zuerst das Hochstift und dann weite Teile Westfalens der katholischen Liga zu entreißen. Der verheißene Lohn: die Herrschaft über Paderborn, Corvey, Osnabrück und Fulda sowie die Führung in einem künftigen evangelischen norddeutschen Staatensystem[76]. Der Haken: die Hessen mussten die katholischen Lande selbst erobern.

Schon zwei Monate später ließ Wilhelm die Stadtmauer solange mit Kanonen beschießen, bis man ihn einließ und vier hessische Kompanien einquartiert werden konnten. Die Paderborner mussten dem König von Schweden huldigen und sollten dem Landgraf von Hessen 15.000 Taler zahlen. Die exorbitante Summe gab es in der ganzen Stadt nicht. Eine schnell eingeführte neue Grundsteuer zulasten der Bürger brachte gerade 200 Taler zusammen. Zum Glück eilten die Hessen schon nach sechs Wochen weiter zum nächsten Einsatz. Trotz der überstürzten Abreise errechnete der Stadtkämmerer am Ende Besatzungskosten von 13.561 Talern. Ein teurer Besuch.

„Plündern, rauben, morden, sengen, schänden“, wie Kiepke in seiner Schicksalschronik[77] lebhaft schildert, hielten an. Fast jedes Mal wurde zuerst mit Kanonen geschossen, dann die friedliche Übergabe vereinbart und doch noch geplündert sowie unter Mitnahme von Geiseln nachträglich kräftig abkassiert. Die verbliebene Bewohnerschaft wurde ausgepresst bis aufs Blut. Längst waren die meisten geistlichen Herren nach Münster geflohen und viele Klöster verlassen. Nur die Jesuiten blieben stets solange es eben ging. Sie waren in höchster Gefahr, wenn Hessen und Schweden vor der Stadt standen.

Kriegsende mit Schrecken

Mit dem Eintritt Frankreichs in die letzte Phase des Krieges von 1635 an waren die Hessen bemüht, bei allem Hin und Her das Paderborner Land und Corvey in der Hand zu behalten. Da sie während der lang andauernden Friedensverhandlungen in Münster und Osnabrück große Teile des Bistums kontrollierten, schien das Ziel einer Gebietserweiterung am Verhandlungstisch für die Hessen in greifbare Nähe zu rücken.

Alle Kriegsparteien trachteten in der Schlussphase danach, ein letztes Mal Fakten zu schaffen. Für Paderborn bedeutete dies zwei weitere schlimme Jahre, vielleicht sogar die schlimmsten des gesamten Krieges. [78] Im Mai 1646 ließ der schwedische Oberkommandierende, Carl Gustav Wrangel (1613–1676), das Westerntor und dahinterliegende Häuser mit Steinen und Brandsätzen beschießen. Obwohl die Stadt inzwischen über Geschütze und Fußsoldaten verfügte, konnte man der Übermacht nicht beikommen. Auch diesmal wurden am Ende die Tore geöffnet und der Feind eingelassen. Die Stadt zahlte 25.000 Taler, um geschont zu werden – und wurde wiederum nach Strich und Faden ausgeplündert. Mit den Schweden, die bald weiterzogen, kamen die Hessen. Sie stellten ihrerseits hohe Geldforderungen und blieben bis nach Kriegsende in Neuhaus stationiert.

Bittbriefe an die in Münster residierenden Mitglieder des Paderborner Domkapitels, sich an den Tributzahlungen zu beteiligen, lehnten die hohen Herren ab. Sie machten sich einen schlanken Fuß und meinten, das sei allein Sache derjenigen, die sich durch die Belagerung dermaßen hatten erpressen lassen. Auch die an der Pader verbliebenen Domherren hielten sich vornehm zurück. Schließlich übernahmen die Bürger zwei Drittel, das Bistum ein Drittel des Lösegeldes.

Im August 1647 standen erneut hessisch-schwedische Verbände vor Paderborn. Diesmal waren es 6000 Soldaten außerhalb der Mauern gegen 800 Mann in der Stadt. Solange wie nie zuvor tobte der Kampf zwischen Belagerern und Verteidigern. Unterdessen gerieten die Angreifer an anderer Stelle unter Druck. Damit erhielten die Paderborner zum ersten Mal in diesem Krieg Hilfe von außen. Die Feinde zogen am 14. September 1647 überraschend ab. Hintergrund: Deren Stützpunkte in Ostfriesland wurden von kaiserlichen Truppen massiv angegriffen.

Neben der Entlastung auf dem Schlachtfeld zeichnete sich auch auf diplomatischem Terrain eine hilfreiche Idee ab. Hessen und Schweden verlangten bei den Friedensverhandlungen zwar das gesamte Hochstift für sich. Die mit ihnen verbündeten Franzosen aber lehnten die Auflösung geistlicher Fürstentümer grundsätzlich ab.

Jetzt kamen die gut 800 Jahre alten Beziehungen in die Heimat des Paderborner Schutzpatrons Liborius ins Spiel. Das Domkapitel wandte sich an die französischen Gesandten in Münster, die wiederum zu Briefen nach Le Mans und an den in Paris regierenden Minister Kardinal Mazarin rieten. Und tatsächlich. Die flehentliche Stimme eines kleinen unbedeutenden und vor der Auslöschung stehenden Bistums in Westfalen wurde an höchster Stelle gehört. König Ludwig XIV. stellte das schon von dem Franken Karl dem Großen gegründete Bistum Paderborn per Urkunde vom 12. Dezember 1647 unter seinen besonderen Schutz.

Wer meint, wie die Zeitgenossen damals, jetzt sei alles gut und der Krieg für Paderborn vorbei, wurde allerdings eines Besseren belehrt. Obwohl die Garantie für das Fürstbistum Paderborn relativ schnell in den Entwurf für den kommenden Friedensvertrag einging, wurde Paderborn am 5. Oktober 1648 erneut von den Hessen belagert. 5000 Fußsoldaten und 3500 Reiter waren dazu in Neuhaus zusammengezogen worden. Paderborn geriet noch einmal, ein allerletztes Mal in höchste Not. Kaiserliche Truppen, auch das erstmals in 30 Jahren Krieg, eilten Paderborn direkt zur Hilfe. Die Hessen zogen schließlich ab und genau eine Woche später wurde der Westfälische Frieden in Münster und Osnabrück unterzeichnet.

Der Krieg war vorbei. Paderborn lag, wie das ganze Land, am Boden.

Hexenwahn

Weitgehend erspart blieb den Bewohnern der Stadt wenigstens eine andere Last jener Zeit für die Dauer des Krieges: der Hexenwahn. Anders als zum Beispiel in Büren[79] dürfte es in Paderborn von 1618–1648 keinen einzigen Hexenprozess gegeben haben. Zumindest liegt nicht der geringste Hinweis auf Denunziationen, Prozesse oder gar Hinrichtungen vor. Allerdings ist die Aktenlage zu dünn, um wirklich sicher zu sein.[80] Soviel ist klar: die große Verfolgungswelle gegen vermeintliche Hexen und Zauberer, die von 1626 an die deutschen Lande ergriff, ging an Paderborn gottlob vorbei.

Im Hochstift Würzburg kamen damals innerhalb von drei Jahren 900 Personen, meist Frauen und auch viele Kinder, um. Das Zentrum der Hexenjagd in Westfalen war das kurkölnische

Sauerland. Allein im Amt Balve wurden zwischen 1628 und 1630 ungefähr 160 Menschen wegen Schadenszauber, Teufelsbuhlschaft und ähnlicher Vorwürfe hingerichtet. Schätzungen für das 16. und 17. Jahrhundert gehen von insgesamt mehreren 10.000 Opfern aus.

Paderborn war aber nicht vollkommen unberührt von den schrecklichen Verfolgungen, die stets von massiver Folter begleitet waren und zumindest im frühen 16. Jahrhundert durchweg mit der Verbrennung bei lebendigem Leib endeten. In einer Stadtrechnung aus dem Jahr 1575 werden Kosten für drei gefangene und hingerichtete „Zauberinnen" aufgelistet.[81] Unter Dietrich IV. von Fürstenberg kam es zwischen 1591 und 1603 zu sechs Hinrichtungen bei Schloß Neuhaus. Unklar ist in diesem Fall, ob es sich um Beschuldigte aus der Stadt oder aus dem Umland handelte.

Zwei treibende Kräfte standen hinter den Verfolgungen. Heinrich von Schultheiß (1580–1646), Hexenkommissar aus Scharmede, und Kaspar von Fürstenberg (1545–1618), ein Bruder des Fürstbischofs. Als kurkölnischer Landrat – Drost genannt – strengte Kaspar zahlreiche Prozesse im Sauerland an. Er bezichtigte auch Geistliche aus Thüle (1591) und Dalheim (1603) der Hexerei und machte ihnen den Prozess.

Das Paderborner Domkapitel als Träger der Prozesse schien allerdings einen Bogen um die Bischofsstadt zu machen. Dabei nutzte es seine Burg in Lippspringe. So fanden das peinliche Verhör und die Hinrichtung einer angeblichen Zauberin aus Etteln um 1600 an der Lippequelle statt.[82] Andere Gerichts- und Vollstreckungsorte waren Dringenberg, Wewelsburg und Neuhaus.

Kurz nach dem Ende des Krieges setzte auch in Paderborn eine Art Verfolgungswelle ein. Hierbei ging es allerdings mehr um Wahnvorstellungen einzelner Personen als um Hexerei. Die sonst übliche Denunziation fehlte, weil die Betroffenen durch ihr „verrücktes" oder auch „gestörtes" Auftreten in der Öffentlichkeit auffielen. Man konnte sich nicht erklären, was mit diesen Menschen geschehen war. Möglicherweise führten, in heutigen Worten, posttraumatische Belastungsstörungen aus den Kriegsjahren massenhaft zu scheinbar abweichendem Verhalten. Schließlich zählte man in der Stadt 200 Fälle[83] von Besessenheit, also vermutlich von schweren Psychosen. Die Kranken wurden verprügelt, gequält, getötet oder als Hexenmeister vor Gericht gestellt.

Hexereivorwürfe und deren grausige Bestätigung in Verfahren, die der beschuldigten Frau keine Chance gaben, gab es sowohl in katholischen wie protestantischen Gebieten. Der Aberglaube schien im Umfeld von Reformation, Gegenreformation, Kriegsgräueln und Pestwellen immer wieder auf fruchtbaren Boden zu fallen.

Friedrich Spee

Es wäre verfehlt, die Paderborner als aufgeklärt oder besonders kritisch gegenüber dem Aberglauben und vermeintlicher Zauberei einzustufen. Aber im Paderborn der 1620-er Jahre entstand die berühmteste Kampfschrift gegen den Hexenwahn. Einige wenige hatten sich den klaren Blick für Verfahren, deren Systematik zwangsläufig zum qualvollen Tod Unschuldiger führte, bewahrt. Das Werk erschien 1631 anonym in Rinteln und trug den Titel: „Rechtliches Bedenken wegen der Hexenprozesse" beziehungsweise im Original: „Cautio criminalis seu de possibus contra Sagas Liber".[84]

Dem bald enttarnten Autor Friedrich Spee von Langenfeld (1591–1635) ging es um die Verantwortung der meist geistlichen Gerichte. Weniger im Blick standen das Unwissen und die Böswilligkeit im Volk. Meist kam der Ruf nach Verfolgung aus den ungebildeten Schichten,

Friedrich Spee von Langenfeld kämpfte von Paderborn aus gegen die Hexenverfolgungen.

die eine Untersuchung durch die Obrigkeit verlangten – und tatsächlich auch bekamen.

Ob Folter ein geeignetes Mittel zur Enthüllung der Wahrheit sein könne, fragte Spee. Glasklar, wie einer der Heutigen, brachte der Jesuit das Unrecht erzwungener Geständnisse auf den Punkt: „... die Kriminalrichter glauben dann diese Possen und bestärken sich in ihrem Tun. Ich aber verlache diese Einfältigkeit."

In Paderborn war Spee von 1623 bis 1626 und 1629 bis 1631. An der Jesuiten-Universität unterrichtete er Logik, Physik und Metaphysik. Wegen der Pest verließ er zwischenzeitlich die Stadt und wanderte über Speyer, Wesel, Köln und Hildesheim nach Peine. Dort wurde ein Mordanschlag auf ihn verübt. Zur Genesung nach den erheblichen Verletzungen kam er nach Corvey, Falkenhagen und schließlich zurück nach Paderborn.

Der mutige Professor hatte seine lebensgefährliche Denkschrift nicht für eine Veröffentlichung vorgesehen. Dass das brisante Buch dann doch verbreitet wurde, könnte am Betreiben des Paderborner Stadtrichters Johann Laurenz, der Hexenprozesse ablehnte, gelegen haben. 1631 wurde das Werk gedruckt. Es fand anfangs nur ein geringes Echo. 1647 erschien dann eine deutsche Übersetzung, zu deren Verbreitung Königin Christina von Schweden (1626–1689) maßgeblich beitrug.

Spee selbst blieb von direkter Verfolgung verschont, zumindest machte ihm niemand den Prozess. Vermutlich konnte die Hochschule ihn davor schützen. Allerdings wurde Spee der 1629 erteilte Lehrauftrag für Moraltheologie aufgrund starker Vorbehalte gegen seine Lehrinhalte schon nach einem Jahr wieder entzogen. Kurz nach dem Erscheinen des an sich anonymen Buches kam Anfang 1631, mitten im Schuljahr, die Abberufung Spees als Universitätslehrer. Er musste die Stadt verlassen, ging erst nach Köln und dann nach Trier. Dort infizierte er sich in der Pflege von Pestkranken, woran er 1635 starb.

Nach dem Westfälischen Frieden

Wiederbeginn

Belastet mit hohen Entschädigungszahlungen an Hessen, fiel der Wiederbeginn schwer. Fürstbischof Dietrich Adolf von der Reck (1651–1661) befestigte die im Krieg zerstörten Burgen Neuhaus, Wewelsburg, Beverungen, Dringenberg und Boke. Außerdem erließ er eine Polizei-Satzung, um die Ordnung im Hochstift wieder herzustellen.[85] Dietrich Adolf leitete vor allem die Modernisierung Paderborns, weg vom mittelalterlichen Gesamteindruck hin zur Barockstadt, ein.

Aber erst sein Nachfolger, Fürstbischof Ferdinand II. von Fürstenberg (1661–1683) heilte die in den Kriegsjahren geschlagenen Wunden maßgeblich. Er leitete eine wirtschaftliche Er-

"Hauptstadt Paderborn 1665" ist dieses Gemälde von Carl Ferdinand Fabritius überschrieben. Heute hat das Bild seinen Platz im Hörsaal 2 der Theologischen Fakultät.

holungsphase für das gesamte Hochstift ein. Die vielen Stiftungen und Bauten des kunstsinnigen Mäzens, der 1678 zusätzlich Bischof von Münster wurde, begründeten später den Begriff „Fürstenberger Barock".

Ferdinand II. war als Patenkind seines Vorvorgängers, des Kurfürsten Ferdinand von Bayern (1618–1650), ein Platz im Paderborner Domkapitel in die Wiege gelegt. Er genoss eine hohe Bildung. In Münster und Köln kam er als Student mit Gelehrten seiner Zeit in Kontakt. Auf Einladung des späteren Papstes Alexander VII. (1655–1667) studierte Ferdinand auch in Rom und machte dort Karriere. Die Entdeckung westfälischer Urkunden im Geheimarchiv des Vatikans veranlasste ihn, später Bücher zur Geschichte des Bistums Paderborn zu schreiben. Das wichtigste Werk wurde die „Monumenta Paderbornensia", eine 1669 in lateinischer Sprache verfasste Geschichte und Geografie des Fürstbistums Paderborn.[86] Eine zweite Auflage erschien schon 1672, versehen mit 29 Radierungen des westfälischen Barockmalers Johann Georg Rudolphi (1633–1693).[87]

Als Ferdinand II. am 4. Oktober 1661 nach Paderborn zurückkehrte, war er bereits Bischof und fand eine darniederliegende hochverschuldete Hauptstadt seines Bistums vor. Der Schöngeist erwies sich als handfester Krisenmanager mit klaren Vorstellungen. Er begründete ein ehrgeiziges Infrastruktur- und Investitionsprogramm insbesondere für die Stadt Paderborn. Erste Manufakturen wurden eingerichtet und die lokale Glasindustrie gefördert. Ferdinand II. ließ verlässliche Einwohner- und Steuerlisten für das gesamte Bistum anlegen. Brachliegen-

Oben: Im 17. Jahrhundert wurde der Innenraum des Domes im barocken Stil neugestaltet. Besonders prächtig präsentiert sich der Hochaltar, der im Zweiten Weltkrieg ein Raub der Flammen wurde. Rechts: Titelblatt der ersten großen Beschreibung des Hochstifts Paderborn von Fürstbischof Ferdinand von Fürstenberg, illustriert von Johann Georg Rudolphi.

de Felder wurden unter den Pflug genommen und der Wald mit einer Nutzungsordnung zur nachhaltigen Einnahmequelle.

Fürstenberg förderte wie Vorgänger Dietrich Adolf von der Reck die Orden in der Stadt. Neben Jesuiten und Kapuzinern hatten sich 1658 Franziskaner und Französische Nonnen etabliert. Sie verwandelten, vom Fürstbischof kräftig unterstützt, die Innenstadt in eine Großbaustelle.[88] Vier Kirchen und drei Konventsgebäude entstanden in kurzer Zeit.

Die Barockisierung der Stadt ging in großen Schritten weiter. Schon 1650 war mit dem vom Krieg stark in Mitleidenschaft gezogenen Dom begonnen worden. 1655 bis 1661 entstand ein neuer Hochaltar im Stil seiner Zeit. Die den Kirchenraum beherrschende Zierde ging leider im Zweiten Weltkrieg verloren.

Weiter wurden seit Mitte des 17. Jahrhunderts die Seitenkapellen im Langhaus erneuert und mit prächtigen Innenportalen versehen. Um die Haupträume – bis heute – vor Langfingern zu schützen, wurden perspektivisch gearbeitete Gitter geschaffen. Mit Mitteln der optischen Täuschung entstand so der wunderbare Eindruck von Durchblick und weiter Tiefe.

Ein Musterbeispiel für barocke Pracht ist bis heute die Marienkapelle an der Ostseite. Sie ist die größte und älteste der acht Seitenkapellen. Sie wurde 1215 erstmals erwähnt. Die schneeweiße Decke ist mit wirkungsvollen Stuckarbeiten versehen. Komplett neu gebaut wurde die Matthiaskapelle, gestaltet von Barock-Bildhauer Heinrich Papen (1644–1719). Der Eingang ist von einer ausgeschmückten Portalrahmung umgeben. Oben thront der Heilige Matthias.

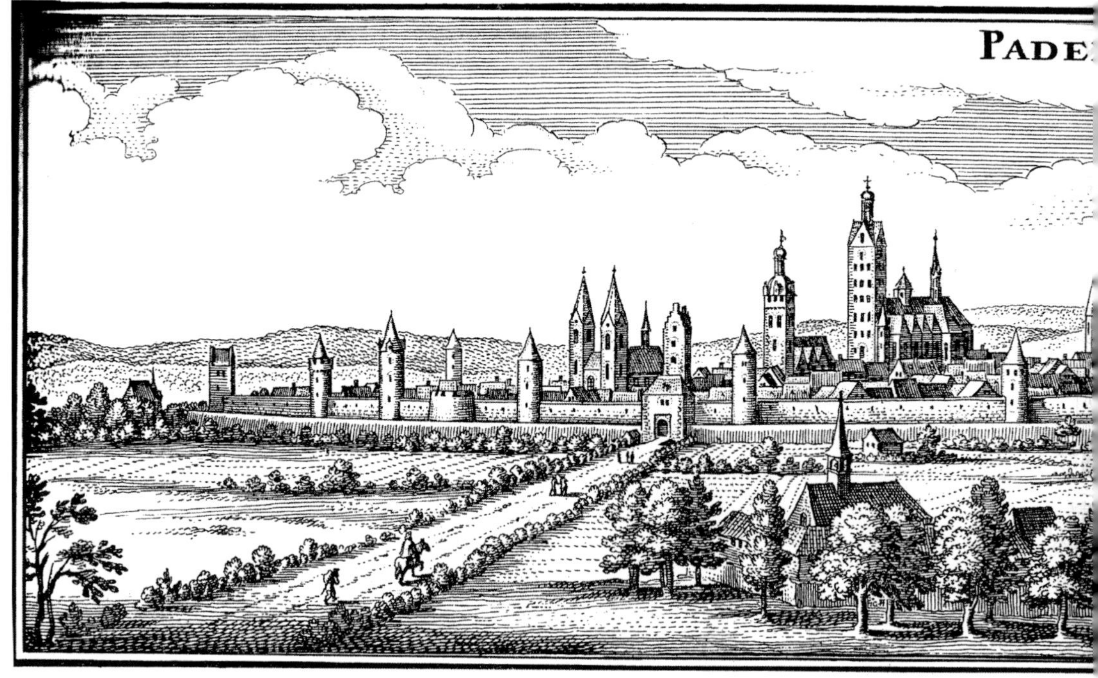

Kupferstich der Stadtsilhouette von Matthäus Merian. Erkennbar sind hinter der Stadtmauer von links nach rechts die Türme des Abdinghofs, die frühere Marktkirche (am heutigen Marienplatz), der Dom, die Gaukirche (spitzer Turm), der Turm des heutigen Theodorianums und die Busdorfkirche.

Die Inschrift und ein Wappen machen Johann Wilhelm von Wolff-Metternich zur Gracht (1624–1694) als Stifter der Kapelle kenntlich.

Ferdinand II. förderte Wissenschaft und Künste. Seine gut erhaltene Korrespondenz zeugt von einem lebhaften Austausch mit Geistesgrößen der Zeit. Der gelehrte und erst spät zum Katholizismus gewechselte dänische Naturwissenschaftler Niels Stensen (1638–1686) muss ihm schon früh aufgefallen sein. Stensen hatte in Paris dem Philosophen und Mathematiker René Descartes (1596–1650) in einem zentralen Lehrsatz widersprochen und Recht bekommen. Stensen war auch Schädelanatom und entdeckte einen Gang im Innenohr. Er diente den Medici in Florenz. 1680 war Stensen für drei Jahre Weihbischof von Münster und Paderborn. Hier weihte er unter anderem die von Ferdinand II. gestiftete Kapuziner Kirche ein.

Descartes' frühe Ideen über den Rationalismus verbanden Stensen wiederum mit dem deutschen Universalgelehrten Gottfried Wilhelm Leibnitz (1646–1716). Dieser Kontakt wurde für Paderborn wichtig, weil es Fürstbischof Ferdinand II. gelang, Leibnitz auf sein Schloss nach Neuhaus einzuladen.[89] Neben einem früheren in einem Briefwechsel erwähnten Besuch muss es noch einen zweiten Kontakt vor Ort gegeben. Das geht aus einer Wirtshausrechnung hervor, die erst in jüngster Zeit entdeckt wurde. Danach war der große Gelehrte 1681 ein zweites Mal mit Ferdinand II. zu Disputationen zusammengetroffen. Die Quittung eines Neuhäuser Wirtes ist auf Leibnitz persönlich ausgestellt.

Landesherr Ferdinand II. gelang es, Paderborn aus allen größeren Konflikten herauszuhalten. Seine Neutralitätspolitik brachte ihm allerdings auch heftige Kritik ein. Hauptvorwurf:

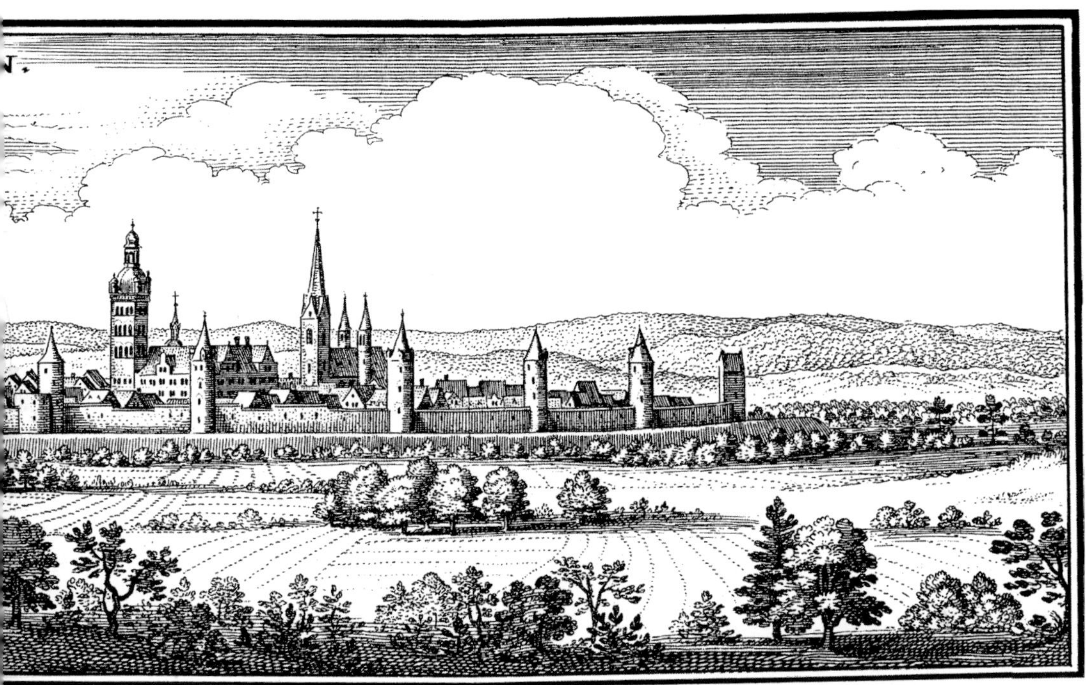

Er schwanke zwischen Kaisertreue und einer Anlehnung an Frankreich. Tatsächlich hatte Ferdinand II., obwohl von Haus aus als Habsburger erzogen, mit den Jahren Sympathien für den „Sonnenkönig“ Ludwig XIV. (1638–1715) entwickelt.

Johann Conrad Schlaun

Die Barockisierung der Kirchen setzte sich unter den Fürstbischöfen Hermann Werner von Wolff-Metternich zur Gracht (1683–1704) und dessen Neffe Franz Arnold von Wolff-Metternich zur Gracht (1704–1718) fort. Ferdinands Bauprogramm folgten weitere Maßnahmen. Zudem schufen sich die Domherren repräsentative Wohnhäuser, auch Stadtpaläste oder Kurien genannt. In dieser Phase entstand das heutige Bischofspalais am Kamp. Johann Conrad Schlaun (1695–1773) errichtete das Barockgebäude zunächst als Stadthaus des Klosters Dalheim. 1826 wurde das Gebäude zum Dienstsitz der Paderborner Bischöfe und später der Erzbischöfe.

Schlaun stammte aus Nörde bei Warburg, besuchte das Theodorianum und wechselte später als Baumeister in den Militärdienst des Bischofs von Münster. Dort arbeitete er von 1720 an mit Johann Balthasar Neumann (1687–1753) zusammen. Schlaun entwarf Pläne für die Jesuitenkirchen in Paderborn und Büren. Die später errichteten Schlösser in Münster und Nordkirchen begründeten seinen Ruf als einen der größten deutschen Barockbaumeister.

Clemens August von Bayern

Als kultureller Höhepunkt des Paderborner Barockzeitalters gilt das Jahr 1736.[90] Zu diesem Zeitpunkt war der Namensgeber des Fürstenberger Barocks schon mehr als 50 Jahre tot. Kur-

Die Elisabethkapelle steht mit einem Alabasterportal und dem kunstvoll geschmiedeten Gitter für die prachtvolle Barockisierung des Doms.

fürst Clemens August von Bayern (1719–1761) ließ zum 900. Jahrestag der Überführung der Gebeine des Heiligen Liborius unter anderem ein Prachtfeuerwerk abbrennen. Der Bayer regierte extrem lange, leitete bis zu fünf Diözesen und war selten in Paderborn. Umso wichtiger war es für ihn, deutliche Zeichen zu setzen. Der vielbeschäftigte Clemens August war schließlich noch Kurfürst und Erzbischof von Köln, Bischof von Münster, sowie Administrator von Osnabrück und Hildesheim.

Barockbaumeister Johann Conrad Schlaun zeichnete nicht nur für Fassaden und die Ausgestaltung von Kirchenräumen verantwortlich, sondern auch für das Feuerwerk als Höhepunkt der Liboriwoche. 30.000 Menschen sollen das Spektakel bewundert haben. Überliefert ist ein Kupferstich von Pfeffel, der einen illuminierten Himmel über dem Dom und dem Barockschloss Neuhaus zeigt.

Kapuzinerkloster: Domdechant Arnold von Horst berief 1612 Kapuzinermönche nach Paderborn, um den alten Glauben in der Stadt wieder zu festigen. Heute dient es als Bildungsstätte Liborianum.

Militär

Kaiser Friedrich II. (1215–1250) hatte schon 1220 aus geistlichen Oberhirten weltliche Landesherrn gemacht und ihnen die Macht im „Bündnis mit den Fürsten der Kirche" (Confoederatio cum principibus ecclesiaticis) verbrieft. Aber wie übten sie diese aus? Wo waren ihre Soldaten, wie stark ihre Heere?

Mehr als vier Jahrhunderte hören wir in Paderborn fast gar nichts von bischöflichen Truppen, auch nicht im Dreißigjährigen Krieg. Selbst danach sind die Hinweise sehr spärlich. Dabei hätte sich jeder Fürstbischof, ähnlich wie der „Tolle Christian", berufen fühlen können, Soldaten auszuheben und als Haudegen in die Geschichte einzugehen. Im Übrigen wäre der Braunschweiger auch gerne Bischof geworden, musste aber als Drittgeborener mit dem Amt des Administrators im Bistum Halberstadt vorlieb nehmen. Die geistliche Aufgabe als „Quasi-Bischof" hinderte ihn also nicht, Menschenschinder und Raubritter zu werden.

Paderborner Landesherren fühlten und dachten dagegen nur ganz selten wie – heute würden wir sagen – Warlords. Sie waren äußerer Machtdemonstration nicht abgeneigt, aber kaum zur Kriegsführung bereit. Immerhin zeigte sich Fürstbischof Dietrich IV. von Fürstenberg durchaus gern und häufig in einer Prachtrüstung. Auch andere Fürstbischöfe trugen bei öffentlichen Anlässen den Waffenrock. Unter dem Strich gilt dennoch: Die geistlichen Landesherrn übten militärische Macht, wenn überhaupt, zu Verteidigungszwecken aus. Übergriffe auf andere Territorien waren die ganz große Ausnahme.

Ursächlich dürfte es tatsächlich die friedliche christliche Gesinnung gewesen sein, die ihnen qua Amt und aus innerer Überzeugung eigen war. Hinzu kommt: Militärs sind teuer, stehende Heere waren nahezu unbezahlbar. Kostengünstiger war es, den Untertanen Verteidigungsaufgaben aufzubürden. Deshalb kamen Burgbauten Dritter und Städtegründungen aus eigenem Vermögen den Landesherren zupass. In Paderborn waren die hochgestellten Bewohner der Domimmunität bequemerweise von Bau- und Wachdiensten an und auf der Stadtmauer ausgenommen. Von einer nennenswerten Beteiligung an den Kosten ist kaum etwas bekannt.

Schloß Neuhaus mit einer einmaligen barocken Parkanlage diente den Paderborner Fürstbischöfen als Sitz und auch als Zuflucht außerhalb der Stadt.

Der Dalheimer Hof, das Bichofspalais am Kamp, ist ein Werk des Barockbaumeisters Johann Conrad Schlaun (1695–1773).

Bis ins 16. Jahrhundert bildete die Ritterschaft im Hochstift die einzige Basis bischöflicher Macht. Mit Grundbesitz und verschiedenen Nutzungsrechten belehnt, musste sie für den Landesherrn Kriege, Fehden oder sonstige Auseinandersetzungen führen beziehungsweise abwehren. Die militärische Stärke war bescheiden. Knapp 50 Ritterfamilien stellten in der Spitze etwa 110 waffenfähige Männer. Aufgefüllt werden konnte diese Struktur allein durch kampfunerfahrene Landeskinder und teure Söldner. Richtige Truppen sahen anders aus.

Unabhängig von der de facto verfügbaren Kampfkraft hatte das Bistum als Mitglied des niederrheinisch-westfälischen Reichskreises im Heiligen Römischen Reich deutscher Nation einen so genannten Kriegsfuß zu stellen. 1521 waren das zum Beispiel 18 Reiter und 34 Fußsoldaten.[91]

Fürstbischöfliche Miliz

Henner Schmude (1925–2015), Experte für Militärgeschichte im Paderborner Land, hat nur einen einzigen ernst zu nehmenden Hinweis auf eine fürstbischöfliche Truppe schon vor dem

Die Ostseite des Paderborner Marktplatzes als Aquarell von Bernhard Gleseker aus dem Jahr 1755. Heute ist es im Besitz des Museums für Stadtgeschichte. Links ist der Dom zu sehen. Im Zentrum befindet sich der alte Neptunbrunnen, dahinter Turm und Portal der Gaukirche. Auf der Ecke links daneben steht das Haus Gleseker.

Dreißigjährigen Krieg gefunden[92]. 1583 fand bei Brakel die Besichtigung, Soldaten würden sagen ein Appell, milizähnlicher Einheiten statt.

Dieses „Landausschuss" genannte Aufgebot setzte sich aus einer unbekannten Zahl von Rittern, wehrfähigen Städtern und Landbewohnern zusammen. Die Truppe wird in den Quellen dem oberwaldischen Teil des Bistums, also dem Gebiet jenseits der Egge, zugerechnet. Daraus schließt Schmude, „dass ein weiteres Aufgebot auch für den unterwaldischen Bezirk mit der Hauptstadt Paderborn bestand".

Verlässlicheres erfahren wir erst hundert Jahre später aus dem Edikt zur Organisation des Landausschusses vom 31. Mai 1688. Bischof Hermann Werner von Wolff-Metternich zur Gracht (1683–1704) erließ sieben detaillierte Anordnungen, die nur einen Schluss erlauben: Der Truppe fehlte es an allem, sie musste wortwörtlich dringend in Schuss gebracht werden. Der vom Landesherrn eingesetzte Land-Hauptmann habe fortan seine vier Kompanien einmal im Jahr gründlich zu inspizieren, wurde angeordnet. Mit anderen Worten: Vollzähligkeit sowie der Zustand von Bewaffnung und Ausrüstung waren sträflich vernachlässigt worden.

Das konnte auch daran gelegen haben, dass Städte und Dörfer nicht ausreichend Mannschaften stellten. Künftig wollte der Landesherr darüber unterrichtet werden. Auch sollten die Kompaniechefs vier Wehrübungen im Jahr veranstalten. Die Soldaten, „Ausschüsser" genannt, hätten Gehorsam zu leisten und keine Widerworte zu geben, heißt es in dem Edikt weiter. Auch dies musste offenbar einmal gesagt werden. Im Übrigen wurde festgelegt, dass Kommandanten zwei Reichstaler und einfache Soldaten sechs Silbergroschen Sold erhalten. Scharf geschossen wurde im Übrigen nur einmal im Jahr. Alles andere war dem Landesherrn offenbar zu teuer.

Das straffere Reglement kam nicht von ungefähr. 1689 gingen die „Paderborner" mit der Belagerung von Bonn in ihren ersten historisch belegten Kampfeinsatz gegen die Franzosen. Es folgten Verwendungen in den Spanischen und Polnischen Erbfolgekriegen sowie gegen die Türken in Ungarn. Dort kämpften 1736 bis 1739 schließlich 819 Soldaten unter der Paderborner Fahne.

Siebenjähriger Krieg

Im Februar 1756 bebte in Paderborn die Erde. Spektakulärer hätte der Siebenjährige Krieg (1756–1763) nicht beginnen können. Das von Mitteleuropa bis nach Nordamerika reichende als auch Indien, die Philippinen und die Karibik betreffende Geschehen gilt in der Geschichte mit Fug und Recht als erster großer Weltkrieg.[93]

Für die Paderborner kam er kaum anders als der Dreißigjährige Krieg daher – nämlich mit wechselnden Besatzungen, immer neuen Einquartierungen, Plünderungen, Seuchen und zahllosen Todesopfern. Nach einem zweiten die Menschen zutiefst aufwühlenden Erdbeben zum Beginn des folgenden Jahres fielen Hannoveraner, Braunschweiger, Hessen und Bückeburger über das Hochstift her. Während der Liboriusprozession drangen sie am 20. Mai 1757 in Paderborn ein. Das bischöfliche Regiment leistete keinerlei Widerstand. Es war offenbar zurückgezogen worden und kämpfte in den folgenden Jahren auf fernen Schauplätzen meist an der Seite kaiserlich-habsburgischer Truppen. Die Soldaten des Bischofs kehrten erst am 3. Mai 1763 in die stark in Mitleidenschaft gezogene Stadt zurück. Der Krieg war vorbei.

Französische Revolution und schlechte Presse

Die Französische Revolution von 1789 war einer von mehreren Faktoren, der die Stadt an der Schwelle zum 19. Jahrhunderts aus einer Schrumpfungsphase zu neuem Wachstum und letztlich zum Ende der fürstbischöflichen Herrschaft in Paderborn führte. Die Einwohnerschaft war von 1735 bis 1787 um zwanzig Prozent auf 4.700 Personen zurückgegangen. Bis 1809 nahm die Zahl wieder um zehn Prozent zu. Hinzuzurechnen sind etwa 400 Franzosen, die vor der Revolution geflohen waren. Die Exilanten gingen später offenbar alle wieder zurück nach Frankreich. Keiner von ihnen scheint das Bürgerschaftsrecht in Paderborn erworben zu haben.[94]

In der Stadt erschien inzwischen die erste Zeitung, das „Paderbornische Intelligenzblatt" von 1772 bis 1849. Der von Fürstbischof Dietrich Adolf von der Reck (1651–1661) im Jahre 1659 gegründete Verlag Junfermann druckte seit 1763 Volksschulbücher für das Hochstift. Gegründet wurden eine Feuerversicherungsanstalt (1769), eine Reihe von Ausbildungsstätten sowie ein Waisen- und ein Krankenhaus. Der „Paderbörnische Club" fand sich seit 1788 zum

Lesen zusammen. 1801 gab es bereits zwei Buchhandlungen in der Stadt. Eine davon führte Hofbuchdrucker Junfermann mit angeschlossener Leihbücherei für Jedermann.

Während die Franzosen am 14. Juli 1789 zum Sturm auf die Bastille ansetzten, rieben sich die Paderborner nur in Maßen an der Obrigkeit. Ein Anlass für das Wiederaufflammen des im Grunde uralten Konflikts zwischen Privilegierten und Gemeinen war der sogenannte „Kaffee-Lärm" von 1781.

Ein hochsommerliches Straßenfest vor dem Rathaus artete zu später Stunde ziemlich aus. Neuhäuser Soldaten umstellten die vom Kaffee mit Brantwein berauschte Gesellschaft. Der Rat beschwerte sich am Tag darauf beim Bischof, der ein Kaffeeverbot für die einfachen Bürger erließ. Die Bürgerschaft scherte sich darum allerdings nicht im Geringsten. Kaufleute der Stadt sollen sogar die Belieferung der Geistlichkeit mit den heiß begehrten koffeinhaltigen Bohnen verweigert haben. Letztlich war alles viel Lärm um nichts, denn der Kaffee wurde nunmehr in aller Stille genossen.

Die Anekdote illustriert mehr als den ewigen Zwist zwischen den Privilegierten in der Domfreiheit und jenen, die außen vor Steuern zahlten, Pflichten erfüllten und die ganze Arbeit machten. Die Aufklärung war im vollen Gange und die Idee von der Gleichheit aller Menschen vor Gott und der Natur gab den Aufbegehrenden neue Legitimation. Anonyme Flugblätter, öffentliche Wutreden und ganz offizielle Beschwerdeschriften „nach oben" über Rechtsprechung nach zweierlei Maß sind auch für Paderborn im späten 18. Jahrhundert belegt. Man war nicht revolutionär, aber auch nicht mehr ein stiller Untertan, der sich alles gefallen ließ.

Im Ton unterwürfig, im Kern aber an den Grundfesten rüttelnd, wandte sich Bürgermeister Anton Joseph Neukirch 1792 an seinen Landesherrn. Die Menschen im Hochstift blieben solange unterdrückt, argumentierte er, wie der Adel und die Geistlichkeit von allen Abgaben befreit seien und zudem durch Unterschlagung die reguläre Wirtschaft schädigten. Man könne überhaupt nicht nachvollziehen, weshalb „dieser anmaßliche Bedruck" von Stadt und Bürgerschaft länger anhalten müsse. Das Schreiben endet dennoch geradezu katzbuckelnd und bettelnd, „so werden Euer Hochfürstliche Gnaden geruhen, zur Beruhigung der Stadt und Bürgerschaft eine solche landesväterliche Verfügung zu treffen, wodurch das Beschwer" aufgehoben werde.[95]

Im späten 18. Jahrhundert hatten die Paderborner – heute würden wir sagen – eine schlechte Presse. In den damals aufkommenden und viel gelesenen Reiseberichten wird die Stadt wiederholt als dumpfe Ackerbürgerstadt geschildert. Nach dem Niedergang des Handels war die einst barocke Schönheit tatsächlich dahin. Viele Fassaden waren schwarz geworden, frische Anstriche blieben lange aus und fast jeder Versuch zur Einführung von Manufakturen und anderen Wegbereitern des Fortschritts schienen gescheitert. Was blieb, war der Eindruck einer Landstadt, die von einer rückwärtsgewandten Kirchenführung gebremst und klein gehalten wurde.

Der Verriss erfüllte das Vorurteil all jener, die in der politischen Debatte die grundsätzliche Abschaffung der Fürstbistümer forderten. Geistliche Länder galten als nicht mehr zeitgemäß, die Säkularisierung, also die Aufhebung geistlicher Staaten, als überfällig. Preußische, andere sagten „protestantische" Vorstellungen vom Staatswesen sahen gerade in Fällen wie Paderborn ihre Forderung zur Neuorganisation begründet.

Unprofessionelle Verwaltung, mangelhafte soziale Verhältnisse, Wirtschaftskraft gleich null und tumbe Bewohner ohne Antriebskraft: So wurde die eigentümlicherweise stets katholisch geprägte Hinterwelt in den fortschrittlichen Kreisen gesehen. Niemandem fiel auf, dass die in

Teilen zutreffende Beschreibung nichts mit Religion, aber sehr viel mit abgehängter Region zu tun hatte. Träger der Modernisierung waren die aufkommenden Großstädte, die Militärstützpunkte und erste frühindustrielle Ansätze. Diese beruhten freilich auf dem Vorkommen nennenswerter Bodenschätze und technisch optimierter Wasserkraftnutzung wie zum Beispiel für die Hammermühlen im Ruhrtal. All das konnte das Hochstift nicht bieten.

Der Historiker Roland Linde hat sich des Vorurteils von der Ackerbürgerstadt Paderborn ausführlich angenommen und es gründlich widerlegt.[96] Anhand der Sozialstruktur weist er nach, dass es innerhalb der Stadt kaum große Bauernhöfe im Vollerwerb gab. Schon 1672 betrug die Zahl der wirtschaftlich selbständigen Höfe gerade einmal zwölf. Im benachbarten zehnmal kleineren Lippspringe waren es 31. Landwirtschaft im Nebenerwerb betrieben dagegen 463 Hausstellen in Paderborn, im zutreffend als Ackerbürgerstädtchen zu bezeichnenden Lippspringe aber nur 42.

Der bei Durchreisenden falsche Eindruck vom ländlichen Idyll am Dom könnte sich darauf beziehen, dass viele Bürger einen kleinen Stall und etwas Landwirtschaft oder Gartenbau zur Selbstversorgung unterhielten. Auch das in Paderborn stadtbildprägende Dielenhaus mag dem Begriff Ackerbürger entsprochen haben. Missverständlich ist auch das Wort „Bauerschaft", das eigentlich „Nachbarschaft" meint. Nach einer Auswertung von 1782 verfügten in den „Stadtteilen" Kämperbauerschaft und Königsträßer Bauerschaft nur 30 Prozent der 317 Hausbesitzer über eigene und zudem sehr kleine Äcker.

Außerhalb der Stadt gab es vor allem einen großen Grundbesitzer: die Kirche. Allein das Domkapitel verfügte über 1020 Hektar, der Fürstbischof über 266 Hektar. Landadel und ehemalige Ritterschaft waren deutlich schlechter begütert. Die Herren von Haxthausen und Dedinghausen besaßen vergleichsweise bescheidene 312 Hektar beziehungsweise 12 Prozent der Feldmark.

Der von innen und von außen formulierte Wunsch nach grundlegenden Veränderungen sollte schon bald erfüllt werden. Das geschah aber anders, als von der Mehrheit im Hochstift Paderborn erhofft. Statt einer Freiheitsbewegung von unten kam die Veränderung von oben: durch den Einzug der Preußen. Damit begann die Aufhebung der geistlichen Staaten in den deutschen Landen.

19. JAHRHUNDERT

Am 3. August 1802 war Paderborn endgültig zur Kleinstadt abgesunken. Der Einmarsch von 1500 preußischen Soldaten durch die Westernstraße zum Rathaus beendete die bald 1000-jährige Stellung als Hauptstadt eines kleinen, aber eigenständigen geistlichen und politischen Territoriums.[97]

Nicht Jubel, sondern Depression und Abneigung legten sich auf die Schaulustigen an diesem Augusttag in Paderborn. „Die bange Erwartung der Bürger löste sich in eine Totenstille, Betrübnis, bei manchen, wie ich selbst bemerkte, in laute Tränen auf", notierte der Anwalt Franz Josef Gehrken. Der spätere Gerichtsdirektor ist der einzige Augenzeuge, der der Nachwelt einen Bericht von diesem denkwürdigen Ereignis hinterlassen hat.

Ein „Königlich Preußisches Patent" wurde im gesamten Land verbreitet. Mit dem Flugblatt übernahm König Friedrich Wilhelm III. (1797–1840) für alle sichtbar die Herrschaft, was er „sämtlichen geistlichen und weltlichen Ständen und Einwohnern des Stifts Paderborn" meist per Anschlag an einem Baum auf diese Weise mitteilte.

Das Domkapitel formulierte eine Ergebenheitsadresse an den neuen Herrscher. Man schätze sich glücklich, Preußen untertan zu sein. Der König antwortete mit der formalen Zusage von „Gerechtigkeit und Gnade".

Der letzte Fürstbischof Franz Egon von Fürstenberg (1789–1825) hatte seine Aufgaben als Landesherr schleifen lassen. Die Einwohnerzahl der Stadt war auf 4.752 gesunken. Viermal sollte nun innerhalb von 14 Jahren die Herrschaft wechseln. 1802 ging das Hochstift vom Fürstbischof an Preußen, 1806 an Napoleon Bonaparte (1769–1821), 1807 an dessen Bruder Jerôme Bonaparte (1784–1860) und 1815 wieder an Preußen über.

Nicht landespolitische Ziele, nicht technischer Fortschritt und schon gar nicht gezielte Impulse übergeordneter Strukturpolitik bestimmten damals das Los hunderter kleiner und kleinster Herrschaften in deutschen Landen. Es waren statt dessen die Siege und Niederlagen der Großmächte in Europa, denen auch Paderborn als Spielball ausgeliefert war.

Eines der irrwitzigsten Konstrukte dieser Zeit war wohl das „Königreich Westphalen". Es umfasste vor allem hessische und, nach heutiger Lesart, niedersächsische Gebiete bis zur Elbe. Es entsprach der im Frieden von Tilsit 1807 festgeschriebenen Bezeichnung „Westphalen" nicht im Geringsten. Vom historischen Herzogtum Westfalen gehörte nicht ein Fußbreit zum neuen „Westphalen".

Hauptstadt des gern auch französisch titulierten „Royaume Westphalie" war Kassel. Die Grenzen lagen im Westen bei Osnabrück und Gütersloh. Im Osten reichten sie bis an die Elbe – aber nur für kurze Zeit. Die Völkerschlacht im Oktober 1813 bei Leipzig ließ den französischen Satellitenstaat schon nach sechs Jahren wieder untergehen.

Dieses Mal jubelten die Paderborner, als am 8. November 1813 die Preußen erneut in die Stadt einzogen. Die Franzosenherrschaft war zunehmend als Besatzung empfunden worden. Jetzt galt Preußen als Befreier. Auch hatte sich die Haltung der Bürger zu der zwar protestantischen, aber eben auch berechenbaren Politik aus Berlin gewandelt. Stadt und Land wurden endgültig Teil des preußischen Staates.

Erstes Schützenfest 1831: Der letzte Kommandant der Paderborner Bürgerwehr Kaufmann Andreas Ferrari gründete den Paderborner Bürgerschützenverein, der heute einer der größten in Deutschland ist.

Als Napoleons Truppen die Stadt 1806 kampflos eingenommen hatten, war die Bürgerwehr entwaffnet und verboten worden. Dennoch schaffte es die Garde teils verdeckt, teils inoffiziell, 24 Jahre lang weiter zu bestehen. Dabei gingen allerdings mehr und mehr Aufgaben verloren. Die Beharrlichkeit war erstaunlich angesichts der Rasanz aller folgenden Ereignisse.

Von 1802 bis zur Neuordnung Europas durch den Wiener Kongress (1814–1815) durchlebte Paderborn eine Drehtürpolitik, in der kaum ein Lebensbereich von den Veränderungen unberührt blieb. Die Säkularisierung, also die staatliche Übernahme von Klöstern, Kirchenland und Adelsbesitz, setzte eine erste Zäsur. Das mehr auf Ausbeutung denn Aufbau gerichtete französische Regime stellte weitere Selbstverständlichkeiten massiv in Frage. Besonders bitter für das Hochstift: Die brutale Aushebung von 1400 Soldaten, die auf Napoleons Russlandfeldzug fast alle ihr Leben verloren. Schließlich setzte Preußens Verwaltung nach dem Wiedereinzug ins alte Hochstift radikale neue Akzente.

Preußen hob schon 1803 die Klöster Böddeken, Dalheim, Marienmünster und Hardehausen auf. Vor allem der Griff nach dem Abdinghof in Paderborn galt der Geldbeschaffung. In acht Jahrhunderten hatte das Benediktinerkloster ein großes Vermögen angesammelt. Allein in der Paderborner Feldmark besaß man mit gut 260 Hektar ebensoviel Land wie der letzte Fürstbischof. Das bescherte Pachteinnahmen von jährlich 13.000 Talern. Der Kapitalbestand zum Zeitpunkt des Zugriffes betrug noch einmal 13.000 Taler. Bei so reicher Beute musste nicht einmal die Immobilie selbst zu Geld gemacht werden. Sie wurde zur Kaserne. Pferde im Kirchenschiff, Weinvorräte in der Krypta und auch das Schloss in Neuhaus unter Hunderten Soldatenstiefeln – was konnte deutlicher von einer Zeitenwende zeugen?

Neben dem Militär etablierte sich das preußische Post- und Justizsystem. Das Allgemeine Landrecht war gerade eingeführt, da galt schon Frankreichs Code Civil an der Pader. Auf dem Markt lösten sich Reichstaler, Franken und preußische Taler ebenso schnell ab wie die Führung in den fernen Hauptstädten.

Verwaltungsaufbau durch den preußischen Staat

In allen westfälischen Gebieten begann 1802 die Etablierung preußischer Verwaltungsstrukturen.[98] Der Reformer Heinrich Friedrich Karl Freiherr vom und zum Stein (1757–1831) ließ in den aufgehobenen Fürstbistümern Paderborn und Münster so genannte Landes-Collegien einrichten. Damit blieben die Landräte zwar Vollzugsbeamte des Staates, sie sollten aber durch Gutsbesitzer aus dem ansässigen Adel oder aus Kreisen lokaler Persönlichkeiten ausgesucht werden. Am 10. April 1803 wurde die Einteilung in die drei Kreise Paderborn, Brakel und Warburg bekannt gegeben.

Ziel der Preußen war es, auf dem Lande möglichst gleich große Verwaltungseinheiten herzustellen. Jeder Bürger sollte die ihn betreffenden Behörden an einem Tag zu Fuß erreichen können, ohne übernachten zu müssen.

Die neuen Landräte wurden nicht ernannt, sondern am 19. April 1803 durch die alten Landstände des Hochstifts gewählt. Maximilian von Elverfeldt (1763–1831) hatte sich mit einem offenbar überzeugenden Konzept für Paderborn beworben. Sein Wahlversprechen war als Frage formuliert: „Wie ist die Bevölkerung im Erbfürstentum Paderborn zu befördern und die Entvölkerung zu verhindern?“ Von Elverfeldt trat sein Amt am 1. Dezember 1803 an.

Die Fürstbischöfe hätten ihr Hochstift „vielleicht etwas herunter kommen lassen“, bemerkte Landrat Manfred Müller (CDU) im Jahr 2016 anlässlich des 200-jährigen Bestehens des Kreises Paderborn.[99] Schon der durchreisende Geheimrat Johann Wolfgang von Goethe (1749–1832) hatte sich fürchterlich über den Zustand der Straßen beschwert. Müller: „Als die Preußen kamen, fanden sie schlechte Wege, eine schlechte Verwaltung vor, 90 kirchliche Feiertage und, wie es damals hieß, eine Bevölkerung, die dem Trunke ergeben ist.“ Die neue Verwaltungsebene hatte für innerer Ruhe und Sicherheit zu sorgen. Sie führte die Aufsicht über Armenwesen, Gesundheit, Feuerpolizei, Straßen, Flüsse und Kanäle.

Neue Ordnung

Die Ende April 1815 erlassene Provinzialordnung für Westfalen betrachtete Paderborn nur noch als Kreisstadt. Der Wunsch, Sitz einer oberen Verwaltungsbehörde zu werden, stieß beim König und Staatskanzler Karl August von Hardenberg (1750–1822) auf taube Ohren. Beide bevorzugten Minden.

Zum Ausgleich wurde Paderborn zentraler Gerichtsort für den Regierungsbezirk Minden. Das war keine schlechte Kompensation, wie sich schon bald herausstellen sollte. Durch ein Oberlandesgericht sowie Staatsanwaltschaften und zwei untere Rechtssprechungsebenen wurden in der Stadt mehr und höher dotierte Stellen geschaffen, als andere Verwaltungsbereiche

Die Abdinghofkirche auf einer Darstellung aus dem Jahr 1851. Zunächst von den Preußen militärisch genutzt wurde die Kirche Mitte der 19. Jahrhunderts zur evangelischen Hauptkirche in Paderborn. Im Hintergrund ist der Domturm mit Satteldach erkennbar.

mit sich gebracht hätten. Noch hatte die Industrialisierung nicht eingesetzt. Deshalb gingen existentiell wichtige Impulse allein von den neuen bürokratischen Strukturen aus.

Von wirtschaftlicher Bedeutung wurde auch das Militär in der Stadt. Die Paderborner Garnison umfasste 1817 schon 235 Soldaten. 1820 kamen berittene Verbände hinzu. Sie sollten Paderborn und Neuhaus für die kommenden 125 Jahre zu Reiterstädten machen.[100] Je eine Eskadron mit 150 Pferden des Kürassier-Regiments Nr 4 aus Münster nahm in beiden Städten Quartier. Das bedeutete noch nicht Kasernierung, denn passende Gebäude fehlten. Die Soldaten wohnten unter einfachsten Bedingungen in Privathäusern. Die Gastgeber profitierten in vielfacher Weise: Unterkünfte, Verpflegung für Mensch und Tier sowie Dienstleistungen von der Sattlerei bis zur Gastwirtschaft blühten auf.

In der Folge wurde groß gebaut. 1825 entstanden in Neuhaus hinter dem leerstehenden und für Preußen unverkäuflichen Schlosskomplex neben dem ersten Marstall umfangreiche Stall- und Reitanlagen. Die Feuchtigkeit in der als Stall genutzten Abdinghofkirche hatte häufige Erkrankungen der Pferde zur Folge. Deshalb wurden schon bald moderne Unterstände und eine Reitbahn auch in Paderborn errichtet. Selbst das Umland profitierte. Reitausbildung fand in der Senne und auf dem Ringelsbruch statt. Der Sandboden im Mastbruch und weiter nordwestlich erwies sich als ideales Manövergebiet, weil es nach Regenfällen schnell abtrocknete. So wurde der Blick der Militärs auf die Senne gelenkt. 1847 schloss man den ersten Erbpachtvertrag mit der Stadt über einen 75 Hektar großen „Kavallerie Exerzierplatz Stadtheide“. Heute umfasst der weiter nordwestlich gelegene Truppenübungsplatz 11.600 Hektar Fläche.

Jüdisches Leben

Im frühen 19. Jahrhundert schien das bis dato schon 400 Jahre existierende jüdische Leben in der Stadt vor einer gewissen Normalisierung zu stehen – auch wenn Schikanen und Sonderlasten anhielten.

Kurz vor seinem Machtverlust hatte Fürstbischof Franz Egon von Fürstenberg den 2000 Juden in den 23 Städten und 150 Dörfern des Hochstifts gegen Zahlung von 3.500 Talern einen Schutzbrief ausgestellt. Aber die erkaufte Ruhe währte nur kurz. Die neuen preußischen Beamten missbilligten, dass das Bistum einen ungewöhnlichen hohen jüdischen Anteil an der Gesamtbevölkerung zugelassen habe. In Paderborn hatte er sich seit 1719 auf 24 Familien knapp verdoppelt.[101]

Zur geplanten Reduzierung der jüdischen Bewohnerschaft, vermutlich durch Ausweisung, kam es nach der Niederlage gegen Napoleon jedoch nicht mehr. Die Paderborner Juden durften wieder hoffen. Am 15. Dezember 1807 nahmen sie an der Huldigung des neuen Königs

Die alte Synagoge (links) von Paderborn mit der Busdorfkirche und dem Krankenhaus St. Vincenz. Reproduktion einer Ansichtskarte.

Jérôme in Kassel teil und formulierten eine überschwängliche Dankadresse: „Glückliches Westphale, das nach viel hundertjähriger Trennung vereint, eines Herrschers – eines Napoleon sich erfreuen darf! und dreymal glückliches Volk, dem nach langer und trauriger Nacht eine neue wohlthätige Sonne aufgegangen gleich der, welche einst in Palastinus Gefielden dir leuchtete! Nun wirst du am eignen Heerd nicht mehr Fremdling seyn, der Nahme Vaterland wird dich wieder erheben und deine Wunden heilen."

Der Jubel ist verständlich. Jérôme gewährte allen Juden die volle bürgerliche Gleichberechtigung. Sie sollten sich überall niederlassen, jeden Beruf wählen und uneingeschränkt Grundbesitz erwerben dürfen. Nach Zahlung eines Bürgergeldes wurden sie in die Paderborner Bürgerschaft aufgenommen und schworen dem König allzeit treue Untertänigkeit.

1815 wendete sich das Blatt erneut. Zwar blieb den Paderborner Juden das städtische Bürgerrecht erhalten, aber viele andere Freiheiten wurden von Preußen wieder eingeschränkt: Wählbarkeit, Ämterzugang, freie Wahl der Vornamen, Zugang zu Lehr- oder Schulämtern.

1845 forderten sie beim Westfälischen Landtag in Münster erneut die rechtliche Gleichstellung. Vergebens.

In den folgenden Jahrzehnten gelang es jüdischen Kaufleuten, Geschäftslokale in der Westernstraße, am Kamp und im Schildern zu etablieren. Zu Beginn des 20. Jahrhunderts hatte Paderborn mit etwa 420 jüdischen Bürgern – das waren allerdings nur 1,7 Prozent der Gesamteinwohnerzahl – den höchsten jüdischen Bevölkerungsanteil erreicht. Historikerin Margit Naarmann, Paderborns ausgewiesenste Expertin auf diesem Gebiet, urteilt: „Zu diesem Zeitpunkt schienen die Paderborner Juden weitgehend integriert zu sein, und ihr Alltagsleben alle Merkmale des Außergewöhnlichen verloren zu haben." Man war Mitglied im Schützenverein, im Roten Kreuz und in allerlei Vereinigungen. Naarmann: „Ihr Selbstbewusstsein spiegelte sich in dem Bau der Synagoge am Busdorf im Jahre 1882 wider".

Auf dem Weg zum Landkreis Paderborn

1832 zählte Paderborn als einzige vollwertige Stadt im gleichnamigen Kreis 6500 Einwohner. Daneben existierten die Ämter Neuhaus, Delbrück, Kirchborchen und Lippspringe. Die größten der 24 zugehörigen Ortschaften waren Stukenbrock (1885 Einwohner), Westenholz (1705), Hövelhof (1660), Ostenland (1549) und Neuhaus (1385).[102]

Schon damals wurde die erst 160 Jahr später tatsächlich vollzogene Zusammenlegung mit dem Kreis Büren erwogen. Allerdings sind Entscheidungen über die Ansiedlung von Verwaltungssitzen nicht allein ausschlaggebend für die künftige Entwicklung. Das zeigt ein Vergleich. Büren zählte damals weniger als 1500 Einwohner. Bis heute hat die Kernstadt ihre Einwohnerzahl mit 8780 Personen versechsfacht. Paderborns Zentrum ist mit 83.000 Kernstadtbewohnern um den Faktor zwölf gewachsen.

Der von Preußen „entmachtete" Bischof erfuhr sehr bald Kompensation aus Rom. Das Bistum wurde erheblich erweitert. Entsprach es seit der Reformation weitgehend dem Hochstift, so wuchs es nun als geistliches Territorium zu enormer Größe. Von 1821 an bildeten die preußischen Regierungsbezirke Minden und Arnsberg mit Lippe und Waldeck sowie Gebiete um Magdeburg, Erfurt und das westthüringische Eichsfeld das erneuerte Bistum Paderborn. Die Bischofsstadt behielt ihre Priesterausbildung, obwohl Preußen bemüht war, alle westfälischen Universitäten zu schwächen.

Wenn Paderborn seinem Kurzzeit-König Jerôme Bonaparte eine echte Wirtschaftsförderungsmaßnahme verdankt, dann ist es der 1806 gestartete erste große Straßenbau. Der Franzose förderte die Chaussee nach Kassel, der Hauptstadt seines Königsreichs Westphalen. Die Preußen bauten von 1815 an eine über Paderborn führende Verbindung von Köln nach Berlin. 1860 führten gepflasterte und damit erstmals durchgängig befestigte Verbindungen in alle wichtigen Richtungen. Straßen über Neuhaus nach Bielefeld und via Wewer nach Büren kamen später hinzu.

Inzwischen war das für das 19. Jahrhundert entscheidende Verkehrsprojekt bereits angelaufen: der Eisenbahnbau. Nichts sollte die Stadt mehr verändern und prägen als das neue Verkehrsmittel mit Dampfantrieb. Am 4. Oktober 1850 begann der Betrieb auf der Neubaustrecke von Hamm nach Paderborn. Am 21. Juli 1853 startete König Friedrich Wilhelm IV. zur Jungfernfahrt auf der nunmehr durchgehenden Strecke von Hamm bis Kassel.

Vorausgegangen war die Beinahe-Pleite der „Köln-Minden-Thüringer-Verbindungsbahngesellschaft". Sie war 1845 in Paderborn gegründet worden. Der etwas sperrige Name erklärt die Absicht der Planer. Eisenbahnpionier Friedrich Harkort (1793–1880) hatte schon in den frühen 1840-er Jahren für eine Ergänzung der Hauptlinie Köln-Berlin nach Kassel geworben. Zunächst hatte man gehofft, in Lippstadt nach Osten abschwenken zu können. Als stattdessen Hamm zum künftigen Knoten bestimmt wurde und ein Tunnelbau bei Lichtenau große Probleme machte, ging das Geld aus. Weihnachten 1848 übernahm Preußen das Projekt als

Der Hauptbahnhof um 1900. Repro einer Ansichtskarte.

staatliche „Westfälische Eisenbahn“ und startete neu. Endlich gab es genug Geld, eine veränderte Streckenführung und damit auch für Altenbeken eine große Zukunft. Der Knoten am Tor zur Egge bot Anschlüsse nach Höxter-Holzminden (1865) und Hameln-Hannover (1872).

In Paderborn sorgten der Bahnhofsbau, damals einen halben Kilometer vor der Stadt, und die erste große Eisenbahnwerkstatt für eine städtebauliche Sonderkonjunktur. Die Bahnverbindung zum gerade erwachenden Ruhrgebiet war die Mitfahrgelegenheit ins Industriezeitalter. Mehr noch als der Warenverkehr wuchsen Arbeitsplätze, Einwohnerzahl und lokale Wirtschaft. Das Paderborner Land und der westfälische Raum wurden wieder einigermaßen in der Lage versetzt, die hier lebenden Menschen zu ernähren, statt sie zum Auswandern zu zwingen.

Starkes Bevölkerungswachstum

Das 19. Jahrhundert war von einer so starken Zunahme der Bevölkerung geprägt wie keines davor. Schon in der ersten Phase 1802 bis 1816 war die Einwohnerschaft um 1000 Personen auf 5.706 gestiegen. Bis 1871 verdreifachte sich die Einwohnerzahl Paderborns auf 13.726 Zivilisten und Militärs.[103]

Inzwischen waren nur noch 44 Prozent der Bewohner auch in der Stadt geboren worden. Keine Zahl zeigt deutlicher, wie stark die Menschen aus dem Umland anzogen wurden und wie die Zeit insgesamt von breiten Wanderungsbewegungen geprägt war. Die Migration heu-

Eine von Paderborns starken Frauen: Pauline von Mallinckrodt baute die Sozialfürsorge zu preußischer Zeit aus.

tiger Tage ist also nichts Neues für Paderborn und die Feststellung, dass die Stadt stets davon profitierte, schon gar nicht.

Dabei bot Paderborn bei weitem nicht die Arbeits- und Verdienstmöglichkeiten wie die Keimzellen der Industrialisierung im Westen. Aus dem Delbrücker Land zum Beispiel, wo die Bevölkerungszahl stagnierte, zog es die meisten nicht in die Domstadt, sondern in die „Fabrikgegenden der Grafschaft Mark und des Großherzogtums Berg". Damit war das Ruhrgebiet gemeint, für das sich eine neue Bezeichnung noch nicht etabliert hatte. Aus dem Bürener Raum zogen ganze Gruppen nach Bochum, wo im Bergbau vergleichsweise hohe Löhne gezahlt wurden. Im lippischen Schlangen, unweit von Paderborn, endete in dieser Phase langsam die saisonale Fernwanderung junger Männer in die Ziegeleien nach Holland. Inzwischen gab es näher liegende Verdienstmöglichkeiten.

Die beeindruckenden Zahlen täuschen allerdings darüber hinweg, dass mit dem Bevölkerungswachstum gerade in der ersten Hälfte des 19. Jahrhunderts vor allem eines verbunden war: bittere Armut. „Ein deutsches Irland haben wir im Schoße Westfalens – unser Paderborn", notierte 1836 der Arnsberger Regierungspräsident Georg Wilhelm Keßler (1782–1846).[104]

Das Elend war nicht hausgemacht. Vielmehr beförderte ausgerechnet die Bauernbefreiung Existenznöte der Unterschichten auf dem Land. Die 1821 begonnene Privatisierung großer gemeinschaftlich genutzter Flächen führte zu besseren Ernteerträgen auf den großen Gütern. Kötter, Kleinstbetriebe und Landlose dagegen verloren ihre ohnehin schmale Einkommensbasis. Die Bauern mussten für die Freistellung von Diensten und Abgaben an den Landadel hohe Ablösesummen zahlen. Erst eine 1834 vom Staat gegründete Tilgungskasse verschaffte den Betroffenen im ehemaligen Fürstbistum eine gewisse Erleichterung. Zeitgleich trugen Cholera-Ausbrüche und Missernten zu den die „irischen" Verhältnisse direkt vor den Toren der Stadt bei. Auch das machte Paderborn zum Ziel allgemeiner Landflucht.

Damit erreichte die Armut auch die Innenstadt, obwohl hier nur ein Drittel der Bevölkerung direkt vom Landbau betroffen war. Niemand war auf den Ansturm der Elenden vom Land vorbereitet, zumal die über Jahrhunderte von der Kirche gewährleistete rudimentäre Fürsorge für Arme und Kranke zerschlagen war. Preußen und Franzosen hatten mit der Säkularisierung sogar die Stiftungsvermögen der kirchlichen Sozialfürsorge einkassiert. Deshalb beeilte sich der preußische Zivilgouverneur Ludwig von Vincke (1774–1844)[105] schon 1814, ersatzweise eine Armenkommission zu schaffen.

Diese für die kommenden 50 Jahre wichtigste Sozialeinrichtung Paderborns sollte unabhängig von Magistrat und Bischof sein, wurde aber von der Regierung in Minden und der Bistumsleitung mit Personal beschickt. Die Armenkommission erhielt schließlich Zugriff auf die letzten Reste des alten kirchlichen Stiftungskapitals in Höhe von 200.000 Talern. Mit 3,5 Prozent verzinst, bildete dieser Kapitalstock die Grundlage der neuen Sozialfürsorge. Hinzu kamen mit einem jährlich wachsendem Anteil städtische Gelder. Tatsächlich gelang es, so ein Zeitzeugenbericht um 1822, durch Suppenküchen und erste berufliche Bildungsangebote für Jugendliche das Betteln auf der Straße einzudämmen. Für das Jahr 1860 wird die Unterstützung von 450 Personen mit, nennen wir es, „Sozialhilfe" von bis zu 40 Talern erwähnt.

Die halbstaatliche Sozialarbeit reichte bei weitem nicht aus. Damit schlug die Stunde der starken Frauen in Paderborn. Pauline von Mallinckrodt (1817–1881), Schülerin von Luise Hensel (1798–1876), Fanny Nathan (1803–1877), Gründerin des jüdischen Waisenhauses, Diakonissen, Barmherzige Schwestern und Schwestern der Christlichen Liebe bauten die sechs wichtigsten Wohltätigkeitseinrichtungen ihres Jahrhunderts auf. Das waren das Landeshospital für 340 Arme und Kranke aus dem Paderborner Land, das städtische Armenhaus mit 33 Bewohnern um 1860, das Waisenhaus mit 56 Kindern, die Blindenschule mit 30 Kindern, das Johannisstift für alte und hilflose Personen aus dem evangelischen Kirchenkreis Paderborn sowie das Jüdische Waisenhaus mit 12 Plätzen.[106]

Fanny Nathan, Gründerin des jüdischen Waisenhauses

Polizeiordnung 1827

Einen zuverlässigen Blick auf den Alltag und seine Konflikte in den Straßen und Gassen der Fachwerkstadt des 19. Jahrhunderts erlaubt die Polizeiordnung von 1827. Man darf getrost annehmen, dass es für jede einzelne Vorschrift gute Gründe gab. So wird „das freie Umherlaufen der Gänse, Schweine, und anderer die Straßen und Plätze verunreinigenden Thiere verboten". Eltern und Dienstherrschaften müssen streng darauf achten, „dass ihre Kinder und Gesinde die öffentlichen Straßen nicht besudeln, und an den Häusern her verunreinigen." Bierbrauer, Landwirte und andere Gewerbetreibende, „welche Mistpfützen und Dünger auf ihren Höfen liegen haben, sind doppelt verpflichtet, die Reinigung der Gassen zwischen den Häusern so oft zu veranstalten, damit nicht stinkendes Wasser und sonstige Unreinigkeit auf die Straße fließe, oder die Nachbarn durch den daraus entstehenden üblen Geruch belästigt werden."

Ganz oben in der mehr als 60 Vorschriften umfassenden Satzung rangieren die Probleme aus fehlender Kanalisation und bestialischem Gestank besonders bei Windstille. Mittwochs und samstags sollten alle Straßen und öffentlichen Plätze unter Aufsicht der Polizeidiener gefegt werden. Immerhin kümmerte sich die Stadt um das Gröbste: „... der in einzelne Haufen zusammengekehrte Koth ... wird durch besonders dazu gedungene Fuhren sofort abgefahren."

Auch Paragraph 26 nimmt sich einer offenbar verbreiteten Unsitte an: „Das Schlachten der Schweine, Kälber und anderer Haustiere auf der öffentlichen Straße und vor den Häusern bleibt jedermann verboten." Und schließlich: „Die Straße muss rein und vollständig abgefegt, und nicht, wie es wohl hin und wieder wohl geschehen, der Besen nur oberflächlich zum Ueberwischen gebraucht werden; auch ist bei der Kehrung jedes mal die Abzugs-Rinne vor den Häusern, damit das Wasser freien Lauf behält, mit auszukehren, der zusammengefegte Unrath aber nicht den Nachbarn zuzuschieben, sondern mit dem uebrigen Kehricht zusammen zu fegen." Neben der Androhung sofortiger Verhaftung bei Schlägereien und ruhestörendem Lärm durch Betrunkene ergeht ein absolutes Rauchverbot auf offener Straße.

In der solcherart gereinigten Stadt konnten die Bewohner des Abends einen Spaziergang im Lichte von 23 Öllaternen wagen, als 1823 die öffentliche Straßenbeleuchtung ihren Anfang nahm. 1855 erstrahlten schließlich die ersten 62 Gaslaternen. Ihre Versorgungsleitungen erreichten bereits einige Wohnhäuser, was diese erhellte und den Betrieb kleiner Gasmotoren möglich machte. Bis zur Mitte des 19. Jahrhunderts blieb der allgemeine Straßenzustand schlecht. Schlaglöcher und Schlammpfützen waren Dauerzustand. Ausbesserungen erfolgten nur unzulänglich. Erst langsam setzte sich die Pflasterung durch. Allein im Umfeld klerikaler und öffentlicher Bauten gab es Befestigungen aus älterer Zeit. Das grobe und schwer zu begehende Pflaster auf dem kleinen Domplatz, dem seit Jahrhunderten traditionellen Standort des Pottmarktes zum Liborifest, gehörte dazu. Gemäß der offiziellen Stadtgeschichtsschreibung kamen die verwendeten Steine als Zollabgabe der Bauern an den Stadttoren zusammen. Das erklärt auch die vielfältige Zusammensetzung des Baumaterials.

Für die Bezeichnung der sprichwörtlichen Paderborner Katzenköpfe, ein sehr viel feineres Basaltpflaster, wird eine andere Erklärung als sonst üblich angeboten. Die dunkelblauen und bei Feuchtigkeit glatten kleinen Steine wurden unter anderem von einem Unternehmer namens Salomon Katzenstein geliefert. Seine Ware stammte aus einem ganz besonderen Steinbruch – dem nördlichsten Vulkan Deutschlands in der Nähe von Sandebeck bei Bad Driburg.[107] Dabei handelt es sich um einen versprengten und vor mehr als sieben Millionen Jahren ausgekühlten Lavagang der Vulkane aus der hessischen Senke.

Der 1834 entdeckte Basaltgang ist nur 10 Meter breit und reicht etwa 300 Meter in die Tiefe. Das Material wurde nach der Erschließung durch die preußische Regierung mit privaten Pferdefuhrwerken nach Paderborn geschafft. Als schließlich die staatliche Förderung ausblieb, übernahm der Unternehmer Salomon Katzenstein um die Jahrhundertwende für einige Jahre die Lieferungen nach Paderborn.

Kommunalpolitik

Etwas mehr Mitsprache auf kommunaler Ebene ließ 1836 Preußens Revidierte Städteordnung zu. Streng genommen wurde erst jetzt die 1604 erfolgte Entmündigung der Bürgerschaft durch einen absolutistisch regierenden Fürstbischof beendet. Seit dem Jahr der Hinrichtung des evangelischen Bürgermeisters Liborius Wichart hatte es die formale Mitsprache einzelner Bürger in der Stadt so nicht mehr gegeben.

1835 war bereits eine Stadtverordnetenversammlung gewählt worden.[108] Nicht alle Einwohner, sondern nur die männlichen Bürger waren als Wähler zugelassen. Sie mussten Grundbesitz oder ein gewerbliches Einkommen nachweisen. Damit gab es gerade einmal 691 Stimmberechtigte – neun Prozent der Einwohnerschaft. Als wählbare Kandidaten kamen noch weniger Personen in Frage, da Mindestbesitz beziehungsweise Mindesteinkommen für das passive Wahlrecht wiederum höher angesetzt waren.

Von gleichberechtigter Mitsprache konnte also nicht die Rede sein, aber der Systemwechsel war eingeleitet. Preußens neue Städteverordnung führte zudem das Zweikammersystem ein.[109] Bislang hatte die Stadtverwaltung allein in Händen des Rates gelegen. Jetzt stand er den Gemeinderepräsentanten gleichberechtigt gegenüber. Der Paderborner Magistrat wurde von Bürgermeister Alexander Brandis (1784–1869) geführt. Ihm zur Seite standen mit dem Stadtsekretär, dem Kämmerer und dem Polizeikommissar drei gehobene Beamte, die gemeinsam mit 21 Mitarbeitern eine wahrhaft schlanke Verwaltung ausübten. Der Bürgermeister, er war zuvor schon Stadtdirektor, behielt seinen bisherigen Titel bis 1848 bei. Er wurde jetzt mit 900 Talern besoldet. Am unteren Ende der Einkommensskala rangierten die Polizeidiener (100 Taler), Wassermeister (50 Taler) und Nachtwächter (20 Taler).

Vormärz

Wirklich politisch wurde das 19. Jahrhundert, als es im so genannten Vormärz um überregionale Fragen ging. Dabei standen zunächst wenige nationale und kaum soziale Fragen im Vordergrund. Der staatliche Druck auf die katholische Kirche erregte die Öffentlichkeit am stärksten. Im Konfessionsstreit mit Preußen demonstrierten die Paderborner 1837 für den Kölner Erzbischof Clemens August Droste zu Vischering (1835–1845). Der lehnte jegliche Einflussnahme des Staates ab. Insbesondere wollte er der Zulassung von Mischehen nicht folgen und praktizierte einen besonders romtreuen Katholizismus, damals Ultramontanismus genannt.

Als der König Bischof Clemens August wegen dieser Haltung und Missachtung preußischer Gesetze verhaften ließ, gingen die Paderborner endgültig auf die Barrikaden. Im Januar 1838 kam es zu Schülertumulten. Aufbegehrende Handwerker und Tagelöhner wurden verhaftet. Als sich die „Kölner Wirren“ genannten Unruhen legten, der Erzbischof wieder frei kam und im benachbarten Lippspringe zur Kur weilte, feierten ihn die Paderborner mit einem Fackelzug. Im Kurpark an der Lippequelle wurde ein Hügel mit dem repräsentativen Prinzenpalais, der Unterkunft des prominenten Kurgastes, daraufhin „Clemens-August-Höhe“ genannt. Das waren die Anfänge der aufkommenden katholischen Parteienbewegung. Der 1870 folgende Kulturkampf sollte in den Bistümern Paderborn und Münster einen besonders schroffen Verlauf nehmen. Bis es soweit war, mussten Kommunikation und Debattenkultur noch reifen.

Zeitungswesen

Von großem Einfluss auf die breite politische Bewusstseinsbildung war das neue Zeitungswesen, das mit der 1848 endlich gewährten Pressefreiheit in Paderborn scheinbar wie aus dem Nichts aufblühte. Tatsächlich brach sich ein lange unterdrückter Wunsch nach Information und Debatte Bahn.

Seit 1772 existierte bereits das Paderborner „Intelligenzblatt“. Es verbreitete vornehmlich amtliche Bekanntmachungen. Politischer, soweit unter der Zensur möglich, war da schon das 1846 gegründete „Gemeinnützige Wochenblatt“, aus dem das frühsozialistische „Westfälische Dampfboot“ hervorging.[110] Es vertrat schließlich radikaldemokratische Positionen und wurde in den Jahrgängen 1847 und 1848 von dem Paderborner Verleger Wilhelm Crüwell herausgegeben.

Dampfboot-Chefredakteur Otto Lüning, ein Arzt aus Rheda, schrieb in dem für ganz Westfalen führenden Sprachrohr des Frühsozialismus: „Wir gehören nicht zu der Fraktion der Liberalen, welche mit der äußeren politischen Form, dem Constitutionalismus, alles erreicht zu haben glaubt." Die damit gemeinte Bindung von Staatsorganen an eine Verfassung reichte ihm nicht. Damit werde nur das Privileg des Stammbaums durch das Privileg des Kapitals verdrängt. Lüning dachte radikaler, er wollte die bislang herrschende Oberschicht komplett ausschalten.

Zum Kreis um Lüning gehörten damals Rudolf Rempel und Josef Weydemeyer, ein enger Freund von Karl Marx. Das „Westfälische Dampfboot" war die erste Zeitung in Deutschland, die den wissenschaftlichen Sozialismus im Sinne von Marx und Friedrich Engels publik machte. Rempel war Redakteur des 1848 in Bielefeld gegründeten Organs der sozialen Demokratie „Der Volksfreund".

Das „Dampfboot" wurde wiederum zur Keimzelle der „Westfälischen Zeitung", die im April 1848 in Paderborn erschien. Hinter dem Blatt stand der Jurist und Publizist Franz Löher (1818–1892), der schon bald die demokratische Bewegung in Paderborn anführen sollte.

Die größte und – im Übrigen – bis heute treueste Leserschaft gewann allerdings ein eher konservatives, auf jeden Fall explizit katholisches Blatt: Das „Westfälische Volksblatt", das sieben Jahre später aus dem im August 1848 von Ferdinand Schöningh gegründeten „Westfälischen Kirchenblatt für Katholiken" hervorging. Es entwickelte sich zur führenden Tageszeitung in Paderborn. Die Familie Schöningh verlegte das „Westfälische Volksblatt" über einen Zeitraum von mehr als 100 Jahren. Die Herausgeberschaft wurde nur durch einen zwischenzeitlichen Zwangsverkauf an einen Nazi-Verlag unterbrochen und 1949 über ein weiteres Jahrzehnt fortgeführt. Seit Beginn der 1960er Jahre ist das „Westfälische Volksblatt" eine tragende Säule des „Westfalen-Blatts", das der Herforder Verleger Carl-Wilhelm Busse (1914–2001) von Herford und Bielefeld aus in den Nachkriegsjahren in Ostwestfalen-Lippe aufbaute. Die liebevoll Bäumchen-Blatt genannte Paderborner Ausgabe trägt bis heute eine westfälische Eiche mit dem Gründungsjahr 1848 in ihrem Traditionstitel.

Der Anstoß für ein stabiles Pressewesen in Paderborn war damals zwar von links gekommen, die Massenauflage aber wurde von einer Leserschaft getragen, die im christlichen Glauben und der katholischen Kirche ihre Orientierung suchte. Aufgrund der traditionellen Ablehnung des preußischen Obrigkeitsstaates war den christlich orientierten Lesern des „Westfälischen Volksblatts" im 19. Jahrhundert der Papst in Rom weit wichtiger als der König und später der Kaiser in Berlin. Neben dieser Stimme des politischen Katholizismus erschienen drei weitere, aber nicht unbedingt beständige Blätter in der Stadt: Das „Paderborner Volksblatt", der „Paderborner Volksbote" und das „Paderborner Kreisblatt für Politik, Handel und Gewerbe".

Deutsche Fahnen über Paderborn

Als im März 1848 schwarz-rot-goldene Fahnen am Rathaus und am Dom in Paderborn gehisst wurden, begannen zwei stürmische Jahre. Der Versuch einer bürgerlichen Revolution in Berlin ließ die Paderborner keineswegs unberührt. Leidenschaftliche politische Debatten und Unruhen erfassten die Stadt, wie es sie noch nie gegeben hatte.

Bischof Franz Drepper

Am 19. März 1848, nur 24 Stunden nach einer ungeschickten und im Blut versunkenen Ansprache des preußischen Königs in Berlin, kam es in Paderborn zur spontanen Versammlung von 1000 Bürgern vor dem Rathaus. Die Berliner Kämpfe mit insgesamt mehreren hundert Toten an den Barrikaden vor dem Stadtschloss schockierten und mobilisierten auch die ferne Provinz. Im Dom fand ein feierliches Seelenamt für 183 so genannte Märzgefallene statt.

Die deutsche Fahne in den Farben Schwarz-Rot-Gold einte in Paderborn alle Kräfte, die gegen preußische Bevormundung, aber für Mitsprache von unten und nationale Einigung standen. Die Monarchie sollte nur noch konstitutionell bestehen und die Demokratie darüber rangieren. An der Pader begrüßten nahezu alle Bürger diese Idee. Die Einigkeit reichte vom Klerus über die Demokraten bis zu den Sozialisten, die in der Stadt erstmals von sich reden machten.

Der Journalist Franz Löher leitete die Großveranstaltung. Er fand breite Zustimmung für eine Art Wahlprogramm, das den Berliner Märzforderungen entsprach. Darin wurden geradezu moderne Positionen formuliert, von denen die meisten erst in der Weimarer Republik umgesetzt werden konnten: Gleiche politische Rechte, losgelöst von Vermögen und gesellschaftlichem Stand, Unabhängigkeit der Kirche vom Staat, Selbstverwaltung der Gemeinden, Pressefreiheit, Vereinigungsrecht und Deutschland als ein Staatsganzes.

Aus den Wahlen am 1. Mai 1848 gingen zwei Vertreter des politischen Katholizismus für Frankfurt und Berlin siegreich hervor. Abgeordneter im fünften westfälischen Wahlkreis (Paderborn) für die Deutsche Nationalversammlung wurde Oberlandesgerichtsrat Arnold Schlüter (1802–1889). In der preußischen Nationalversammlung sollte Bischof Franz Drepper, 1845 bis 1855 im Amt, die Interessen des Paderborner Landes einbringen.

Im Laufe des Jahres wurden aus den Versammlungen Vereine, schließlich Vorläufer von Parteien. Im Paderborner Volksverein sammelten sich die Demokraten, im Bürgerverein die Anhänger einer konstitutionell-monarchischen Idee und im Katholischen Verein, dem zahlenmäßig größten, Kräfte, die politisch offen waren, aber dem Katholizismus auf jeden Fall eine besondere Stellung einräumen wollten.

Unruhen aus unterschiedlichsten Anlässen prägten die Jahre 1848/49 überall. Missernten und Not auf dem Lande trieben die Bauern auf die Straße, politische Weichenstellungen zugunsten der Konservativen in Berlin führten zu einem Aufruhr, der neben anderen Städten auch Paderborn ergriff. Je deutlicher wurde, dass Preußen den demokratischen Prozess behinderte, umso stärker wuchsen die Proteste an der Pader. Die aufkommenden Zeitungen informierten immer detaillierter über das Geschehen in Berlin. Die Obrigkeit hatte Mühe, das erwachende Volk in die geforderte Untertänigkeit zu zwingen.

Die Verhaftung von Franz Löher am 10. Dezember 1848 machte den Kopf des Paderborner Demokraten-Vereins und Redakteur der „Westfälischen Zeitung“ endgültig zum Helden. Der

Polizeizugriff machte ihn zu einem von mehreren Dutzend prominenten „Dezembergefangenen" in Preußen. Damit hatte auch Paderborn seinen politischen Märtyrer im Kampf gegen Bevormundung und Ausbeutung. Noch bevor Löher ins Zuchthaus nach Münster überführt werden konnte, kam es in seiner Vaterstadt zum Barrikadenbau und beinahe zu einer Straßenschlacht. Das Militär griff massiv ein, um eine beabsichtigte Gefangenenbefreiung durch das wütende Volk zu unterbinden.

Die Radikalisierung der Auseinandersetzung sollte allerdings die Ausnahme bleiben. Löhers baldige Rückkehr nach Paderborn wurde zum Triumphzug. Bei der Wahl für das neue Preußische Abgeordnetenhaus im Februar 1949 entfiel auf ihn die überwältigende Mehrheit der Stimmen. Im Parlament schloss sich Löher sofort der äußersten Linken an. In der Heimatstadt wurde der Volkstribun im Herbst desselben Jahres zusätzlich zum kommissarischen Bürgermeister und Stadtverordnetenvorsteher gewählt. Das war der Obrigkeit – in Form der Regierung in Minden – entschieden zu viel der Demokratie, zumal die Konservativen längst wieder am Ruder waren. Löhers Wahl wurde kurzerhand für ungültig erklärt, er selbst als Jurist aus dem Staatsdienst entlassen.

Auch wenn Löher später vor Gericht erfolgreich gegen seine Behandlung klagte, die kurze politische Freiheit war dahin. Der inzwischen zum Frühsozialisten gereifte Homo Politicus Franz Löher musste die Segel streichen. Er schlug eine wissenschaftliche Laufbahn ein und wurde als Staatsarchivar 1866 in Bayern sogar in den Adelsstand aufgenommen. Franz von Löher starb 1892 in München als hochdekorierter Wissenschaftler und Diener der bayerischen Könige Maximilian II. (1848–1864) und Ludwig II. (1864–1886).

Die Paderborner wollten sich mit dem faktischen Scheitern der März-Revolution und der Paulskirchenverfassung nicht abfinden. Ende Oktober 1849 kam es erst zu Reibereien, dann noch einmal zu Auseinandersetzungen mit Teilen des 8. Husarenregiments. Die in Paderborn stationierte Einheit war zuvor in Baden massiv gegen Aufständische vorgegangen. Das machte die Soldaten verhasst.

Ein Tanzfest in Neuhaus und Rangeleien zwei Tage später in Paderborn ließen unterschwellige Spannungen offen ausbrechen. Der städtische Polizeikommissar wurde schwer verletzt, wenig später erlag er seinen Verletzungen. Danach kehrte Totenstille ein, es herrschte wieder die Knute. Ein letztes politisches Aufbäumen brachten die Kommunalwahlen im November, als ein für Paderborner Verhältnisse weit links stehender Stadtrat gewählt wurde, der von der Regierung in Minden aber wiederum politisch kaltgestellt werden konnte.

Zwei Westfälische Demokratenkongresse hatten im September und im November 1848 in Bielefeld und in Münster versucht, die neuen Kräfte zu bündeln. Rempel (Bielefeld) und Löher (Paderborn) waren die führenden Köpfe. Aber die Reaktion, neue Pressezensur und allgegenwärtige Überwachung erstickten die junge Bewegung in Paderborn schon bald. Dennoch zitierte später die erst 1909 gegründete Paderborner SPD nicht ohne Stolz aus einem so genannten Kölner Kommunistenprozess im Jahre 1852. Dort erklärte der Berliner Polizeirat Sieler, in Ostwestfalen und speziell in Paderborn seien 1848/49 kommunistische Zellen tätig gewesen.[111]

Die Masse der Paderborner stand hinter der Kirche und blieb geprägt von großer Frömmigkeit. Das neue päpstliche Dogma von der angeblich unbefleckten Empfängnis der Muttergottes stieß Weihnachten 1854 in Paderborn auf helle Begeisterung. Die Errichtung der Mariensäule 1861 auf dem heutigen Marienplatz war Ausdruck festen Glaubens und unerschütterlicher Treue zur katholischen Kirche. Auch die durch Adolf Kolping persönlich geförderte Gründung eines katholischen Gesellenvereins an der Pader fällt in das Jahr 1854. Gegen ein solches Bollwerk großer religiöser Überzeugungen konnte Preußen im sich langsam anbahnenden Kulturkampf nicht ankommen.

Kulturkampf

Jede weitere Einflussnahme durch das protestantische Preußen musste im katholischen Westfalen auf Skepsis stoßen. Man war schließlich vorgewarnt, dass die neuen Herren kritische Regungen zu unterbinden wussten. Kein Wunder also, dass die folgenden Maßnahmen auf Widerstand stoßen mussten. Ein 1871 eingeführter Kanzelparagraph verbot Geistlichen jegliche Politik in der Predigt. Mit einem neuen Schulaufsichtsgesetz sollte 1872 die Kirche aus einer Aufgabe gedrängt werden, die sie über Jahrhunderte zum Wohl aller erfüllt hatte. 1874 setzte das neue Zivilstandsgesetz staatliche Trauungen über die kirchliche Eheschließung. Das machte die über Jahrhunderte übliche Kirchenbuchführung obsolet und wurde als Misstrauenserklärung gegenüber jedem einzelnen Dorfpfarrer empfunden.

Waren dies noch zeitgemäße, teils nachvollziehbare Verwaltungsmaßnahmen, so gab es auch Beschlüsse, die der politische Katholizismus ganz klar als Kampfansage des Staates verstehen musste: Maßnahmen gegen die Jesuiten, die Aufhebung von Freiheitsgarantien für die Kirche und die Mai-Gesetze, die 1873 in die kirchliche Rechtssphäre einbrachen. Danach sollten Geistliche fortan der staatlichen Aufsicht unterliegen. Personalentscheidungen des Bischofs mussten vom Oberpräsidenten der Provinz gebilligt werden. Vor allem aber, und das war aus Paderborner Sicht der Gipfel der Zumutungen, sollte die päpstliche Disziplinargewalt an einen königlichen, also protestantischen Gerichtshof übergehen.

Bischof Konrad Martin (1856–1879) und der Klerus reagierten entsetzt und praktizierten passivem Widerstand.[112] Sie missachteten einfach die neuen Bestimmungen. Der Staat reagierte zunächst mit Geldstrafen, dann mit Ausweisungsdrohungen. Im August 1874 griff Preußen schließlich zu und nahm den Gottesmann in Haft. Die Anklage warf ihm vor, die Besetzung geistlicher Stellen nicht der Regierung in Minden gemeldet zu haben. Zweiter Vorwurf: Er weigere sich anzuerkennen, dass katholische Geistliche nunmehr eine staatliche Prüfung abzulegen hätten. Der neue königliche Gerichtshof für kirchliche Angelegenheiten verhängte eine Gefängnisstrafe und erklärte Bischof Konrad Martin am 5. Januar 1875 für abgesetzt.

Zwei Wochen später folgte seine Verlegung auf die Festung Wesel. Von dort konnte Bischof Konrad nach sechs Monaten nach Belgien fliehen. Inzwischen von Preußen zwangsausgebürgert, sollte er zu Lebzeiten nie mehr zu seiner treuen Herde im Paderborner Land zurückkehren. Der „Bekennerbischof" starb 1879 in Mont Saint Guibert, heute wallonisch-Branbant in Belgien.

Die Haft und das Exil ihres Bischofs rührten die Paderborner auf. Die Empörung war groß. Haarklein verfolgten sie die Schritte der Obrigkeit in Minden und in Berlin. Mit jeder Wendung, die die Drangsalierung nahm, wuchs die Solidarisierung mit der kirchlichen Sache.[113] 1873 und 1874 kam es zu einer regelrechten Mobilmachung des Kirchenvolkes. Erst hagelte es Solidaritätsadressen aus allen Teilen des Bistums von Magdeburg und Erfurt bis ins Ruhrgebiet; dann kam es im März und April 1874 zu Sternmärschen auf Paderborn. Marschsäulen mit bis zu 50.000 Menschen sollen die fahnengeschmückte Stadt aus allen Himmelsrichtungen

Das Grabmal Bischof Konrad Martins befindet sich in einer nach ihm benannten Seitenkapelle des Hohen Doms.

erreicht haben. Nie zuvor sei Paderborn von so vielen Menschen erfüllt gewesen, begrüßte der Bürgermeister die Ankömmlinge. Abordnungen schworen ihrem Bischof einen „Tribut felsenfester Treue" und brachten einzelne Listen mit bis zu 100.000 Unterschriften aus ihren Kirchengemeinden mit.

Ein Sonderzug aus dem Ruhrgebiet mit der damals unvorstellbaren Zahl von 28 Personenwagen machte ebenso Schlagzeilen wie Presseberichte über Großgottesdiente überall im Bistum. Sie galten als Treuedemonstration mit mal 10.000, mal 30.000 Gläubigen wie auf dem Thüringer Eichsfeld. Völlig unterschätzt hatten die Preußen den außenpolitischen Schaden. Das Paderborner Beispiel wurde Thema in Nord-, West-, und Osteuropa. Selbst aus den USA erreichten den in Wesel inhaftierten Bischof Solidaritätsschreiben. Aus dem Exil reiste Konrad Martin nach Le Mans zu dem wohl ersten Bischofsbesuch von deutscher Seite. Dort versicherte man sich unter den Augen der internationalen Presse der gegenseitigen Solidarität und Hilfe. Schließlich habe Paderborn, so hieß es, zur Zeit der Französischen Revolution seinerseits verfolgten Glaubensbrüdern einen sicheren Rückzugsort geboten.

Reichskanzler Otto von Bismarck (1815–1898) war ursprünglich angetreten, die katholischen Kräfte zu disziplinieren und mit anhaltendem Druck zu integrieren. Der nunmehr in vielen katholischen Gebieten tobende Kulturkampf bescherte ihm das genaue Gegenteil.

Politischer Katholizismus

Innerhalb der Führung des politischen Katholizismus nahmen einige Paderborner in diesen Jahren führende Stellungen ein. Die Juristen Alfred Hüffer (1818–1899) und Hermann von Mallinckrodt (1821–1874) wurden zu Mitbegründern der Deutschen Zentrumspartei. Gemeinsam mit Ludwig Windhorst (1812–1891) focht Mallinckrodt im Berliner Reichstag für die katholische Sache.

Hüffer stammte aus der Münsteraner Verleger-Familie Aschendorff. Im Revolutionsjahr 1848 gehörte er als 30-Jähriger neben Franz Löher zu den Köpfen des Protestes, wobei Hüffer die soziale Frage eng mit der katholischen Sache verband. Von 1853 bis 1855 sowie von 1870 bis 1885 war er Landtagsabgeordneter für Paderborn. 1864 gründete Hüffer den nur äußerlich unpolitischen Bürgerverein. Seinen politischen Katholizismus setzte er im so genannten Soester Kreis um.[114] Dort berieten die Brüder Hermann und Georg von Mallinckrodt, der Arzt und Dichter Friedrich Wilhelm Weber (1813–1894) aus Alhausen bei Driburg, Freiherr Wilderich von Ketteler (1809–1873) aus Thüle bei Salzkotten sowie Alfred Hüffer mit Gleichgesinnten ihr Vorgehen. Sie entwickelten Strategien gegen den autoritären Staat, aber auch gegen einen kirchenfernen Liberalismus.

1870 war Hüffer dann maßgeblich am Soester Programm beteiligt, das zur Grundlage für die Gründung der Deutschen Zentrumspartei wurde.[115] Die darin festgeschriebenen Grundsätze atmen den Geist des in Paderborn entwickelten und gelebten politischen Katholizismus. Gefordert wurden der Erhalt der Selbständigkeit der Kirche und zugleich ein Freiraum für alle Bemühungen zur Lösung der sozialen Aufgaben. Weiter wurden die „tatsächliche Parität der anerkannten Religionsbekenntnisse" verlangt sowie die „Abweisung jeden Versuchs zur Entchristlichung der Ehe". Selbst Grundlagen der später entwickelten christlichen Soziallehre werden bereits deutlich: Ausgleich der Interessen von Kapital und Arbeit durch „Erhalt und Förderung eines kräftigen Mittelstandes in einem selbständigen Bürger- und Bauernstande".

Alfred Hüffer (1818–1899), führte 1848 die Proteste in Paderborn an, später Mitgründer der Zentrumspartei

Zwei weitere Paderborner, Fritz Freiherr von Ketteler-Harkotten (1839–1906) und Rechtsanwalt Christian Fischer, begründeten 1872 mit Gleichgesinnten in Mainz den „Verein der deutschen Katholiken". Dessen Gründungsaufruf betont die patriotische Loyalität und verlangt die Abwehr kirchenfeindlicher Gesetze.[116]

Jahrelang blieb Preußen bei seiner kompromisslosen Linie im beinhart ausgefochtenen Kulturkampf. In Paderborn mussten alle kirchlichen Bildungseinrichtungen im Verlauf der späten 1870-er Jahre nach und nach geschlossen werden. Außerdem: Vakante Pfarrstellen blieben über Jahre unbesetzt, so dass von den 100 Pfarreien allein im Hochstift 28 verwaisten.

Am Ende setzten sich die katholischen Kräfte durch. Berlin lenkte ein. Gegen die westfälischen Dickschädel war offenbar nicht anzukommen. Man erließ 1880 so genannte Milderungsgesetze und verlangte nicht länger den bischöflichen Treueeid auf die preußischen Staatsgesetze. Auch waren wieder Geldzuwendungen an die Bistümer erlaubt. In Paderborn wurde daraufhin der Bischofsstuhl mit Domkapitular Franz Kaspar Drobe zunächst vorläufig als Bistumsverweser besetzt. Im März 1882 wurde er schließlich zum neuen Bischof von Paderborn ernannt – und zwar durch den Papst.

25 Wahlen – 25 mal Zentrum

1871 war Preußen mit dem Sieg im Deutsch-Französischen Krieg zur neuen Großmacht in Europa aufgestiegen. Wilhelm I. (1861–1888) wurde im Spiegelsaal von Schloss Versailles zum Deutschen Kaiser ausgerufen. Die Siegesnachrichten erreichten Paderborn wie alle Städte im neuen Reich unverzüglich, aber wirklich gefeiert wurde an der Pader etwas anderes. Das rauschendste Fest fand zu Ehren des 25-jährigen Amtsjubiläums von Papst Pius IX. (1846–1878) statt. Die Jubelberichterstattung im „Westfälischen Volksblatt" lässt keinen Zweifel daran, was die Paderborner offenbar mehr interessierte.

Vor diesem Hintergrund ist es wenig überraschend, dass von 1870 bis 1918 bei 25 Wahlen zum Reichstag und zum preußischen Abgeordnetenhaus immer nur eine Partei den Sieger stellte, und das meist mit 95 Prozent der Stimmen: das Zentrum.[117] Die aufkommende und zeitweise per Sozialistengesetz unterdrückte SPD erreichte nur vereinzelt magere Ergebnisse. 1890 erzielte sie bei den Reichstagswahlen im Wahlkreis Paderborn-Büren ganze 28 Stimmen (Zentrum 10.417). Erst bei den drei Urnengängen nach der Jahrhundertwende erreichte die SPD 192, 168 und 166 Stimmen.

Die linke These von der Verelendung der Arbeitermassen, die man zwecks Sprengung ihrer Ketten nur organisieren müsse, ging im Paderborner Land völlig fehl. Dabei herrschte reichlich Not, es gab die 60- bis 70-Stunden-Woche und noch schlechtere Löhne als in den fernen Zentren beginnender Industrialisierung. Soziale Gegensätze bestanden in der Stadt zwischen Meistern und Gesellen. Nicht Industrie, sondern 750 Handwerksbetriebe mit in der Regel weniger als fünf Beschäftigten prägten die Struktur zur Zeit des Kaiserreichs. Nach einer Auswertung der Paderborner Adressbücher von 1887 und 1914 verstehen sich nur 0,9 beziehungsweise 1,2 Prozent der Einwohner als „Arbeiter". Das „Kommunistische Manifest" zielte also an Paderborn vorbei.

Es waren auch nicht wie anderswo sozialdemokratische Arbeitervereine, sondern Beratungsstellen des „Volksvereins für das katholische Deutschland", die sich der Masse der einfachen Leute annahmen. Letztere informierten die Paderborner über die neuen Versicherungen der Bismarck'schen Sozialgesetzgebung. Kurzum: Das katholische Milieu mit seinen Ansätzen für christliche Gewerkschaften, dem Wirken Adolfs Kolpings (1815–1865) und Bischof Wilhelm Emanuel Kettelers (1811–1872) war selbst in der Lage, Antworten auf die soziale Frage zu finden.

Schließlich fand die deutsche Sozialdemokratie doch ihren Weg nach Paderborn.[118] 1886 notierte Landrat Walther Jentzsch (1875–1903) noch: „Sozialdemokratische Umtriebe sind hierselbst von mir bisher nicht wahrgenommen worden und finden hoffentlich in Folge hier keinen Boden." Tatsächlich kam es im September 1890 aber zur ersten Gewerkschaftsversammlung, angestoßen vom Deutschen Schneiderverband. Die Obrigkeit stufte dessen Führung als durchweg sozialdemokratisch und damit als gefährlich ein. Allerdings blieb es zunächst bei diesem einen Treffen. Um die Jahrhundertwende kommen dann erste von später regelmäßigen Polizeivermerken über vermeintliche sozialdemokratische Umtriebe auf. Mal wiegelt angeblich ein Lohgerber seine Kollegen gegen den Chef auf. Mal werden Wirte von der Polizei befragt, wer was in ihren Hinterzimmern bespricht. Viel ist es nicht. Dennoch lassen die Hinweise vermuten, dass in den Gaststätten Bobbert in der Grube und Försterling in der Bahnhofstraße tatsächlich konspirative politische Treffen stattfanden.

1909 bekam die Bewegung ein Gesicht und einen Namen: Christoph Eggers, ein Gerbergeselle aus Hamburg, schloss die ersten Paderborner Sozialdemokraten zusammen. Stolz nannte man sich nach den offenbar schon länger gebräuchlichen Tarnnamen „Rauchclub Blauer Dunst" und „Blaue Wolke". Metallarbeiter, Holzarbeiter, Buchdrucker und andere Berufe fanden sich zusammen, diskutierten Artikel der Bielefelder „Volkswacht" und verbreiteten Flugblätter in Paderborn sowie in den Nachbarstädten. „In der Zeit von 1908 bis 1912 war es eine Mutprobe, sich zur Sozialdemokratie zu bekennen", heißt es in der Chronik der Paderborner SPD. Eine wertvolle Information zum Organisationsgrad lieferte wiederum der Überwachungsstaat durch seinen Polizeisergeanten Rüter im Dezember 1911: „Der Verein der Sozialdemokraten in hiesiger Stadt besteht zur Zeit aus 40 Mitgliedern, ... jedes Mitglied zahlt pro Woche 60 Pfennig (Beitrag) und 10 Pfennig für den Wirt."

Der Ring wird zu eng

Revolution und Reaktion machten die Kommunalpolitik nicht einfacher. Dennoch gelang es Bürgermeister Franz Josef Wördehoff (1856–1871) Kontinuität und finanzielle Stabilität zu schaffen. 1850 kam eine neue preußische Gemeindeordnung. Sie sah unter anderem das Dreiklassenwahlrecht zur Zweiten Kammer des Preußischen Landtags vor. Der Grad der Mitbestimmung war nach Steuerkraft gestaffelt. Nur männliche Einwohner, die nunmehr durchweg volle Bürgerrechte genossen, durften ihre Stimme abgeben.

Wördehoff begann seine politische Laufbahn interessanterweise auf Basis der dritten, der untersten Wählerstufe, als er 1855 Stadtverordneter (Ratsherr) wurde. Schon ein Jahr später war er Bürgermeister und wurde – gar nicht selbstverständlich – von der Provinzregierung bestätigt. Preußen wollte Wördehoff offenbar als Korrektiv gegenüber den führenden, mitnichten demokratisch denkenden Kreisen in der Stadt wirken lassen.

Der auf zwölf Jahre gewählte und besoldete Verwaltungschef bewährte sich schon bald als ausgleichende Kraft, die Ruhe und Ordnung brachte. Wördehoff vermied geschickt politische Machtproben. Mit dem Kauf der Gasanstalt erschloss er der Kommune eine, wie sich bald zeigen sollte, üppige Einnahmequelle. Der Bürgermeister investierte kräftig, konnte aber das ärmliche Schulwesen kaum verbessern. Dabei machten die Bildungskosten bescheidene drei Prozent des städtischen Etats aus. Im Rathaus gab es wenig Interesse, das zu ändern. Es blieb bei der Finanzierung durch vermögende Eltern per Schulgeld und von Seiten der Kirche sowie in geringem Maß durch den preußischen Staat.

1867 wurde Wördehoff für weitere zwölf Jahre einstimmig wiedergewählt. Die Zufriedenheit mit ihm war so groß, dass es keinen Gegenkandidaten gab. Dabei hatte die Provinzialregierung mit einem Bewerber aus den alten Kirchen- oder Juristenkreisen gerechnet. Schließlich verlieh König Wilhelm, der spätere Kaiser, dem tüchtigen Rathauschef 1869 den Titel Oberbürgermeister. Begründung: Paderborn müsse auf die Ebene vergleichbarer Städte wie Bielefeld und Minden gehoben werden. Wördehoff konnte die Ehre kaum noch genießen. Eine schwere Krankheit hinderte ihn schon bald an der Amtsführung. Im November 1871 verstarb Paderborns erster „OB". Erst der übernächste Bürgermeister in der Kaiserzeit, Otto Plaßmann (1894–1918), sollte diesen Titel wieder tragen.

Vor den Mauern

Unter Nachfolger Franz Franckenberg (1872–1894) brach man große Lücken in den Mauerring und machte den Weg frei für die städtebauliche Nutzung angrenzender Flächen. Die 770 Jahre bestehende Abgrenzung der Stadt wurde Stück um Stück abgebrochen. Zwischen Neuhäuser Tor und Westerntor fiel sie ganz. Am Rosentor war, wie erwähnt, ein Durchstoß erfolgt. Jenseits der Bahnlinie stand eine große Wollhalle, die später zur Kaserne wurde. Noch weiter draußen lag der Turnplatz des Gymnasium Theodorianum.

Der große Ükernbrand vom 12. September 1875 förderte eine weitere Maueröffnung im Bereich Maspernplatz. Bei der verheerenden Feuerkatastrophe waren innerhalb von vier Stunden 97 Gebäude zerstört worden. 900 Paderborner wurden obdachlos. Wie bei früheren Feuersbrünsten in der langen Stadtgeschichte löste auch dieser Untergang eines Stadtteils einen ungewollten Modernisierungsschub aus.

Die vermutlich erste Luftaufnahme von Paderborn aus dem Jahr 1909. Das Foto machte Ernst Wandersleb an Bord eines Gasballons. Stark vergrößerte Darstellung auf dem hinteren Vorsatzpapier dieses Buches.

Doch diesmal war einiges anders. Die zu eng gewordene Stadt musste über ihre Jahrhunderte alten traditionellen Grenzen hinaus. Im Ükern wurden erstmals Straßen verbreitert oder ganz neu geplant. Das Bewusstsein für ein systematisches Vorgehen wuchs, um dem zunehmenden Bedarf an Wohnraum, Verwaltungs- und Militäreinrichtungen gerecht zu werden.

So wie Städteplaner heute mit beschönigenden Begriffen wie Wohnpark und Qualitätsviertel hantieren, so schwärmte Bürgermeister Franckenberg schon 1884 vom aufstrebenden „Gartenquartier am Riemeke". Tatsächlich hatte die Bezirksregierung in Minden gerade einen Bebauungsplan für Paderborns ersten großen Stadtteil außerhalb des Rings genehmigt. Zugleich wurde zwischen Neuhäuser Straße und Pader, der Bereich hieß damals „Beim Lazarett", kräftig gebaut. Die seit 1850 verkehrende Eisenbahn machte die Bahnhofstraße zu einer Wachstumsachse im Westen. Noch vor der Jahrhundertwende war die Infanteriekaserne an der Elsener Straße bezugsfertig, wenig später die Husarenkaserne an der Rathenaustraße.[119]

Vor dem Gierstor entstand um die Jahrhundertwende gleich eine ganze Gruppe beeindruckender öffentlicher Gebäude: Lehrerinnenseminar/heute Pelizaeusgymnasium (1887), die

Reismann-Realschule mit Internat (1893) und ein Landratsamt (1907). Mit der Fertigstellung der Bahnlinien nach Brackwede und Lippspringe war der Grundstein für Paderborns zweiten Bahnhof im Norden und weitere Bahnwerkstätten gelegt. Das wiederum förderte die Bebauung im Bereich der Detmolder Straße zwischen Heierstor und Bahnübergang. Die später folgende dichte Besiedlung der Stadtheide war vorprogrammiert.

Grundlage der Expansion der Stadt Paderborn war ein starkes Bevölkerungswachstum. 1905 zählte Paderborn 26.500 Einwohner. Das waren knapp doppelt so viele wie 1871 zu Beginn des Kaiserreichs (13.700) und das Viereinhalbfache der Einwohnerschaft im Jahre 1818 nach dem Abzug der Franzosen (5.900).

Die älteste bekannte Luftaufnahme Paderborns stammt aus dem Jahr 1909. Sie gibt eine gute Übersicht. Der Blick fällt von Nordosten auf die Stadt. Links von der Mitte ist der Straßengabelung Benhausener Straße/Dörener Weg zu sehen. Rechts von der Mitte hat eine Lokomotive den Nordbahnhof verlassen und dampft über die Detmolder Straße. Stadtarchivar Andreas Gaidt ist der Geschichte des Bildes nachgegangen.[120]

Das Foto wurde nicht, wie häufig angegeben, von einem Paderborner Fotografen gemacht. Es entstand im Rahmen einer Ballonfahrt, bei der der Ingenieur und Ballonsportler Ernst Wandersleb (1879–1963) neue Zeiss-Objektive testete. Sein Ballon „Tschudi“ war am 3. April um 18.18 Uhr in Berlin zu einer Nachtfahrt gestartet. Paderborner sahen ihn am folgenden Tag gegen 11.00 Uhr. Die Fahrt endete mit einer glatten Landung bei Goch am Niederrhein.

20. JAHRHUNDERT

Weltkrieg I 1914–1918

Trotz anhaltender Distanz zum Reich war der Hurra-Patriotismus in Paderborn beim Kriegsausbruch 1914 kaum geringer als in anderen Teilen des Landes. Der Marsch des Paderborner Infanterieregiments 158 durch die Westernstraße zur Verladung am Nordbahnhof wurde von der Bevölkerung bejubelt und gefeiert, als sei der Krieg bereits gewonnen worden.[121]

Tatsächlich aber mussten die „158er" den höchsten Blutzoll aller Paderborner Einheiten zahlen. 3.316 Soldaten fielen an der Westfront, viele von ihnen in Verdun. Als das Regiment im Dezember 1918 in der Kaserne an der Elsener Straße aufgelöst wurde, hatte es das Doppelte seiner ursprünglichen Stärke eingebüßt.

Schlimm traf es auch die 8. Husaren. Sie erreichten in den ersten Kriegstagen im Sommer 1914 die belgische Grenze als Teil der 9. Kavallerie-Division. Wegen des Stellungskrieges mussten die stolzen Reiter schon bald absitzen. Nach wenigen Wochen wurden sie an die Ostfront verlegt. 1916 gaben sie ihre Pferde endgültig ab. Als unberittenes Kavallerie-Schützenregiment wurde die Einheit sogar noch nach Kriegsende zu Straßenkämpfen in München abgeordnet. Dort fielen im Februar 1919 die letzten zwei von insgesamt 293 Paderborner Husaren.

Schon im ersten Kriegsjahr bekam Paderborn eine sich fortan steigende Lebensmittelknappheit zu spüren. Es kam zu Hamsterkäufen. Die Preise auf dem Wochenmarkt verdoppelten (1915) und verdreifachten (1916) sich. Längst hatten Militärs die Zivilverwaltung übernommen. Wucher und Schwarzmarkt konnten aber auch die neuen Herren in ihren schmucken Uniformen nicht eindämmen.

Auf dem Wochenmarkt explodierten schon im ersten Kriegsjahr 1914 die Preise. Hier ein späteres Foto von 1937.

Spätestens im so genannten Steckrübenwinter 1916/17 erreichten die massiven Versorgungsprobleme wirklich jeden Haushalt in Paderborn. „Kartoffelnot", bitterer Hunger und Rufe nach schärfsten Preiskontrollen prägten die Szene. Die Bevölkerung erkannte schnell das wahre Gesicht des Krieges. 1916 übernahmen Schaffnerinnen in der Straßenbahn eine von noch vielen weiteren Männerdomänen. Einmal mehr mussten kirchliche Gebäude für militärische Einquartierungen herhalten.

Bereits in den ersten Kriegswochen wurde das Priesterseminar im Leokonvikt zugunsten eines Lazaretts geräumt. Viele sahen erstmals

Tausende von Kriegsgefangenen, vornehmlich aus Frankreich und Nordafrika, waren im Ersten Weltkrige in Sennelager interniert. Kirche und Caritas richteten einen Suchdienst für Vermisste ein. Reproduktion einer Ansichtskarte.

dunkelhäutige Nordafrikaner unter mehreren tausend Kriegsgefangenen im Sennelager. Dort traf sich bald Bischof Karl Joseph Schulte (1910–1920) mit internierten französischen Militärseelsorgern. Das Ergebnis war ein beispielhaftes, heute längst vergessenes caritatives Hilfswerk, das trotz aller vaterländischen Begeisterung allein den Menschen und die besondere Beziehung des Bistums zu Frankreich im Blick hatte.[122]

Schon im Januar 1915 gründete Schulte ein bischöfliches Hilfswerk zur Aufklärung von Schicksalen vermisster ausländischer und deutscher Soldaten. Der spätere Erzbischof von Köln (1920–1941) nahm Kontakt mit Militärgeistlichen in allen deutschen Gefangenenlagern auf. Ihn selbst erreichten Suchanfragen aus Frankreich, die über den Vatikan nach Paderborn zugestellt wurden. Bis zu 120 Helfer bearbeiteten schließlich 765.444 Suchmeldungen aus ganz Europa. In 66.000 Fällen konnten sie die erlösende Nachricht versenden, dass ein vermisster Soldat gefunden wurde und noch lebte.

Das letzte Kriegsjahr wurde von Zeitzeugen als bedrückend still beschrieben. Die einseitig informierte Öffentlichkeit konnte bis zuletzt nicht erkennen, wie schlimm es wirklich um das Reich stand. Betstunden im Dom und flammende Appelle aus Berlin hielten die Illusion von einem ehrbaren Frieden bis zuletzt aufrecht. Noch am 3. November 1918, einem der letzten Kriegstage, gab es in Paderborn eine große Kundgebung für den Erhalt der Monarchie.

Soldaten- und Volksrat in Paderborn

In Paderborn begann die Revolution am 8. November 1918 – nur fünf Tage nach dem Kieler Matrosenaufstand. In der Infanterie-Kaserne an der Elsener Straße verweigerten Soldaten massenhaft den Gehorsam. Schon am Abend zogen sie mit roten Armbinden durch die Stadt, um Offiziere zu entwaffnen und Häftlinge aus dem Gerichtsgefängnis in der Königstraße zu befreien. Am nächsten Tag wählten sie einen Soldatenrat aus 26 Männern, die sich allein auf das Vertrauen der Kameraden stützen konnten.

Alles verlief weitgehend ohne Blutvergießen, obwohl Maschinengewehre in der Stadt postiert und rote Fahnen auf öffentlichen Gebäuden gehisst wurden. Sowohl das Garnisonskommando als auch die Stadtspitze arrangierten sich mit der neuen Macht. Dafür gab es von Seiten der alten Führungen zwei Gründe: Gewalt, wie in anderen deutschen Städten, sollte unbedingt vermieden werden und zugleich wollte man Zeit gewinnen; eine Strategie, die aufging.

Der Soldatenrat, der die Bildung eines 78-köpfigen Volksrats am 20. November unterstützte, stellte nur allgemeinpolitische Forderungen auf. Der Volksrat unter Führung des Eisenbahners und Sozialdemokraten Ernst Strüfing wollte endlich echte Demokratie in Deutschland.[123] Er verlangte eine aus freien Wahlen hervorgehende verfassungsgebende Nationalversammlung. Diese sollte über die kommende Ordnung beschließen.

Bei den folgenden Wahlen zur Nationalversammlung am 19. Januar 1919 bot sich das Zentrum als christlich-demokratische Volkspartei auch für evangelische Christen an. Das Konzept sollte bundesweit erst nach dem Zweiten Weltkrieg wirklich aufgehen, aber im Wahlbezirk Stadt verfing des Muster auf Anhieb. Die seit 1870 ungeschlagene (Paderborn-)Partei kam prompt wieder auf 71,6 Prozent. Zweitstärkste Kraft wurde die SPD, allerdings mit für sie enttäuschenden 12,7 Prozent. Auch bei der Stadtverordnetenwahl Anfang März war das Bild ähnlich: Zentrum 66,2 Prozent, SPD 9,5;

Erstmals durften Frauen, Soldaten und junge Erwachsene in der Altersgruppe 20 bis 24 Jahre wählen. Vor allem: Jeder Bürger hatte jetzt eine volle Stimme. Diese erhebliche Ausweitung der Wahlberechtigung und die langen Kriegsjahre hatten alle Prognosen erschwert und zugleich neuen Kräften Hoffnung gemacht. Tatsächlich aber waren die Paderborner dem katholischen Milieu treu geblieben.

Die Erschütterungen der frühen Weimarer Republik erreichten im Folgenden auch Paderborn. Schon am 6. Juli 1919 wurde für einige Tage der verschärfte Belagerungszustand über die Stadt verhängt. Hungerproteste vor dem Proviantamt an der Bahnhofstraße und gelegentliche Hochrufe auf das Proletariat alarmierten die nur auf dem linken Auge wachsame Obrigkeit. Nicht ohne Grund waren die kleinen Leute gegenüber Reichswehr und lokalen Freiwilligenkorps, die im Sennelager aufgestellt wurden, besonders skeptisch.

Als im Februar 1920 das „Westfälische Volksblatt" und das „Kreisblatt" in Extrablättern den Kapp-Putsch von der Rechten aus Berlin meldeten, beschlossen freie und christliche Gewerkschaften gemeinsame Proteste. Die schwachen, aber umso rührigeren Sozialdemokraten setzten sich mutig an die Spitze eines, wie sie es nannten, Abwehrstreiks zur Bewahrung der jungen Demokratie. Dazu mobilisierten die SPD und das Zentrum die Beschäftigten in den Eisenbahnwerkstätten, in städtischen Betrieben und unter den Handwerksgesellen.

Als der Ruhrkampf von Januar bis September 1923 währte, war die Sorge groß, dass Franzosen und Belgier nach der Besetzung des Rheinlandes ihren Vormarsch bis Bielefeld und Paderborn ausweiten könnten. Die gleichzeitig galoppierende Inflation trieb den Preis für einen Liter Milch bis Oktober auf 150 Millionen Mark. Wie in den schwersten Kriegstagen waren die Kartoffeln wieder knapp. Volksküchen wurden reaktiviert. Lokale Verwaltung und Staat konnten nur den Mangel verwalten. Die neue Zeit nach dem Ende des Krieges und des Kaiserreiches war voller Enttäuschungen.

Die Schuld für unerfüllbare Friedensbedingungen aus dem Versailler Vertrag wurde den regierenden Parteien angelastet, obwohl Monarchie und Militärs den Krieg zu verantworten hatten.[124] Empörung über extreme Reparationsforderungen der Kriegsgewinner stärkte bei den „Inflationswahlen“ im Mai 1924 erstmals extreme Kräfte. Im Gegenzug geschwächt wurden das in Paderborn regierende Zentrum und die in Berlin verantwortliche SPD. Erstmals erhielt die Deutschnationale Volkspartei (DNVP) 8,4 Prozent der Reichstagsstimmen aus Paderborn. Knapp 11 Prozent wählten SPD und nur noch 60,5 Prozent Zentrum. Bei der gleichzeitig abgehaltenen Kommunalwahl verpasste das Zentrum mit 44,6 Prozent erstmals die absolute Mehrheit. Gleichzeitig verdoppelte die SPD mit 14,7 Prozent die Zahl ihrer Sitze im Rat auf sechs Genossen. Vier davon waren Eisenbahner, die bis 1933 das Rückgrat der Paderborner SPD und damit den Kern der konstruktiven Opposition im Rat bildeten.

Nationalsozialisten in Paderborn

Die Weltwirtschaftskrise erschütterte in den späten 1920-er auch Paderborn mit Massenarbeitslosigkeit und sozialer Not. Aber anders als in vielen Teilen Deutschlands blieb der Nationalsozialismus eine klare Minderheitenbewegung. Die NSDAP erreichte in regulären Wahlgängen nie mehr als 21,8 Prozent der Stimmen.

Aufschwung und Industrialisierung kamen in den Weimarer Jahren nur bescheiden voran. Neben der Eisenbahn brachten die Zementindustrie, kleinere Möbelproduktionen und eine Erholung der Stadtkasse Aufträge und Arbeit. Wohnraum wurde geschaffen. Siedlungen in der Südstadt und der Stadtheide wuchsen. Auch eine Reihe öffentlicher Bauten für Behörden, Justiz und Militär stabilisierten die mäßige Konjunktur.

Aber alles war nichts, als im Oktober 1929 ein New Yorker Börsenkrach der sowieso schon auf Talfahrt befindlichen deutschen Wirtschaft fast den Todesstoß versetzte. Die Zahl der Arbeitsuchenden im Hochstift, genauere Daten sind nicht verfügbar, schnellte von 1.129 auf 6.754. Und sie galoppierte weiter. Mit 9.953 Arbeitsuchenden im Januar 1932 hatte sich die Ausgangszahl in zwei Jahren verneunfacht.[125] Im „Westfälischen Volksblatt“ wird 1932 ohne weitere Quellenangabe von 18.000 Personen in Paderborn berichtet, „die die Erwerbslosigkeit ihres Ernährers zu beklagen hatten.“ Und weiter: „Die Bürgerschaft wird, soweit es ihr noch möglich ist, Gemeinsinn zeigen und versuchen müssen, den so hart betroffenen Familien ihr Los möglichst zu erleichtern.“[126]

Die Arbeit zu verlieren bedeutete damals einen dramatischen Sturz in bitterste Armut. Das ohnehin bescheidene Arbeitslosengeld wurde nur 26 Wochen gezahlt. Es folgten maximal 39 Wochen Anspruch auf Krisenfürsorge. Nach gut einem Jahr waren die staatlichen Hilfen für die Betroffenen ausgelaufen. Alles, was man besaß, musste verkauft werden. Vor dem Verhungern bewahrte dann nur noch die allgemeine Wohlfahrtsfürsorge, die die Winternothilfe der Caritas und die Stadt in sehr begrenztem Umfang leisten konnten. Auch diese Stellen schöpften aus Finanzquellen, die angesichts der großen Not schnell versiegten.

In den folgenden Krisenjahren, die die Reichsregierung mit Notverordnungen und immer neuen Steuern zu meistern versuchte, sanken auch die Löhne derjenigen, die noch Arbeit hatten, rapide. Paderborner Eisenbahner, die mit ihren Familien gut ein Fünftel der Stadtbevölkerung ausmachten, verloren nach Gewerkschaftsangaben im Laufe des Jahres 1931 ein Drittel ihres Einkommens. Alle Zementwerke standen still, öffentliche Bauten wurden kaum noch beheizt und in den Bahnwerkstätten gab es weitere 400 Entlassungen, die inzwischen kinderreiche und langjährige Beschäftigte trafen.

Der Sturz der Regierung Brüning im Mai 1932 spielte den Scharfmachern von rechts und links in die Karten. Die Weimarer Republik mit ihren als unfähig beschimpften Parteien war vor aller Augen gescheitert. Schon bei der Reichstagswahl im September 1930 gewannen die Nationalsozialisten reichsweit 18,3 Prozent der Stimmen (Paderborn 4,9). Ihr Anteil sollte bei den folgenden Urnengängen auf bis zu 43,9 Prozent im März 1933 steigen (Paderborn 21,8).

Bis 1933 habe die NSDAP in Paderborn eher ein Schattendasein geführt, urteilt das von namhaften Historikern an der Universität Paderborn erarbeitete dreibändige Standardwerk zur Stadtgeschichte.[127] Co-Autor Ludger Grevelhörster zitiert als Beleg aus der NS-Chronik des Gaus Westfalen-Nord: „Wenige Gegenden in Deutschland haben den zweifelhaften Ruhm, sich so heftig gegen das Vordringen der Bewegung gewehrt zu haben wie das Paderborner Land." Insbesondere hätten „der politische Klerus, die starke jüdische Durchsetzung des Geschäftslebens und eine ekelhafte Verhetzung der Presse" den Aufstieg der Nationalsozialisten im schwarzen Paderborn behindert.

Tatsächlich war die NSDAP-Ortsgruppe Paderborn erst nach mehreren Anläufen Ende 1929 gegründet worden. Auch in den folgenden zwei Jahren trat sie innerhalb der Stadt kaum in Erscheinung. Die oben zitierte und heute als uneingeschränktes Lob zu lesende Erklärung für die eigene Erfolglosigkeit der Braunhemden mag von den frühen Paderborner Nazis übertrieben gewesen sein. Schließlich mussten sie sich vor ihrer Parteiführung rechtfertigen. Dennoch können nur wenige vergleichbare Städte in Deutschland auf soviel innere Stärke gegenüber politischer Radikalität und blankem Hass verweisen. Selten wird Paderborns Haltung gegenüber dem Nationalsozialismus in der Fachliteratur gewürdigt. Wenn überhaupt, wird darauf verwiesen, dass die Widerständigkeit aus einem katholisch-konservativen Milieu rührte, also nicht wirklich demokratisch begründet gewesen sein könne. Dem ist entgegenzuhalten, dass allein das tatsächliche Verhalten zählt.

Die trotzdem unaufhaltsame Machtergreifung der nationalsozialistischen Bewegung im Paderborner Rathaus zeigt Parallelen zur Gleichschaltung auf höheren Ebenen. Nach der Kommunalwahl vom 12. März 1933 wehte erstmals die Hakenkreuzfahne auf dem Rathaus. Die NSDAP hatte zwar nur acht von 35 Sitzen erlangt und das Zentrum (19) die absolute Mehrheit verteidigt, aber die Nazis waren nicht aufzuhalten. Mit Geschäftsordnungstricks und massivem Druck von oben – auch Paderborner Bürger waren bei der ersten nationalen Verhaftungswelle unter den Opfern – gingen sie unter Missachtung von Recht und Gesetz vor. Es dauerte keine vier Monate, bis Hitlers Parteigenossen den Oberbürgermeister und weitere Schlüsselpositionen ausgetauscht hatten.

Die Ratsmehrheit hatte sie durch die massive Bedrohung einzelner Stadtverordneter, die sich bei Abstimmungen enthielten oder ganz fernblieben, neutralisiert. Zeitgleich wurde die Zentrumspartei auf Reichsebene zur Selbstauflösung gezwungen, was am 5. Juli 1933 dann auch geschah. Mitte Juli befahl der neue NS-Regierungspräsident in Minden im Wege der Kommunalaufsicht die Auflösung des erst Anfang März gewählten Stadtrats. Danach wurde ein verkleinerter Rat aus 20 Braunhemden eingesetzt.

Aufmärsche, nationale Begeisterung

Trotz Skepsis und Distanz gegenüber der NSDAP ließen sich die Paderborner 1933 sehr wohl von deren Propaganda mitreißen. Nationale Feiern wie der Tag von Potsdam am 21. März, Hitlers Geburtstag am 20. April und die Kundgebungen zum 1. Mai, jetzt „Tag der nationalen

„Treuekundgebung" für Adolf Hitler auf dem Marktplatz zur Volksabstimmung vom 19.08.1934 über die Vereinigung der Ämter des Reichspräsidenten und des Reichskanzlers.

Arbeit" genannt, wurden in großer Zahl besucht. Die Paderborner zeigten die alte deutsche Fahne, teilweise auch schon das Hakenkreuz an ihren Häusern. Am Festumzug nahmen nicht nur gerade erst gegründete NS-Gliederungen teil. Auch Kriegervereine sowie Schüler und Lehrer des Theodorianum und der (Reismann-)Oberrealschule marschierten Seite an Seite mit SS, SA und Hitlerjugend durch die Stadt.

Der seit 1919 amtierende, aber 1933 bald abgesetzte Oberbürgermeister Philipp Haerten (1869–1942) pflanzte noch eine Hitlereiche und ließ Adolf Hitler zum Ehrenbürger ernennen. NS-Kreisleiter und Ortsgruppenleiter Richard Meyer schwärmte als Hauptredner bei den Kundgebungen von nationaler Wiedergeburt und dem Aufstieg zu alter Größe.

Höhepunkt der Massenveranstaltung am 1. Mai war die Übertragung einer Radioansprache Adolf Hitlers aus Berlin per Lautsprecher. 12.000 bis 14.000 Menschen sollen am Aufmarsch und dem folgenden Fackelzug teilgenommen haben. Historiker Grevelhörster bewertet die Bereitschaft großer Bevölkerungsteile zum Mitfeiern so: „Die Wirksamkeit der immer neuen Appelle und Identifikationsangebote beruhte dabei auf einer Täuschung, und zwar auf der bewusst geschürten Illusion, der Nationalsozialismus knüpfe unmittelbar an den traditionellen Konservativismus der Vorkriegszeit an, Nationalsozialismus und Nationalismus seien im Grunde dasselbe."[128]

Um der Volkswirtschaft wieder auf die Beine zu helfen, ließ Hitler zwar keine Autobahnen im Hochstift bauen, aber im Sommer 1933 flossen 577.000 Reichsmark aus Berlin in die Stadtkasse. Mit diesem Kredit konnte die inzwischen ausgetauschte Führung im Rathaus eine große Zahl von Beschäftigungsmaßnahmen starten. So machte die damals spektakuläre Unterquerung der Pader für einen Abwasserkanal zur neuen Kläranlage im Bereich des Inselbadstadions Schlagzeilen. Der Stundenlohn von gut 20 Pfennig für hunderte jahrelang arbeitslose Männer auf den Baustellen war Stadtgespräch.

Zur schnellen, kostengünstigen und für jedermann bemerkbaren Umgestaltung gehörte auch die Änderung von Straßennamen.[129] Der Turnplatz wurde zum Adolf-Hitler-Platz, die Nord- zur Schlageter Straße und der Rotheweg zur Ostmarkstraße. Dieser erste Schritt im Frühjahr 1933 wurde noch begleitet von anderen Namenswechseln, beispielsweise zu Ehren von Bischof Konrad Martin oder der Dichterin Annette von Droste-Hülshoff (1797–1848).

Bei der zweiten Welle 1938 gab es keine politischen Kompromisse mehr. Im Jahr vor dem Kriegsbeginn wurden aus Anlass des „Heldengedenktages" im November die Friedrichstraße zum Adolf-Hitler-Wall, die Kilianstraße zur Straße der SA, der heutige Le-Mans-Wall zum Horst-Wessel-Wall. Die Winfriedstraße trug den Namen Hermann Görings. Auch die Bezeichnungen Herbert-Norkus-Straße (heute Imadstraße), Memelstraße (Baltenweg) und Hans-Schemm-Straße (Fröbelstraße) entstammten dem NS-Heldenkult.

Das inzwischen zwangsweise an den Nazi-Verlag Franz-Eher übergehende „Westfälische Volksblatt" zog am 9. November 1938 in einem langen Bericht über die zweite Welle von „Umtaufungen", wie die Paderborner spöttelten, dieses Fazit: „Damit sind eine Reihe von Straßenbenennungen erfolgt, die schon längst von unserer Bevölkerung erwünscht waren und die nun Beweiszeichen freudigen Dankes und ebenso frohen Miteinsatzes im deutschen Aufbauwerk sind." In den damals noch selbständigen Nachbarorten Elsen und Schloß Neuhaus gab es von 1933 bis 1946 ebenfalls eine Adolf-Hitler-Straße (Wewerstraße) beziehungsweise einen Adolf-Hitler-Platz (Schloßstraße).

Die NSDAP gewann in den Vorkriegsjahren auch in der Stadt eine große Zahl an neuen Mitgliedern. Aus Überzeugung, teilweise auch unter dem Druck, den das System auf Beamte und andere Abhängige ausübte, wuchs die von der Propaganda gefeierte „Bewegung" tatsächlich. Der NSADAP-Kreisleitung in der Rosenstraße waren zunächst zwei Paderborner Ortsgruppen zugeordnet. 1937 stieg ihre Zahl auf vier: Riemeke unter Ortsgruppenführer Franz Josef de Weldige, Ükern (Ortsgruppenführer Josef Heydeck), Spiringstor (Ortsgruppenführer Karl Wendt) und Wittekind (Ortsgruppenführer Hans Steege).

Repression

Die sofort eingeleitete Gleichschaltung lief 1933 im gesellschaftlichen Bereich keineswegs glatt. Mehrere katholische Sportvereine aus der Deutschen Jugendkraft-Tradition (DJK) und evangelische Sportler schlossen sich unter dem Namen SC Grün-Weiß zusammen. Sie wollten sich damit der Einverleibung durch parallele NS-Organisationen entziehen. Auch der Reichsbund Jüdischer Frontsoldaten schaffte es, trotz Schikanen aus dem Rathaus am 31.Januar 1934 die Sportgruppe „100 Schild Paderborn" zu gründen. Die jüdischen Sportler waren allesamt aus den bürgerlichen Vereinen ausgeschlossen worden.

Menschenansammlung vor dem Ehape-Geschäft anlässlich des Boykottaufrufs der NSDAP gegen jüdische Geschäfte am 11.03.1933 (ein Tag vor der Kommunalwahl).

Mitinitiator Dagobert Schönewald blieb bis 1937 aktiver Schiedsrichter. 1938 erfolgte die zwangsweise Auflösung der Gruppe 100, als alle männlichen Juden der Stadt am 9. November für einige Wochen in Konzentrationslager kamen. Schönewald wurde nach am 13. Dezember 1941 mit seiner Familie nach Riga deportiert und am 24. August 1943 ermordet.[130]

Öffentlicher Widerspruch gegen die Gleichschaltung im Sport und im Vereinswesen ist für den Zeitraum 1933 bis 1938 nicht dokumentiert. Die Bereitschaft zum Zusammenschluss von Vereinen mit Nazigliederungen kam häufig aus Teilen der Mitgliederschaft selbst. Fotos aus der Paderborner Sportgeschichte zeigen, dass der Hitlergruß bei Sportfesten, Bannerübergaben und anderen Veranstaltungen fortan wie selbstverständlich dazugehörte.[131]

Die Kriegervereine, Zusammenschlüsse der Teilnehmer des gerade erst 15 Jahre zurückliegenden Ersten Weltkriegs, wurden 1933 sofort der Paderborner SA-Ersatzreserve 2 zugeordnet. Formal existierten die Vereine noch fort, waren aber einem neuen Gesamtvorstand aus SA-Leuten untergeordnet. Das Beispiel eines Lokomotivführers aus der Ludwigstraße zeigt, dass von Anfang an Repression im Spiel war. Der Mann wollte sich nicht von der SA vereinnahmen lassen und zog sich aus der Soldatenkameradschaft zurück. Das hatte zur Folge, dass der fünffache Familienvater beruflich nicht weiterkam. Obwohl als Lokführer ausgebildet, war er in den Krisenjahren zuvor zum Heizer zurückgestuft worden – und blieb das viele Jahre länger als seine Kollegen. Erst mit Beginn des Krieges wurde er wieder als Oberlokomotivführer eingesetzt und endlich auch angemessen bezahlt.

Verhaftungen und Hausdurchsuchungen trafen zu allererst die wenigen stadtbekannten Kommunisten in Paderborn. Diese Maßnahmen blieben nicht geheim. Im Gegenteil, sie waren Thema einer wütenden Propaganda. Hinter vorgehaltener Hand hieß es in der Stadt, die Festgenommenen seien wohl nicht wiedergekommen. Widerspruch gab es gegen den Aufruf zum Boykott jüdischer Geschäfte am 28. März 1933. Die ersten massiven antisemitischen Maßnahmen der Paderborner Nationalsozialisten wurden teilweise noch mit Entrüstung kommentiert und auch aktiv unterlaufen.

Schon vor dem 30. Januar 1933 hatte es politische Gewalt in Paderborn gegeben. In der Nacht der Reichstagswahl 1932 war ein Mitglied der Kommunistischen Partei in Neuhaus erschossen worden. Auch zwei Männer einer Klebekolonne der SPD wurden angegriffen und erheblich verletzt. Vor dem Arbeitsamt kam es Ende Juli 1932 zu einer schweren Schlägerei zwischen SA-Leuten und Kommunisten. Hier griff die Polizei noch entschieden ein. Laut „Volkswacht“ wurde „das Überfallkommando der braunen Jünger sofort von der Polizei abgeschoben“. Ein SA-Mann, der im Gemenge einen Schuss abgegeben hatte, wurde festgenommen.

Nach der angeblichen Brandstiftung im Berliner Reichstag durch den niederländischen Kommunisten Marinus van der Lubbe Ende Februar 1933 war es dann vorbei mit der Neutralität der Polizei. Überall in Deutschland holten die noch keineswegs durchweg von NSDAP-Mitgliedern geführten Sicherheitsbehörden zum großen Schlag gegen die politische Linke aus.

In Paderborn gerieten die zwei SPD-Stadtverordneten und Gewerkschafter Heinrich Lücking und Georg Gruber am 2. Mai für kurze Zeit in Schutzhaft. Das Büro der Freien Gewerkschaften wurde besetzt und verwüstet. Schon am 30. April hatte Lücking sein Mandat im Rat niedergelegt. „Warum? Das war nicht mehr zu rekonstruieren“ heißt es in der SPD-Chronik.[132]

Dennoch ist der Vorgang schlüssig zu erklären. Ein Verbot der SPD stand unmittelbar bevor. Sowohl die Partei als auch die freie Gewerkschaft musste sich darauf vorbereiten. Es ging darum, Desinteresse zu heucheln, um unauffällig im Untergrund weiterzumachen. Deshalb fand sich auch kein Nachrücker, der Lückings Ratsmandat übernahm. Jetzt galt es für die Paderborner Sozialdemokraten, mit heiler Haut davon zu kommen, denn sie wussten aus Nürnberg, wozu die Nazis fähig waren.

Hermann Brockmann (1892–1953), Ratsherr, SPD-Landtagsabgeordneter und Gewerkschaftssekretär

Ihr langjährige Genosse Hermann Brockmann (1892–1953) saß bereits in Nürnberg in Schutzhaft.[133] Der „rote Brockmann“ war Eisenbahnschlosser, gehörte bis zu seinem Weggang 1930 sechs Jahre dem Rat an und hatte zehn Jahre die Ortsverwaltung der Eisenbahner Deutschlands geführt. In Nürnberg war er Mitglied der Kampfleitung der Eisernen Front Franken. 1931/32 organisierte er dort die Abwehr der sogenannten SA-Stürme auf Gewerkschafts- und SPD-Versammlungen. Die Genossen an der Pader waren darüber bestens informiert.

Brockmann wirkte an der Vorbereitung eines großen Generalstreiks gegen die Nazis Ende Februar 1933 in Nürnberg mit. In Hitlers „Stadt der Reichsparteitage“ sollte den Nationalsozialisten demonstrativ Einhalt geboten werden, um auch national ein Zeichen des Widerstands zu setzen. Wie viel Mut und Entschlossenheit gefordert waren, verdeutlicht die „Verordnung zum Schutz von Volk und Staat“ vom 28. Februar 1933. Durch Reichskanzler Paul von Hindenburg (1847–1934) wurde verkündet, dass jedem politischen Aufrührer von sofort an die Todesstrafe drohe.

Im Juni 1933 wurde Brockmanns Überstellung ins KZ Dachau angeordnet, aber er konnte nach einer Warnung über Berlin nach Paderborn fliehen. Die hier nur kurz angerissene Biografie wirft ein Licht auf den Alltag von Regimegegnern. Im Untergrund gründete er mit anderen Bahngewerkschaftern eine Lebensversicherung. Das Unternehmen sollte als Deckung für weitere Aktivitäten dienen. Brockmann konnte so von Paderborn aus, wo er seine Familie unterbrachte, unbemerkt Gewerkschafter in Münster, Lingen, Osnabrück und Bielefeld kontaktieren.

Über die schweren Jahre als Hausierer, selbständiger Schlosser und später als Zivilangestellter der Wehrmacht in Paderborn schreibt er: „Durch Zeitungsverkauf und Werbung für die Norddeutsche Lebensversicherungsgesellschaft versuchte ich meine Familie zu ernähren. Trotz der geübten Vorsicht beim Werben von Haus zu Haus trat eine ständig wachsende Zurückhaltung der Käufer ein. Durch meine Tätigkeit als Stadtverordneter und Gewerkschaftssekretär in Paderborn bis 1930 war ich vielen Bewohnern bekannt. Diese hielten sich nun zurück, weil sie wegen meiner politischen Belastung für sich selbst Schaden befürchteten. Trotzdem muss ich hier erklären, dass mehrere städtische Beamte (Paderborn) mir zwar mit der gebotenen Vorsicht, aber doch in meiner Not wohltuend bei der Erlangung von Gewerbescheinen behilflich waren."

Unrecht geahnt

Widerstand blieb die ganz große Ausnahme. Aktives Vorgehen gegen das Unrecht war geradezu selbstmörderisch. Kritik unter Gleichgesinnten fand aber statt, solange sie kaum hörbar blieb. Schon das Nicht-Beflaggen eines Hauses war gefährlich.

Es gab in der Bevölkerung durchaus ein Gespür für die dunkle Seite des Nazi-Staats, obwohl verlässliche Daten fehlen. „Wenn das der Führer wüsste!", war ein geläufiges Wort des Unbehagens über die Machenschaften insbesondere der Parteibonzen an allen Schaltstellen der Gesellschaft. Der Ausspruch ist zugleich der deutlichste Ausdruck eines unterschwelligen und breiten Bewusstseins für das Unrecht. Die Unterschiede zwischen NS-Anspruch und NS-Wirklichkeit wurden gesehen und die scheinbare Ohnmacht mit diesen Worten zur Diskussion gestellt. Viele schwiegen zu solchen Äußerungen, andere nahmen es als Gesprächseinstieg. Außerdem: Wer solche Gedanken hegte, kann nicht behaupten, total ahnungslos gewesen zu sein.

Kirche im Nationalsozialismus

Evangelische und katholische Opposition nehmen in den Gestapo-Lageberichten [134] für Westfalen einen erstaunlich großen Raum ein, obwohl beide Kirchen das NS-Regime nicht rigoros und in aller Breite, sondern mehr in einzelnen Punkten ablehnten. Die Bekennende Kirche unter Präses D. Karl Koch hatte ihre Schwerpunkte in Minden-Ravensberg und im Ruhrgebiet. Die Katholische Kirche begehrte am deutlichsten in der Person des Kirchenführers Clemens August Graf von Galen auf. Er war der „hoffnungslos unnachgiebige streitbare Bischof von Münster", so Alfred Meyer (1931–1945), der NSDAP-Gauleiter von Westfalen-Nord. Meyer war Staatssekretär im Reichsministerium für die besetzten Gebiete und nahm Anfang 1942 an der Wannsee-Konferenz teil, die den Genozid an den europäischen Juden akribisch plante.

1937 war das Jahr mit dem höchsten Verfolgungsdruck im Erzbistum Paderborn.[135] 868 von 1.401 Priestern waren zu diesem Zeitpunkt von Repression betroffen. Hinzu kamen 67 Ordenspriester, gegen die das Regime gezielt vorging. Die konstruierten Vorwürfe drehten sich meist um angebliche Sittlichkeitsverbrechen oder unterstellte Devisenschiebereien. Von 1933 bis 1945 wurden 143 Priester aus dem Erzbistum zu Gefängnis- oder Zuchthausstrafen verurteilt, weitere 22 wurden in Konzentrationslager verschleppt. Sieben überlebten die Tortur nicht.

Das Jahr 1937 war geprägt von der am 1. März durch Papst Pius XI. (1922–1939) ausnahmsweise auf Deutsch erlassenen Enzyklika „Mit brennender Sorge". Mitte März wurde der Hirtenbrief in die Gemeinden geleitet. Meist bekamen die Pfarrer nur ein Exemplar. Das Schreiben aus Rom wurde reichsweit in 11.500 Gottesdiensten verlesen und 300.000 Mal nachgedruckt.

Im Erzbistum waren Hunderte Helfer an einer streng geheimen Verteilung der Flugblätter beteiligt. In Paderborn blieb die Verbreitung von der Geheimen Staatspolizei (Gestapo) weitgehend unbemerkt. Lediglich der Jugendführer Josef Protte wurde bei den Behörden denunziert, dennoch kam er heil davon. Ein Amtmann namens Klute hatte den Vikar der betroffenen Gemeinde gewarnt, Protte verteile selbst angefertigte Vervielfältigungen der päpstlichen Enzyklika. Klute wies den Vikar ausdrücklich daraufhin, dass die Verbreitung solcher Texte lebensgefährlich sei.[136]

Bischof Caspar Klein (1920–1941), seit 1930 erster Erzbischof von Paderborn

Caspar Klein

In Paderborn zeigte sich Erzbischof Caspar Klein (1920–1941) lange bemüht, einen Ausgleich mit den fordernd und herrisch auftretenden Nazis zu finden. Er duldete, dass ein Professor an seiner Philosophisch-Theologischen Akademie in SA-Uniform auftrat. 1936 nahm er als Ehrengast an der Militärparade zum Führergeburtstag teil. Später ließ er die ersten deutschen Siege im Zweiten Weltkrieg mit Glockengeläut feiern.

Dabei musste er den zunächst zwar vergeblichen, aber ab 1937 immer festeren Griff der Nazis nach der Kirchenjugend mit ansehen. Obwohl ein Staatskirchenvertrag, Reichskonkordat genannt, von 20. Juli 1933 zwischen Rom und Berlin die kulturelle Betätigung katholischer Verbände und Vereine weiterhin erlaubte, störten Hitlerjugend, NS-Gliederungen und viele staatliche Stellen die Jugendarbeit, wo immer sie konnten. An der Entschlossenheit des Staates, seine Grundsätze notfalls mit Gewalt durchzusetzen, bestand kein Zweifel. Dem Erzbischof wurden die vielen kleinen und großen Schikanen aus dem Bistum gemeldet. Statt die offene Konfrontation zu suchen und damit neue Angriffsflächen zu bieten, setzte er aber auf Diplomatie im Hintergrund. Klein versuchte einen Weg zu finden, den viele in der Bistumsleitung als eine Art Koexistenz zwischen katholischer Jugend und Hitlerjugend erhofften. Immerhin sicherte das Konkordat zu, dass kirchliche Organisationen von der Gleichschaltung ausgeschlossen bleiben sollten. Aus heutiger Sicht war das ein Fehler. De facto war es Nicht-Handeln.

Noch beim Liborifest 1934 feierten katholische Jungmänner ihren Erzbischof wie – heute würden wir sagen – einen Popstar. Sie spannten die Pferde seiner Kutsche aus und zogen das Gefährt unter lautem Hurra vom Dom durch die überfüllte Stadt bis zum Bischofspalais. In den folgenden Jahren trat Ernüchterung ein. Vor allem die jungen Gläubigen und Nachwuchspriester erwarteten von ihrem Erzbischof mehr Widerspruch gegen die Nazis.[137]

Anlässlich eines Schauprozesses gegen 30 Jungscharführer in Bochum kam es zu interner Kritik am Erzbischof. Klein wurde aufgefordert, die offene Auseinandersetzung mit dem Regime zu suchen und die konstruierte Anklage gegen die katholischen Gruppenleiter breitenwirksam abzukanzeln. Ohne Erfolg! Auch eine andere Gruppe wurde gar nicht erst zum Bischof vorgelassen. Sie bat darum, der Bischof möge öffentlich gegen die Behinderungen kirchlicher Jugendarbeit Stellung nehmen.

Am 27. Juli 1937 erfolgte das reichsweit erste vollständige Verbot eines katholischen Jugendverbandes. Es traf das Erzbistum Paderborn. Die Gestapo Dortmund löste einen Katholischen Jungmännerverband per Verordnung einfach auf. Diesmal protestierte der Erzbischof mit einem Hirtenbrief, der in allen Kirchen des Bistums verlesen wurde. Aber es war zu spät. Im Generalvikariat wurde ein Jugendamt eingerichtet, das fortan die verbliebenen Reste der kirchlichen Jugendarbeit unauffällig verwaltete.

Lorenz Jaeger

Kleins Nachfolger Lorenz Jaeger (1941–1975), Kompaniechef im Ersten Weltkrieg, Militärpfarrer im Zweiten und 1965 zum Kardinal erhoben, verstand sich als ein leitender und tröstender Hirte in schwerer Zeit. Dabei geriet Jaeger durch seine soldatische und nationalkonservative Grundhaltung mitunter gefährlich nah an nationalsozialistische Redens- und Denkarten.

Grundsätzlich waren die katholischen Priester und Bischöfe den Nazis verhasst. Unter diesen Bedingungen versuchte die Kirchenführung, die Seelsorge auch mit Durchhalteparolen im Sinne des Staates aufrecht zu erhalten. Man wollte das Regime nicht provozieren und keine Vorwände für noch mehr staatliche Repression bieten. Das Ergebnis dieser Haltung: Anders als von Clemens August Graf von Galen (1878–1946), der Bischof und „Löwe“ von Münster, gibt es von Jaeger weder Proteste gegen die Euthanasie noch sind Interventionen zugunsten inhaftierter Priester bekannt.

Als Jaeger 1941 Erzbischof von Paderborn werden sollte, hatte Reinhard Heydrich, Chef des Reichssicherungshauptamtes und des Sicherheitsdienstes (SD) „schwerste Bedenken“.[138] Heydrich schreibt: „Jaeger ist einer der aktivsten und gefährlichsten Propagandisten der Katholischen Aktion und ein fanatischer Gegner des Nationalsozialismus.“ Im Umgang mit der Jugend beweise er außerordentliches Geschick beispielsweise als Pädagoge. Heydrich dazu: „Im Hinblick auf seine Unterrichtsmethode war kennzeichnend, dass Jaeger mit Vorliebe nationalsozialistische Grundbegriffe aufgriff und ihnen in jesuitisch geschickter und eindringlicher Form die entsprechende Auffassung des Katholizismus entgegenstellte.“ Heydrich entschied: „Aufgrund dieses eindeutig antinationalsozialistischen Verhaltens des Jaeger muss ich aus sicherheitspolizeilichen Gründen gegen die Ernennung Jaegers zum Erzbischof von Paderborn schwerste Bedenken geltend machen.“

Tatsächlich nutzte Jaeger Predigten und Ansprachen, um das ideologische Hauptwerk des Nationalsozialismus zu hinterfragen. Dabei griff er Alfred Rosenbergs (1893–1946) „Mythus des 20. Jahrhunderts“ an. Spitzel berichteten, Jaeger erkläre öffentlich, ihn überkomme Brechreiz bei der Lektüre der Bücher und Reden von Hitlers Chefideologen.

Nach Forschungen der später eingesetzten Diözesanen Kommission für kirchliche Zeitgeschichte im Erzbistum Paderborn ist die Rosenberg-kritische Haltung Jaegers seit 1934 nach-

Sieben Jahre nach dem Krieg weiht Erzbischof Lorenz Jaeger den 26-jährigen Johannes Joachim Degenhardt, seinen späteren Nachfolger als Bischof und Kardinal, zum Priester.

gewiesen. Dennoch gab es nach dem Kriege heftige Kritik an Jaegers Haltung gegenüber dem Nationalsozialismus. Stein des Anstoßes war ein Hirtenbrief zur Fastenzeit 1942. Darin fragt Jaeger mit Blick auf Russland und die dort kämpfenden deutschen Soldaten: „Ist jenes arme unglückliche Land nicht der Tummelplatz von Menschen, die durch ihre Gottfeindlichkeit und durch ihren Christushass fast zu Tieren entartet sind?"

Der US-Politologe Guenter Lewy warf Jaeger wegen dieser Textpassage 1964 vor, mit der Verleumdung russischer „Untermenschen" durch die NSDAP sympathisiert zu haben.[139] Der Paderborner Journalist Wolfgang Stüken wies außerdem darauf hin, dass der Erzbischof bei seinem Konkordatseid 1941 vor Gauleiter Alfred Meyer mehr Entgegenkommen als unbedingt notwendig gezeigt habe. In der Tat ergänzte Jaeger die offizielle Formel um den Hinweis, er habe den Treueeid als katholischer Bischof „aus ganzem Herzen und ohne Einschränkung" geschworen, „mit derselben Freude, mit der ich einst den Fahneneid geschworen habe." Damit nahm der Erzbischof Bezug auf den Eid unbedingten Gehorsams, den alle Wehrmachtssoldaten auf Adolf Hitler persönlich schwören mussten.[140] Später seien die entsprechenden Zitate in Schriften des Bistums exakt um diese Bemerkung gekürzt worden, beklagt Stüken.[141]

Kirchenhistoriker Heribert Gruß deutet den Gebrauch des Wortes „Untermenschen" anders.[142] Die Wortwahl habe nichts mit der Nazi-Ideologie zu tun. Sie gelte der exzessiven Gewalt und kommunistischen Ideologie, die schon im stalinistischen Terror deutlich geworden war. Der Streit gipfelte 2015 in einer Ratsdebatte um die – allerdings abgelehnte – Streichung Jaegers aus der Ehrenbürgerliste der Stadt. Stüken bleibt hart, aber fair in seinem Urteil: „Zumindest bewegt sich Jaeger in verdächtiger Nähe zum Sprachschatz der Nationalsozialisten, die zur Brandmarkung von ‚Nichtarischem' und ‚Minderwertigem' gern zu der Vokabel ‚entartet' greifen."[143]

Johannes Joachim Degenhardt

Der spätere Kardinal Erzbischof Johannes Joachim Degenhardt (1974–2002) wurde 1941 verhaftet, weil er der katholischen Jugendbewegung Bund Neudeutschland angehörte. Außerdem stand Degenhardt bei der Gestapo unter Verdacht, Predigten des Münsteraner Bischofs von Galen in Umlauf gebracht zu haben. Am Tag der Bischofsweihe von Lorenz Jaeger organisierte Degenhardt mit Gleichgesinnten eine Treuekundgebung der Jugend in Paderborn. Der aus dem märkischen Sauerland stammende Kardinal bestätigte später die aktive Verteilung solcher Schriften. Er und seine Mitstreiter hätten sogar über eine Hektographiemaschine verfügt, nannte er dem Autor in einem Interview weitere Details.[144] Von Galens mutige Kritik an den Nazis habe die katholische Jugend beeindruckt, sagte er. Die Zustimmung in Schülerkreisen sei so groß gewesen, dass sie bei den Eltern größte Sorge um die Kirchenjugend ausgelöst habe.

Brand und Zerstörung der Paderborner Synagoge am 10.11.1938 wurden von einer großen Menge Schaulustiger verfolgt.

Degenhardt erlitt nach der Festnahme mehrere Wochen Einzelhaft in der Dortmunder Gestapo-Zentrale Steinwache. Der 15-jährige Schüler wurde von Wärtern verprügelt und Weihnachten 1941 mit der Drohung entlassen, er ende im Konzentrationslager, wenn er „draußen" von seiner Inhaftierung erzähle.

Vernichtung der Paderborner Juden

Die 300 Paderborner Juden bekamen den ungehemmten Antisemitismus der Nazis schon am 1. April 1933 zu spüren. Der Boykott aller „jüdischen Geschäfte, jüdischer Waren, jüdischer Ärzte und Rechtsanwälte" wurde von SA- und Partei-Aktionstrupps umgesetzt. Sie bezogen Posten vor Geschäften, beklebten die Schaufenster mit Parolen und zogen in Sprechchören durch die Straßen. Als der Kaufhausinhaber Karl Theo Herzheim (1907-?) das Bekleben seiner Schaufenster stoppen wollte, wurde er geschlagen und später angeschossen.[145]

Auf so genannten Stürmertafeln hieß es, „Wer beim Juden kauft, ist ein Volksverräter". Damit begannen der schrittweise Ausschluss der Juden aus dem gesellschaftlichen Leben und eine wachsende Zurückhaltung der anderen Paderborner ihnen gegenüber. Die Beisetzung von Ludwig Herzheim, Seniorchef des gleichnamigen Kaufhauses, wurde 1934 noch von einer, laut Lokalpresse, riesigen Menschenmenge begleitet. Dagegen beteiligten sich ein Jahr später nur noch wenige Paderborner am letzten Geleit, als der ebenfalls stadtbekannte Kaufmann Siegmund Grünebaum starb.[146]

Mehr als reichsweit 1.000 Verordnungen isolierten auch in Paderborn die jüdische Gemeinde fast vollständig. Antijüdische Aktionen verdichteten sich von 1938 an. Das gesamte Vermögen war offen zu legen, die zwei jüdischen Ärzte der Stadt wurden zu „Krankenbehandlern", ein Rechtsanwalt zum „Konsulent" herabgestuft. Als im August 1938 etwa 30.000 in Deutschland lebende polnische Juden abgeschoben wurden, traf es auch die Familie Schirding mit ihrer 12-jährigen Tochter Ruth (1926–?). Sie waren die ersten Deportationsopfer aus der Stadt.

Brandspuren am Holz dieser 1938 aus der Synagoge geretteten Thorarolle sind heute noch zu erkennen.

Beim inszenierten Pogrom am 9. November 1938 drangen Mitglieder von SS und SA in Wohnungen ein und verhafteten fast alle männlichen Juden in Paderborn. Sie wurden in das Konzentrationslager Buchenwald verschleppt. Zwei Männer überlebten die Aktion nicht. Noch am Abend wurde die Synagoge am Busdorf verwüstet, aber nicht niedergebrannt. Kultgegenstände und wertvolle Texte konnten so gerettet werden. Eine Thorarolle zeigt heute noch Brandspuren, weil schon am Abend Feuer gelegt wurde, dass aber gestoppt werden konnte. Aus Sorge um das Vincenz-Krankenhaus nebenan wurde erst am nächsten Morgen mit Brandbeschleunigern richtig gezündelt, nachdem die Feuerwehr zum Schutz der Nachbargebäude in Stellung gegangen war. Die Wehrmänner warteten bis zum Einsturz des Synagogendaches und begannen dann mit den Löscharbeiten.

Viele Paderborner Juden planten, auszuwandern. Allerdings hatten die meisten längst ihr Vermögen verloren. Bis zum endgültigen Auswanderungsverbot am 23. Oktober 1941 schafften es immerhin 80 Gemeindemitglieder irgendwie in die Emigration. Siebzig Personen waren zuvor in die Anonymität einer Großstadt geflüchtet. Von ihnen gibt es kaum noch Spuren.

Einer der ersten, der Paderborn verließ, war Gidon Philipps (1917–2002), dem schon 1934 nach der Obersekunda (Klasse 11) die Zulassung zum Abitur am Theodorianum verwehrt wurde. Philipps ging nach Berlin, besuchte in der Mark Brandenburg Landwirtschaftskurse und emigrierte 1936 nach Palästina. Dort schloss er sich der zionistischen Untergrundbewegung an und wurde zu einem der Mitbegründer des Staates Israel. Erst in den 1990-er Jahren kehrte er auf Einladung des Bürgermeisters besuchsweise nach Paderborn zurück.

Gidon Philips, 1917 in Paderborn geboren, ging 1936 nach Palästina und überlebte als einziger aus seiner Familie den Holocaust.

Parade mit Vorbeifahrt an Repräsentanten von NSDAP, Staat und Wehrmacht 1940. Die Kolonne mit Paderborner Panzersoldaten bewegt sich auf der Bahnhofstraße stadtauswärts..

Nach Kriegsbeginn wurde die Lage für die verbliebenen Juden in Paderborn immer kritischer. Die Schikanen reichten jetzt von stark eingeschränkten Einkaufszeiten über Telefonverbote bis zum Zwang zur Abgabe von Edelmetallen, Pelzen, warmer Kleidung und elektrischer Geräte. Im September 1941 wurde das Tragen des gelben Judensterns obligatorisch. Die überall in Deutschland betriebene Ghettoisierung führte in Paderborn zur Zusammenlegung in sechs so genannten „Judenhäusern" am Liboriberg 21, Geroldstraße 3, Grube 13/15, Grunigerstraße 3 und 4 und Bachstraße 6.

Das waren schon Vorbereitungen für die wenig später beginnende Deportation der letzten Paderborner Juden in die Vernichtungslager. 17 Paderborner, darunter die Familien Stern und Schönewald mit je zwei Kindern, kamen im Herbst 1941 ins Ghetto Riga. Die zweite Gruppe folgte mit 14 Personen Ende März 1942 ins Ghetto Warschau. Anfang Juli folgte die dritte Welle.

Am 31. Juli 1942 verließen die letzten 36 jüdischen Einwohner zwangsweise ihre Heimat. Über eine Sammelstelle in Bielefeld führte ihr Weg nach Theresienstadt. Margit Naarmann (1938–2016) schreibt: „In den Vernichtungslagern des Ostens verlieren sich die Spuren der jüdischen Bürger unserer Stadt. In der Fülle von Elend, Leid und Tod, welche die Juden dort erwartete, lassen sich Einzelschicksale fast nie mehr ausmachen."

Weltkrieg II 1939–1945

Von Kriegsbegeisterung war am 1. September 1939 in Paderborn kaum etwas zu spüren. Das berichten die Quellen übereinstimmend. Der von Hitler per Radioansprache als heimtückischer Angriff der Polen dargestellte Kriegsbeginn passte überhaupt nicht zur Wahrnehmung in der Stadt. Schon am 28. August war das Paderborner Panzer-Regiment 11 aus der Kaserne an der Driburger Straße ausgerückt und auf die Bahn verladen worden. Zudem wurde bald bekannt, dass die von der lokalen Propaganda geradezu verehrte heimische Panzer-Truppe praktisch vom ersten Tag des Polenfeldzugs an in voller Stärke vor Ort eingesetzt war.

Bombenkrieg

Knapp zwei Jahre später kam es zum ersten, vergleichsweise harmlosen, Luftangriff auf den Fliegerhorst und die Panzerkaserne am Südrand der Stadt. Tiefflieger über dem Güterbahnhof, Bomben im Umfeld des Brüderkrankenhauses und bis zum Jahresende 21 nächtliche Alarme beendeten allerdings die anfängliche Sorglosigkeit in einer Stadt, die sich als nicht kriegswichtig wähnte. Jetzt wurden die seit Kriegsbeginn üblichen Luftschutzübungen wirklich ernst genommen.

In den letzten zwei Kriegsjahren war die Stadt dem Bombenkrieg der Alliierten massiv ausgesetzt. Die Zahl der Fliegerangriffe stieg von 247 in 1943 auf 570 in 1944 mit etwa 100 Todesopfern. In den letzten drei Kriegsmonaten 1945 gab es 309 Alarme. 738 Leichen wurden gefunden, die tatsächliche Zahl der Opfer war höher.

Totale Zerstörung zum Kriegsende. Vom Historischen Rathaus steht nur noch der Giebel. Aufnahme aus dem Jahr 1946.

Damit war den zwei ohne Frage schwersten und verheerendsten Attacken am 17. Januar und am 27. März 1945 eine lange Kette von Angriffen und schlimmen Nächten in den Luftschutzräumen vorausgegangen. „Jedes Kind wusste, dass man, falls ein Angriff kam, hilflos preisgegeben war, da es kaum einen bombenfesten Keller in Paderborn gab", erinnerte sich Vikar Hermann Bieker.[147] Mit Blick auf einen Angriff am 22. März 1945 ohne jede Vorwarnung ergänzte er: „Kein Keller war sicher vor diesen Minen, doch suchte man sie auf, auch unter der erhöhten Gefahr, dort verschüttet zu werden, weil man draußen den Lungenriss fürchten musste, der durch den Luftüberduck der krepierenden Mine entstand."

Fünf Tage bevor amerikanische Verbände am 1. April 1945 in die Stadt einzogen, besiegelte der letzte und schwerste aller Angriffe das nahezu totale Ende der einstigen Fachwerkstadt. 500 US-Bomber warfen 1.000 Tonnen Spreng- und 48 Tonnen Brandbomben auf das gesamte Stadtgebiet ab. Augenzeuge Bieker berichtete aus dem Feuersturm: „Ich versuchte es durch die Bahnhofstraße, durch die Riemekestraße. Ich konnte ihn (einen Pfarrer) nicht erreichen, weil immer wieder mein Mantel Brand fing. Ich sprang zurück, warf mich in den Teich des Bleichplatzes, versuchte es mit diesen nassen Kleidern, die Luft ging mir aus – versuchte es mit der Gasmaske, es war zu heiß...Aus dem Treppenhaus des Sanatoriums übersah ich für einen Augenblick die Stadt. Durch den mächtigen, von der Hitze entfachten Sturm waren die Rauchwolken vertrieben. Ein einziges großes Flammenmeer – und mitten darin die Fackel des brennenden Domes."

Widerstand

Paderborn war gewiss nicht das Zentrum des politischen Widerstands in Deutschland. Aber die Stadt bot ein Milieu, in dem solidarisches und verantwortungsbewusstes Handeln in Ansätzen entstehen konnte. Hier soll auf einige Personen eingegangen werden, die nicht repräsentativ für die breite Masse stehen. Aber sie zeigen allesamt, welche Möglichkeiten in der braunen Diktatur blieben, wenn man sie nur nutzte. Auch auf die Gefahr hin, damit ein vielleicht zu positives Gesamtbild von „den" Paderbornern zu zeichnen, haben es diese Menschen verdient, hier erwähnt zu werden. Die Lebensbilder zeigen, wie Werteorientierung auf Unfreiheit reagiert, wer sich darin vorwagt und wer sich verweigert.

Links: Josef Wirmer vor dem Volksgerichthof. Blutrichter Roland Freisler verurteilte ihn zum Tod durch Erhängen. Zweiter von rechts: Mitverschwörer Carl Friedrich Goerdeler. Rechts: Paul Lejeune-Jung vor dem Volksgerichtshof. Er sollte nach dem 20. Juli 1944 Wirtschaftsminister einer Regierung Goerdeler werden. Der Theodorianer wurde gemeinsam mit Josef Wirmer in Berlin-Plötzensee hingerichet.

Tatsächlich: Hitlers Gegner hatten auch mit Paderborn zu tun. Bei aller scheinbaren Gleichschaltung bewahrten sich viele ihre christliche Grundhaltung. Die Nazis wussten darum und behielten sie fest im Blick. Was aber die braunen Machthaber nicht ahnten, das sind direkte Kontakte einzelner zum gescheiterten Attentat auf Adolf Hitler am 20. Juli 1944.

In die Anschlagsplanung von Claus Schenk Graf von Stauffenberg (1907–1944) waren etwa 200 Personen so tief eingeweiht, dass sie das ungefähre Datum kannten. Vier Männer mit einem gewissen Bezug zu Paderborn gehörten dazu. Friedrich Gerhard Hohmann machte 1986 mit dem kleinen von der Stadt geförderten Buch „Deutsche Patrioten in Widerstand und Verfolgung" erstmals auf das Thema aufmerksam.[148]

Josef Wirmer

Ein Straßenschild im Riemekeviertel erinnert an Josef Wirmer, der am 19. März 1901 in Paderborn geboren wurde.[149] Er sollte nach dem erfolgreichen Putsch gegen Hitler Justizminister eines neuen demokratischen Deutschlands werden. Aber es kam anders. Wirmer wurde wenige Stunden nach einem Schauprozess am 8. September 1944 in Berlin-Plötzensee hingerichtet.

Vater Anton Wirmer war Oberlehrer für alte Sprachen am Theodorianum, damals Königliches Gymnasium Theodorianum zu Paderborn. 1906 zog die Familie nach Warburg, wo der Vater Direktor des Marianums wurde.[150] Anton Wirmers humanistische Pädagogik, „religiöse Überzeugungstreue" und Standhaftigkeit in einer fest begründeten Ansicht sollten maßgeblich für die spätere politische Haltung seines Sohnes werden.[151] Josef Wirmer studierte von 1920 an in Freiburg und in Berlin Rechtswissenschaft. In klarer Abgrenzung zu der in gebildeten Kreisen immer noch vorherrschenden monarchistischen Auffassung vertrat er in der Studienzeit eine demokratische Gesinnung. Dies trug ihm den Beinamen „der rote Wirmer" ein. 1927 ließ er sich in Berlin als Rechtsanwalt nieder.

Dort schloss er sich dem linken Flügel der Zentrumspartei an. Im Dritten Reich verteidigte er rassisch Verfolgte und andere Opfer des Regimes. Den Abschluss des Reichskonkordats mit dem Papst lehnte er ab. 1936 kam er in Kontakt zu gewerkschaftlichen Widerstandskreisen. Von 1941 an gehörte Wirmer zum Kreis um Carl Friedrich Goerdeler (1884–1945), dem ehemaligen Leipziger Oberbürgermeister und Kopf des zivilen Teils der Widerstandsbewegung. Wirmers Haus in Berlin-Lichterfelde war einer der wichtigsten Treffpunkte der Verschwörer, wo neben den christlichen Gewerkschaftern Jakob Kaiser (1888–1961) und Max Habermann, der Sozialdemokrat Wilhelm Leuschner (1888–1944) sowie Goerdeler und Mitarbeiter der Abwehr verkehrten.

Hinrichtungsstätte Berlin Plötzensee: Hier starben am 8. September 1944 nebeneinander zwei Paderborner Mitverschwörer des 20. Juli 1944.

Wirmers souveränes und schlagfertiges Auftreten vor dem Volksgerichtshof ist durch einen auf Hitlers Befehl heimlich gedrehten Film belegt. Wirmer gab als Begründung für seinen Anschluss an die Widerstandsbewegung an: „Ich bin [...] tief religiös und aus meiner religiösen Anschauung heraus zu dieser Verschwörerclique gekommen."

„Blutrichter" Roland Freisler (1883–1945) schrie ihn an: „Josef Wirmer, ja Sie gehören zur schwarzen Fraktion, ja, das sieht man Ihnen an, das kann ja nicht anders sein. Ist ja ulkig. Wie wichtig wohl das Amt als Zivilanwalt gewesen sein muss, das Sie da gehabt haben, dass Sie nicht einmal Soldat geworden sind in dem Alter. ... Feines Früchtchen!"

Wirmer wollte in diesem Moment etwas entgegnen, aber Freisler unterbrach ihn brüllend „Ja, ja, ja, feines Früchtchen!" Darauf der Angeklagte: „Wenn ich hänge, habe nicht ich Angst, sondern Sie!" Freisler entgegnete, Wirmer werde bald zur Hölle fahren, worauf der Angeklagte rief: „Es wird mir ein Vergnügen sein, wenn Sie bald nachkommen, Herr Präsident."

Josef Wirmer notierte kurz vor der Hinrichtung: „Auch der fehlgeschlagene Einsatz hat seinen Wert in sich selbst."

Paul Lejeune-Jung

Auch Paul Lejeune-Jung (1882–1944) wurde am 8. September in Berlin-Plötzensee hingerichtet. Er war von Goerdeler als Wirtschaftsminister einer Regierung nach Hitler auserkoren. Lejeune-Jung stammte aus einer alten französisch-reformierten Hugenottenfamilie. Auf Wunsch der Mutter wurde der Junge aber katholisch erzogen. Deshalb besuchte er als Internatsschüler das Gymnasium Theodorianum. 1901 machte er bereits Abitur und dürfte auch Wirmers Vater gut gekannt haben. Lejeune-Jung wollte zunächst in Paderborn Priester werden, promovierte aber schließlich an der Humboldt-Universität Berlin mit volkswirtschaftlichen Studien und Wirtschaftsgeschichte.

Schon früh bestanden Verbindungen zur Deutsch-Nationalen Volkspartei (DNVP), für die er 1924 in den Reichstag einzog. Ungeachtet seiner konservativen Grundüberzeugung gehörte Lejeune-Jung zu den gemäßigten Kräften innerhalb der DNVP. 1932 wechselte er zum Zentrum, zu dessen rechten Flügel er seit 1920 Verbindungen unterhielt.

1933 wurde Lejeune-Jung ins politische Abseits gedrängt. 1941/42 erhielt er erstmals Kenntnis von konkreten Planungen eines Widerstandes gegen den Unrechtsstaat. Über den früheren Gewerkschafter Habermann kam er in Kontakt mit Goerdeler. Lejeune-Jung entwarf ein wirtschaftspolitisches Konzept für die Zeit nach einem Sturz der Diktatur. Mindestens zwei Besprechungen haben 1943 im Hause Lejeune-Jung stattgefunden, an denen die ehemaligen Gewerkschafter Habermann, Kaiser, Leuschner, Julius Leber (1891–1945) und Wirmer teilnahmen.

Philipp von Boeselager

Der lange Jahre in Paderborn stationierte Mitverschwörer Philipp Freiherr von Boeselager, geboren am 6. September 1917, blieb unentdeckt. Er starb als letzter Überlebender des militärischen Widerstands am 1. Mai 2008.

Schon als Kind war er aufgrund seiner katholischen Erziehung antipreußisch eingestellt und skeptisch gegenüber den Nationalsozialisten. Früh missfiel ihm, dass aus den Schulen die Kreuze entfernt wurden.[152] Nach dem Abitur 1936 in Bad Godesberg trat Boeselager in das Reiter-Regiment 15 in Paderborn und Schloß Neuhaus ein. Der Regimentsstab hatte seinen Sitz im Abdinghofkloster. Hier war von Boeselager am Morgen des 10. November 1938, dem Tag nach der so genannten Reichskristallnacht, im Dienst, als viele Paderborner zur brennenden Synagoge am Busdorf eilten. Boeselager lehnte das gezielte Abbrennen des jüdischen Bethauses entschieden ab und diskutierte darüber auch in seinem militärischen Umfeld.[153]

Philipp von Boeselager (links) als Ordonanzoffizier von Generalfeldmarschall Günther von Kluge (davor). Boeselager lieferte die Bombe für das Attentat auf Adolf Hitler am 20. Juli 1944.

Im selben Jahr wurde Wilhelm Freiherr von Ketteler (1906–1938) in Wien ermordet. Der Cousin Boeselagers hatte ein Attentat auf Hitler bei dessen Einzug in Österreich geplant. Beide Ereignisse sollten für den jungen Mann prägend sein.

Als Ordonnanzoffizier von Generalfeldmarschall Günther von Kluge (1882–1944) war Boeselager zugegen, als 1941 während des Russlandfeldzuges eine Meldung über die „Sonderbehandlung“ von Zivilisten eintraf. Intern empörten sich die Offiziere, weil ihnen „die systematischen Ermordung von Juden und Zigeunern durch deutsche Stellen immer klarer wurde“. 1942 lernte Boeselager Henning von Tresckow (1901–1944) an der Ostfront kennen und schloss sich einer Widerstandsgruppe innerhalb der Militärs an.

Als sich 1943 die Möglichkeit für ein Pistolenattentat auf Hitler bei einem Frontbesuch ergab, meldeten sich Philipp und sein Bruder Georg Freiherr von Boeselager. Generalfeldmarschall von Kluge verbot die Aktion und warnte vor bürgerkriegsähnlichen Verhältnissen zwischen Heer und SS. Von Boeselager besorgte sich daraufhin erbeutete Sprengstoffe und baute zwei Bomben, die Hitler beim Rückflug von der Front nach Berlin töten sollten. Das Attentat scheiterte, weil die Zünder im unbeheizten Gepäckraum eingefroren waren.

Gemeinsam mit seinem Bruder Georg war Boeselager auch in die Planungen der Verschwörer vom 20. Juli fest eingebunden. Er ließ bereits am 18. Juli 1944 sechs Schwadronen in Richtung Brest-Litowsk verlegen. Von dort sollten die 1200 Mann mit Lastkraftwagen nach Warschau fahren und weiter nach Berlin fliegen, um das Reichssicherheitshauptamt zu sichern. Als Boeselager vom Scheitern des Anschlages erfuhr, ließ er sofort kehrtmachen, um wieder in die alten Stellungen zurückzukehren. Er überlebte, weil alle verhafteten Mitverschwörer – auch unter der Folter – seine Beteiligung verschwiegen.

Philipp von Boeselager 60 Jahre nach dem Attentat. Er blieb trotz dreier Anschlagsversuche auf Adolf Hitler unentdeckt.

Georg Freiherr von Boeselager

Georg Freiherr von Boeselager (1915–1944) trat schon 1934 ins Reiterregiment 15 in Paderborn ein. 1942 war er Taktiklehrer an der „Schule für Schnelle Truppen" in Krampnitz. In dieser Zeit knüpfte er Kontakte zum militärischen Widerstand. Durch Generalfeldmarschall von Kluge wurde er mit der Aufstellung des „Kavallerieregiments Mitte" beauftragt. Wie sein jüngerer Bruder Philipp war Georg von Boeselager schon 1943 an Attentatsplanungen bei Frontbesuchen Hitlers beteiligt.

Im Februar 1944 erfuhr er von dem geplanten Anschlag im Hauptquartier „Wolfsschanze". Zur Unterstützung des Widerstandes verlegte er große Teile seiner Brigade von der Ostfront ins Hinterland, um ebenfalls auf Berlin vorrücken zu können. Der Befehl blieb aus. Für beide Brüder begann eine bange Zeit des Wartens. Bei Kämpfen mit einer russischen Schützendivision kam Georg Freiherr von Boeselager am 27. August 1944 ums Leben.

Ferdinand von Lüninck

Ferdinand Freiherr von Lüninck (1888–1944) hatte Kontakt zum nationalkonservativen Widerstand. Er war 1938 von den Nazis in den Ruhestand versetzt worden und soll Erzbischof Jaeger etwa vier Wochen vor dem 20. Juli 1944 informiert haben. Ein direktes Gespräch ist allerdings nicht belegt. Sicher ist, dass Jaegers Generalvikar Friedrich Maria Rintelen (1899–1988) von Lüninck aufgesucht wurde. Rintelen notierte später in seinem „Erinnerungen ohne

US-Soldaten treffen Ostern 1945 vor der zerstörten Wewelsburg auf einen einheimischen Schäfer mit seiner Herde. Eine gestellte Aufnahme von US-Militärfotografen.

Tagebuch": „Ich könne mich darauf verlassen, dass jetzt bald etwas passiert. Er sei zu mir gekommen, mich auf diesen Tag vorzubereiten. Sobald dieser Tag herangekommen sei, sei es notwendig, dass die Wehrmacht, die beiden christlichen Konfessionen und der gesunde Teil der Arbeiterschaft zusammenstünden, um das Chaos aufzufangen und eine neue Ordnung zu schaffen." Auch Lüninck, dessen Mutter eine geborene von Mallinckrodt war, starb am Galgen der Haftanstalt Berlin-Plötzensee.

Neubeginn

Die Stunde Null begann in Paderborn am Morgen des 28. März 1945. Nach dem verheerenden Luftangriff lebten noch 5.000 der vor dem Krieg 42.490 Bewohner in der Stadt. Insgesamt sind im Zweiten Weltkrieg 827 Paderborner Bürger durch Luftangriffe ums Leben gekommen.[154]

Die Nazi-Führung, die sich wie bei bald jedem Luftangriff in den Befehlsbunker an der Wilhelmshöhe geflüchtet hatte, war nicht mehr präsent. Nur noch Militärs und ein letztes Panzeraufgebot stand auf der Hochfläche südlich der Stadt. Bei Wewer, Nordborchen und Hamborn wurden Dutzende Panzer im Kampf um Paderborn aufgerieben. [155]

Am Ostertag, dem 1. April, rückte die US-Armee in Paderborn ein. In aller Frühe brachen sie östlich des Zementwerkes Ilse an der Borchener Straße durch. Um 18.30 Uhr galt die Stadt als vollständig besetzt. Danach folgten die umliegenden Städte und Dörfer. Nur Neuhaus leistete Widerstand. Hier war der Krieg erst 48 Stunden später vorbei.

Schon durchkämmten Plünderer Wohnungen und Vorratskeller in Paderborn. Dabei waren die „Täter" nicht ausschließlich, wie es schon bald heißen sollte, Tausende von Fremdarbeitern. Stadtchronist Rudolf Kiepke schreibt: „Auch Angehörige der sogenannten besseren Stände waren unter diesem Räuberheer, um, wie man in diesen Tagen wenig verschämt sagte, etwas zu organisieren".[156]

Zwei Hitlerjungen aus dem Volkssturm, der die Alliierten aufhalten sollte. Aufnahme der US-Militärs aus Brakel.

Zwei Tage nach den US-Amerikanern übernahmen die Briten die Stadt, während der Krieg im Reich noch fünf Wochen andauerte. Von organisierten Aufräumungs- und Reparaturarbeiten konnte keine Rede sein.[157] Domvikar Kaspar Schulte (1899–1980) und Tischlermeister Franz Rehermann waren am 3. April die ersten Ansprechpartner des Stadtkommandanten Major Bell.

Politisch unbelastete Persönlichkeiten sollten für die Organisation des Neuanfangs gewonnen werden, was gar nicht so einfach war. Mitte Juli setzten die Briten schließlich einen beratenden Bürgerausschuss ein. Ihm gehörten sieben ehemalige Zentrumsmitglieder, drei SPD- und ein KPD-Politiker an. An die Spitze wurde Christoph Tölle (1898–1977/Zentrum) gewählt, der 1946 Bürgermeister wurde.

Vorrangig waren, das Freiräumen der Straßen sowie Instandsetzen erster öffentlicher Gebäude sowie die Wiederaufnahme von Schulbetrieb und ärztlicher Versorgung. Trümmerfrauen sollte es in Paderborn nicht geben. Der Bürgerausschuss hatte bei den Briten interveniert. Stattdessen mussten alle männlichen Einwohner im Alter von 16 bis 55 Jahren acht Stunden Notdienst pro Monat leisten. Ehemalige NS-Kader mussten 16 Stunden nachweisen, um Bezugsscheine für Lebensmittel zu bekommen.

Parteipolitischer Neustart

Bereits im Juli 1945 besprachen Überlebende des politischen Katholizismus die Idee einer überkonfessionellen christlichen Partei. Geistliche und ehemalige Zentrumspolitiker trafen sich dazu in der Sakristei von St. Georg. Pfarrer Heinrich Hesse (1892–1951), der bereits erwähnte Kaspar Schulte und Gaukirch-Propst Otto Koch (1879–1952) nahmen daran teil. Weitere Treffen im September und Oktober konkretisierten den Willen zur Gründung einer neuen überkonfessionellen Partei.[158] Im Oktober bildete sich ein CDU-Kreisvorstand, am 11. November 1945 folgte die Gründungsversammlung der Christdemokraten in Paderborn.

Johannes Brockmann (Zentrum), Mitglied des Parlamentarischen Rates, Bundestags- und Landtagsabgeordneter

An der ersten Zusammenkunft in der Georgskirche sollen auch Johannes Gronowski (1874–1958), Josef Kannengießer und der in Paderborn geborene Zentrumspolitiker Johannes Brockmann (1888–1975) aus Rinkerode teilgenommen haben. Letzterer war danach maßgeblich an der Wiederbegründung der Zentrumspartei in Soest beteiligt. 1947/48 war er der einzige Paderborner unter 96 Verfassungsvätern und -müttern, die das Grundgesetz der kommenden Bundesrepublik Deutschland formulierten und beschlossen. Als Mitglied des Parlamentarischen Rates verstand Brockmann das Grundgesetz als vorläufige Verfassung für die Dauer der Teilung bis zur Wiedervereinigung Deutschlands an einem fernen Tage.

Sein Bruder, der bereits erwähnte „rote" Hermann Brockmann, war schon im Juni 1945 aktiv geworden, um in beiden Ausbesserungswerken die Gewerkschaftsarbeit neu zu beleben. Zunächst wurden kommissarische Betriebsräte gebildet. Am 14. Oktober wählten ihn die Kollegen zum Vorsitzenden des „Freien Deutschen Gewerkschaftsbundes Paderborn". Stellvertreter wurde Heinrich Hüwel (CDU) als Vertreter der Christlichen Gewerkschaften.

Zeitgleich verlief der Neuanfang bei der SPD, die ebenfalls, soweit möglich, auf Genossen aus der Weimarer Zeit wie Heinrich Lücking und Hermann Brockmann zurückgriff. Der eine stand bis 1961 als stellvertretender Bürgermeister für die parteiübergreifende Zusammenarbeit aller Kräfte im Rat. Der andere war bis zu seinem plötzlichen Herztod 1953 auf einer Wahlveranstaltung in Bad Lippspringe Landtagsabgeordneter für Paderborn.

Entnazifizierung

Die Frage nach der Kriegsschuld bewegte die Menschen, je deutlicher das Ausmaß der Zerstörung wurde. Noch drängender wurde sie, als das ganze Ausmaß der nationalsozialistischen Verbrechen Stück um Stück offenbarer wurde. Die britische Re-Education-Politik zielte darauf, die NS-Propaganda zu entlarven. Die Reaktion auf deutscher Seite reichte vom verstockten Abstreiten jeglicher Verwicklung bis zu Scham, Wut und Entsetzen.

Enttäuschend verlief die juristische Aufarbeitung der Schändung der jüdischen Synagoge. Aus 36 Strafanzeigen gegen vermeintlich Beteiligte gingen am Ende zwei Schuldsprüche für ehemalige Verwaltungsbeamte hervor. Auch sechs in Paderborn Angeklagte, die für die so genannte Judentaufe in der Lippequelle verantwortlich gemacht wurden, kamen mangels Beweisen mit Freisprüchen davon. Die Rückgabe jüdischen Besitzes regelte der Stadtrat 1946, so gut es unter den Umständen nur ging. Ein unter Zwang am 30. November 1938 geschlossener Übergabevertrag zwischen der Jüdischen Kultusgemeinde und der Stadt wurde eins zu eins

Mit einer Lorenbahn (Vordergrund) wurden die Trümmer aus der total zerstörten Stadt gebracht. Die Kutsche (links) und die Liboriusstatue (rechts) markieren die Straße Kamp.

rückabgewickelt. Unberührt davon blieben zunächst die Immobilien im Besitz der im Holocaust umgekommenen Mitbürger.

Stadtkommandant Bell war bemüht, dass der Aufbau demokratischer Strukturen auf kommunaler Ebene frei von ehemaligen Funktionsträgern des NS-Staates blieb. Keine leichte Aufgabe! Im Februar 1946 ließ er zwölf unbelastete Deutsche aus den Reihen des Kreistages aussuchen. Sie sollten unter Vorsitz von Fritz Erhart einen beratenden Entnazifizierungsausschuss bilden.[159]

Ein bis dahin genutzter knapper Fragebogen zu Mitgliedschaften in NS-Organisationen wurde zum gleichen Zeitpunkt durch 133 detaillierte Fragen auf 12 Seiten präzisiert. Dagegen regte sich Unmut. Viele Deutsche sahen sich zum ersten Mal ganz konkret und persönlich dem Vorwurf der Kollektivschuld ausgesetzt. Ob unbelastet, Mitläufer oder gar Täter, sie hielten die Fragerei für unangemessen. Die wenigsten wollten einsehen, dass die bloße Mitgliedschaft in der NSDAP verwerflich sein sollte. Man habe schließlich kein einziges Gewaltverbrechen begangen, hieß es.

Von 45.000 Entnazifizierungsverfahren in Westfalen mündete ein Drittel in weiteren Untersuchungen. 30.000 Akten wurden mit dem Vermerk „unbelastet“ geschlossen. Die Besatzungsmacht hatte gleich in den ersten Tagen in der nahegelegenen ehemaligen Garnison der Waffen-SS Staumühle bei Hövelhof ein Internierungslager für mutmaßliche Kriegsverbrecher

Oben: Das Richtfest 1946 für das neue Domdach war ein Massenereignis. Nichts machte den Wiederaufbauwillen in der zerstörten Stadt deutlicher. Unten: Der Richtspruch zur Wiederherstellung des Domdaches 1946 wurde als Gedenkblatt zu Kleinlibori im Herbst verbreitet.

und NS-Funktionäre eingerichtet.[160] Das Civil Internment Camp No. 5 war mit 10.000 Insassen das größte seiner Art in der britischen Zone. Aus Paderborner Sicht saßen dort also die vermeintlich Schuldigen ein. Weshalb trotzdem jeder einzelne seine Rolle im NS-System noch einem klären sollte, wollten viele nicht einsehen.

Wiederaufbau

Die weitgehend in Trümmern liegende Stadt weckte sofort Überlegungen zu einer radikalen Neuplanung. Man sah die Chance, neue Schneisen zu schlagen, Straßenverläufe zu ändern und breiter anzulegen. Die Westernstraße könnte dreispurig geführt und die Innenstadt wiederbelebt werden, indem sie künftig vom Verkehr stark durchflossen statt umrundet würde. Ein erster Vorstoß im Januar 1946 wurde im Bürgerausschuss abgelehnt. Schon allein die extreme Wohnungsnot verbot es den Praktikern, auf auch nur eine einzige Behelfsunterkunft zu verzichten.

Stattdessen entwickelte sich eine Neuplanung „light". Das führte zu bis heute wirksamen städtebaulichen Akzentsetzungen, teilweise der Not gehorchend, teilweise mit großem Weitblick: Das Paderquellgebiet wurde zur grünen Lunge, der Dom erstmals in seiner Geschichte vollständig „frei" gestellt und die Straßenführung vor allem in den ältesten Teilen der Stadt mit Augenmaß korrigiert. Dabei gelang es, per Umlegung von 948 Flurstücken auf nur noch 560 Parzellen besser bebaubare Grundstücke zu schaffen.

Die Richtfeste für das Domdach und das Rathaus setzten 1946 und 1947 erste Signale. Für Wohn- und Geschäftsbauten galt, dass es Giebel zur Straßenseite nicht mehr geben sollte. Die alte Fachwerkstadt war untergegangen, Traufseiten waren angesagt. Die neuen Häuserfronten als Ausdruck modernen Städtebaus mussten allerdings warten.

Die schlechte Versorgungslage bis zur Währungsreform im Sommer 1948, eine große Zahl an Flüchtlingen, für die strenge Zuzugsbestim-

Links: Notunterkunft in der zerstörten Stadt nach 1945. Jeder nur eben brauchbare Wohnraum wurde behelfsmäßig gesichert. Der Zuzug von Flüchtlingen war streng reglementiert. Baumaterial und Baufachleute waren äußerst knapp. Rechts: Blick in den Dom nach dem verheerenden Luftangriff in den letzten Paderborner Kriegstagen.

mungen galten, und vor allem der Mangel an Wohnraum beschäftigten die Menschen mehr als die Debatten der Städteplaner am Reißbrett. Bis 1948 waren 9.250 der 12.100 Wohnungen vor dem Krieg behelfsmäßig wieder hergestellt. Dafür fand zunächst praktisch keinerlei Neubau statt. Es fehlte an allem: an Handwerkern, an Baumaterial und an Kapital.

Erst die Einführung der D-Mark 1948 und der von beiden großen Kirchen geförderte Siedlungsbaugedanke brachten die Wende. Namentlich die Baugenossenschaft des Kreises, die Aachener Siedlungsbau GmbH, der Paderborner Spar- und Bauverein sowie die Ravensberger Heimstätte verhalfen Ausgebombten wie Flüchtlingen zu einfachstem, aber heiß begehrtem Eigentum. Riemekeviertel und Südstadt erfuhren eine Wiederbelebung und die Stadtheide wuchs schnell zu einem echten Stadtteil heran. Erste Kritik ließ auch nicht lange auf sich warten. Von „unmöglichen Zigarrenkisten dort“ war 1953 in einer Ratssitzung die Rede.

Das Wirtschaftswunder der frühen 1950-er Jahre ging an Paderborn vollends vorbei. Auf Landes- und Bundesebene wurde 1950 überlegt, das Hochstift zum Notstandsgebiet zu erklären. Die Arbeitslosigkeit lag bei 17 Prozent, unter den Flüchtlingen war sie fast doppelt so hoch. Immerhin fanden 2.900 Paderborner Arbeit bei den Alliierten.

Bemühungen zur klassischen Industrieansiedlung auf dem ehemaligen Flughafen Mönkeloh scheiterten. So wurde die Produktion des Kleinwagens „Champion“ schon nach einem Jahr wieder eingestellt. Der Zweisitzer mit sechs bis zehn PS aus einem beziehungsweise zwei Zylin-

Oben: Produktion des Kleinwagens Champion 1951. Schon nach gut einem Jahr musste die Herstellung wieder gestoppt werden. In der ersten Hälfte der 1950-er Jahre scheiterten mehrere Versuche, Industrie anzusiedeln. Links: Rainer Barzel († 2006) war Paderborner CDU-Bundestagsabgeordneter. Der Inhaber höchster politischer Ämter wurde 1972 von der DDR um das Amt des Bundeskanzlers gebracht.

dern blieb ebenso eine Episode wie der Fahrradbau in der Adler-Werken. Selbst die Expansion der Bielefelder Anker-Werke wurde schon 1953 wieder zurückgefahren.Vergebliche Hoffnungen setzte die Stadt schon zu Beginn der 1950-er Jahre in die anderswo politisch bekämpfte Wiederbewaffnung Deutschlands. Paderborn wollte ein großer Bundeswehrstandort werden. Doch die Diskussion war erstens verfrüht und zweitens wurde das lippische Augustdorf am anderen Ende der Senne später bevorzugt.

Erst von 1956 an gab es wirklich Besserung. Bürgermeister Christoph Tölle warb in seiner Funktion als CDU-Landtagsabgeordneter vehement für eine massive Wirtschaftsförderung des Landes Nordrhein-

Westfalen. Im Mai 1955 überreichte er Ministerpräsident Karl Arnold (1947–1956/CDU) anlässlich einer Bereisung des Regierungsbezirks ein so genanntes Paderborner Wunschbukett. Das ging auf im Ostwestfalenplan, mit dem 1955 der „Sibirien“ genannte Ostteil von NRW an den Boom an Rhein und Ruhr anschließen sollte.

Tatsächlich nutzten Großbetriebe wie Hella, Claas, Benteler und viele andere mittelständische Unternehmen die Strukturhilfen. Sie schafften Arbeitsplätze und schufen die Basis für ihre heutige Stellung am Weltmarkt. Tölle war damals so erfolgreich, dass Nachbarstädte wie Neuhaus und einige Kreise ihm unterschwellig vorwarfen, Paderborn habe sich zu Lasten der anderen allzu üppig bedient.

„Lebende Bilder“ brachten das Kino nach Paderborn und Sennelager. Anzeige aus dem Westfälischen Volksblatt aus dem Juni 1907.

Prominenz an der Pader

Zwei Jahre nach Arnolds Besuch an der Pader wurde am 15. September 1957 dessen Redenschreiber Rainer Barzel (1924–2006) als Bundestagsabgeordneter für den Wahlkreis Paderborn-Wiedenbrück gewählt. Bis 1987 blieb er im Parlament und bekleidete bis zum zweithöchsten Staatsamt als Bundestagspräsident (1983–1984) führende Positionen vom Minister für gesamtdeutsche Fragen (1962–1963) bis zum CDU-Bundesvorsitzenden (1971–1973).

Nur Bundeskanzler ist der Vorsitzende der CDU/CSU-Fraktion im Deutschen Bundestag (1964–1972) nie geworden. Das Ziel wurde verfehlt, weil die DDR-Staatssicherheit vor dem konstruktiven Misstrauensvotum gegen SPD-Kanzler Willy Brandt (1913–1992) im April 1972 Abgeordnete bestochen hatte.

1984 dankte die Stadt ihrem „Mann in Bonn“ für ein Vierteljahrhundert Wirkung zugunsten Paderborns mit der Ehrenbürgerwürde.[161] In einer Gedenkrede zum 50. Jahrestags des Kriegsendes und fünf Jahre nach der Wiedervereinigung Deutschlands charakterisierte er die historische Haltung an der Pader so: „Die Türme Paderborns haben braunen und roten Anstürmen getrotzt.“[162]

Barzels politische Heimat zog auch andere Politprominenz an. 1972 kandidierte Spiegel-Herausgeber Rudolf Augstein (1923–2002) auf der FDP-Liste in Paderborn für den Bundestag. 1990, 1994 und 1998 wählten die Paderborner Helmut Kohls Presse-Staatssekretär Friedhelm Ost (geb. 1942) direkt in den Bundestag.

Paderborns erstes Kino war ein Flopp

Als die Bilder laufen lernten, war Paderborn von Anfang an dabei. Die früheste nachweisbare Vorführung mit einem mobilen Kinematographen fand am 2. Oktober 1898 im Preußischen Hof am Kamp statt. Das erste feste Kino öffnete am 1. Januar 1908 seine Türen – nur zwei Jahre nach dem Start der großen Saalkinos in Berlin.[163]

Das Residenz-Theater am Marienplatz war in den goldenen Jahren des Kinos Paderborns größter Lichtspielpalast.

Der Essener Unternehmer Franz Becker musste seinen 72 Sitze zählenden Saal an der Westernstraße 13 schon nach wenigen Wochen wieder schließen. Das erste Kino war ein Flopp. Bis 1910 kam es in der Innenstadt zu insgesamt sechs Gründungsversuchen.[164] Zwei davon sollten Pioniergeschichte schreiben: Josef Böhles „Weiße Wand" und Carl Hesters Volkshalle zunächst mit Eduard Marks Kaiser-Kino. Schon 1910 erweiterte Böhle seinen Saal in der Rosenstraße von 100 auf 164 Plätze. Nach dem Ersten Weltkrieg gründete der gebürtige Warburger auf dem Gelände der alten Centralhalle seinen Lichtspiel-Palast.

Sennelager war mit dem Unterhaltungsbedürfnis ständig wechselnder Soldaten auch ein gutes Pflaster für das neue Medium.[165] So bot der Gastronom Anton Hense seinen 1901/02 errichteten Drei-Kaiser-Saal schon 1907 für die Vorführung bewegter Bilder an. In einem warb er bundesweit um einen Veranstalter, der den Saal mit Gleichstrom-Anschluss und 2.000 Plätzen mehrere Jahre als Kino nutzen sollte. Die Sitzplatzzahl, im Briefkopf sogar mit 3.000 angegeben, war maßlos übertrieben, und ob es zu Filmvorführungen kam, ist heute nicht mehr feststellbar.

Am Sennebahnhof eröffnete Gastwirt Josef Casprowiak am 7. April 1907 das Apollo-Theater für Varieté, Boxkämpfe und Filmvorführungen. Gemäß einer Annonce im „Westfälischen Volksblatt"[166] wurden dort am 29. Juni 1907 erstmals „Lebende Bilder" gezeigt.

Mit dem Tonfilm trat der nächste Kino-Pionier auf den Plan. 1928 übernahm Johannes Renneke von Otto Lettau das Residenztheater in Hesters Volkshalle an der Leostraße 39 (später Capitol). 1935 wechselte er unter Mitnahme des Namens zum Marienplatz, wo Paderborns größter Filmpalast mit 830 Plätzen entstand.

Der Leumund auswärtiger Veranstalter wurde genau geprüft. Die Polizei verlangte Probevorstellungen. Die Obrigkeit wollte das Publikum vor amourösen Szenen wie Küssen auf der Leinwand bewahren.

Die Familie Hester startete 1931 mit den Gloria-Lichtspielen; es folgten die Namen Metropol- und schließlich Capitol-Theater an der Leostraße sowie das Theater am Westerntor. Nur wenige Jahre existierten um 1940 die Zentral-Lichtspiele am Rathausplatz 7. Die Familie Renneke legte 1955 mit dem Universum an der Westernstraße 34 den Grundstein für das Cineplex. Am Kötternhagen öffnete 1956 das Filmstudio Bambi, aus dem zwei Jahre später das Corso-Filmtheater hervorging. Seit den 1990-er Jahren gibt es nur noch zwei große Kinocenter in Paderborn, Pollux (bis 2017 Cineplex) und die UCI Kinowelt.

Die 1957 gegründeten „Westfälischen Kammerspiele" sind heute das „Theater Paderborn" am Neuen Platz.

Paderborns ältester Kulturraum ist bis heute der Hohe Dom. Orgelkonzerte und die Chöre der Dommusik sind feste Bestandteile des vielfältigen Musikangebotes in der Stadt.

Theater in Paderborn

Über ein eigenes Theater, eine Stadthalle sowie eine Studiobühne an der Universität verfügt die Stadt erst seit den 1960-er und 1970-er Jahren. Zuvor war Paderborn über Jahrhunderte „nur" Station für Wanderbühnen und später für Tourneeveranstalter. Die ersten nachweislichen Bühnenstücke führten die Jesuiten nach der Reformation auf. Damals wurden biblische Erzählungen im Rahmen der katholischen Erneuerung aufgeführt. Weltliche Kulturangebote kamen erst mit dem wachsenden Vereinswesen im 18. und 19. Jahrhundert auf.

1957 gründete der Schauspieler Elert Bode im Alter von 22 Jahren gemeinsam mit seiner Frau Sabine Hesse die „Westfälischen Kammerspiele" als privates Theater. Aufführungen fanden in der Aula des Gymnasiums Theodorianum statt. 1959 bezog das Ensemble das frühere Café Vaterland im Kötterhagen mit 80 Plätzen. 1968 entstand im Gebäude der Volksbank neben dem Rathaus Paderborns erstes eigenständiges „richtiges" Theater mit 240 Plätzen. Zwei Jahre später wechselte Bode, längst Intendant geworden, an die Württembergische Landesbühne Esslingen. Nachfolger Siegfried Bühr öffnete das Theater für experimentelle Stoffe und linksliberale Stü-

Heinz Nixdorf († 1986) in der Produktion. 1960 kehrte er nach Paderborn zurück und machte die Stadt zur Computer-Hochburg.

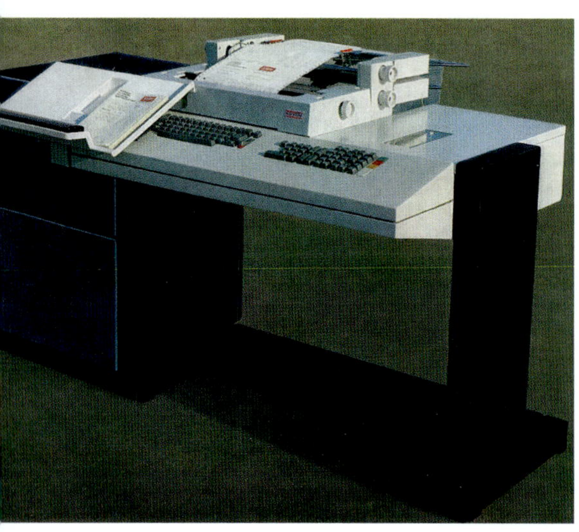

Den Durchbruch brachte das Modell 820, das Nixdorf 1968 auf der Hannover Messe präsentierte

cke. 1978 musste er die Intendanz abgeben, weil der Widerstand gegen seine Spielplangestaltung aus den Reihen der Förderer und Kommunalpolitik zu stark geworden war.

Intendant Stefan Horn (1978–1981) musste mit wieder mehr leichter Muse erhebliche Zuschauerverluste hinnehmen. Nachfolger Stefan Bremer stabilisierte 1981 den ins Schlingern geratenen Thespis-Karren wieder. Merula Steinhardt-Unseld verschaffte den Kammerspielen von 1994 bis 2013 erhebliche Neuerungen, weitete das theaterpädagogische Angebot aus und führte eine jährliche Freilichtproduktion ein, dann das Haus war längst zu eng geworden.

Im September 2011 ermöglichte ein Neubau der Volksbank die Verdreifachung des Angebots. 2013 übernahm Katharina Kreuzhage als Intendantin die Geschäftsführung. Unter dem neuen Namen „Theater Paderborn – Westfälische Kammerspiele" werden pro Spielzeit 15 Neuproduktionen auf drei Bühnen aufgeführt. Der große Saal verfügt über 404 Zuschauerplätze sowie eine Haupt-, Seiten- und Hinterbühne. Hinzukommen das Studio S und ein Theatertreff mit jeweils 99 Plätzen. Getragen wird das Theater Paderborn von Stadt, Kreis und Land sowie dem seit den Gründungstagen aktiven Verein der Theaterfreunde Paderborn.

Computerpionier Heinz Nixdorf

Eher beiläufig nahmen die Paderborner 1959 zur Kenntnis, dass ein gewisser Heinz Nixdorf einen Betrieb mit 100 Arbeitsplätzen an der Riemekestraße errichtete. Überall in der Stadt fasste das deutsche Wirtschaftswunder – wenn auch verspätet -so langsam Fuß. Stadtdirektor Wilhelm Sasse (1952–1971) warb in der Ratssitzung am 21. Mai 1959, mit der Firma Nixdorf werde ein sehr sauberer und gewinnbringender Betrieb angesiedelt, dessen Inhaber sogar Paderborner sei.[167]

Noch ahnte niemand, dass damit eine Provinzstadt zur IT-Hochburg aufsteigen sollte. Nixdorf baute sein 1952 in Essen gegründetes

Labor für Impulstechnik an der Pader zum bald weltweit agierenden Unternehmen aus. Er hatte für den Energiekonzern RWE einen ersten Elektronenrechner mit Lochkartenanlagen entwickelt. Das war der Beginn. Den Durchbruch brachte das Model 820, das Nixdorf 1968 auf der Hannover Messe präsentierte. Dieser frei programmierbare kühlschrankgroße Rechner war für damalige Vorstellungen ein Kleincomputer, der die elektronische Datenverarbeitung in Unternehmen und Behörden revolutionierte.

Fortan stand der Reismann-Abiturient im Wettbewerb mit International Business Machines (IBM). Ein von Microsoft-Gründer Bill Gates persönlich in Paderborn angetragenes Angebot, sich gegen den US-Giganten zusammenzutun, lehnte Nixdorf ab. Das war seine Art. Anders, als oft erzählt, waren es weder die langen Haare noch die Jeans von Bill Gates, die einer strategische Partnerschaft mit Microsoft im Wege standen. Der knorrige Westfale schätzte einfach seine Unabhängigkeit über alles. 1985, auf dem Höhepunkt der Firmenentwicklung, erreichte die Nixdorf Computer AG einen Umsatz von knapp 2 Milliarden Euro.

Nixdorf hatte früher als andere die Bedeutung von Computern für die Zukunft erkannt. Er schwärmte davon, dass schon bald Rechner in jedes Büro und auf jeden Schreibtisch passen. Allerdings handelte er nicht ganz so radikal wie die Konkurrenz im kalifornischen Silicon Valley, die mit Personalcomputern und Laptops spätestens 1990 den Boom der Nixdorf-Maschinen jäh beendeten. Heinz Nixdorf, dem vielfach ausgezeichneten Manager des Jahres wird das Zitat zugeschrieben: „Ich baue keine Mopeds, sondern Lastwagen".

Nixdorf war nicht zimperlich im Umgang mit Politik und Behörden, zugleich erwies er sich als Paderborns größter Mäzen. Er stiftete den Ahorn-Sportpark, stellte 50 Millionen Mark für ein zunächst CAD-Lab genanntes Uni-Institut in Aussicht, wenn das Land den gleichen Beitrag drauflegte. Er forderte und förderte massiv den Flughafen Paderborn-Lippstadt, verlangte, dass Paderborn IC-Halt würde, und drohte des öfteren mit der Verlagerung seines Firmensitzes nach München. Selbst die Schiffbarmachung des Lippe-Seitenkanals bis Lippstadt gehörte anfangs zu seinen Visionen.

1986 starb der ebenso rastlose wie knorrige Westfale im Alter von 60 Jahren auf der Computermesse Cebit in Hannover. Die ehemalige Unternehmenszentrale ist heute das größte Computermuseum der Welt. Die Ideen und Ideale des Unternehmers Heinz Nixdorf leben fort in zwei gemeinnützigen Stiftungen: der Heinz Nixdorf Stiftung und der Stiftung Westfalen.

Kleinste Großstadt Deutschlands

Mit der Kommunalen Neugliederung wurde Paderborn pünktlich zum Neujahrstag 1975 kleinste Großstadt Deutschlands. Die Stadt zählte über Nacht 100.000 Einwohner. 1969 waren schon Wewer und Marienloh mit großer Zustimmung der Betroffenen eingemeindet worden. Auch Neuenbeken wollte, konnte aber beim ersten Neuordnungsschritt noch nicht vom Amt Altenbeken zur aufstrebenden Kreisstadt wechseln.

Erst das Sauerland/Ostwestfalen-Gesetz des Landtags führte zur großen Rochade, gegen die anfangs Sande, Elsen und bis zuletzt Schloß Neuhaus Bedenken hatten. Eine Schlüsselrolle in der Überzeugungsarbeit spielte der aus Elsen stammende Stadtdirektor von Paderborn Wilhelm Ferlings (1971–1991). Gemeinsam mit Bürgermeister Herbert Schwiete (1968–1988) wurden die emotional und lokalpatriotisch aufgeladenen Debatten immer wieder auf die tatsächlichen Vor- und Nachteile zurückgelenkt. Man konnte nicht zu viel versprechen, wollte aber durchaus mit den Vorteilen eines kommenden Oberzentrums locken. Schließlich waren

Paderborn ist seit 1614 Universitätsstadt. Die Theologische Fakultät am Kamp ist die Urzelle des Wissenschaftsbetriebs an der Pader.

die Ansprüche der anderen Beitrittskandidaten Benhausen, Neuenbeken, Dahl sowie von Sennelager, das eine Sonderstellung hatte, ebenfalls fair zu berücksichtigen.

Anfängliche Widerstände der sich mitunter zwangseingemeindet wähnenden Neuhäuser wichen erst mit den Jahren. Beim Zusammenwachsen halfen die Landesgartenschau 1994 mit einer grünen Achse von den Paderquellen bis zum Freizeitzentrum Lippesee sowie die prachtvolle Restaurierung von Schloss und Barockgarten. Dazu hatte Bürgermeister Willi Lüke (1988–1999) entscheidende Vorarbeit geleistet. In langen Verhandlungen mit den Briten löste er Schlosspark, Marstall und andere Nebengebäude aus der militärischen Nutzung heraus. Drei Schulen fanden hier Platz. Das alljährliche Kulturprogramm Schlosssommer sowie die Freilichtbühne wurden zu einem Anziehungspunkt für die ganze Stadt.

1975 wurde das gesamte Hochstift neu strukturiert. Bei den Landkreisen hieß es, aus vier mach zwei. Der Kreis Paderborn erlangte mit dem rückständigen, aber überaus selbstbewussten Kreis Büren erhebliche räumliche Zugewinne. Zugleich musste er Stukenbrock der Gemeinde Schloß Holte (heute Kreis Gütersloh) überlassen und auf die sinnvolle Zusammenlegung der lippischen Gemeinde Schlangen mit Bad Lippspringe verzichten. Im Süden und im Westen wurden fünf kleinere Dörfer an den neuen Hochsauerlandkreis und den ehemaligen Kreis Lippstadt, jetzt Kreis Soest abgegeben.

Universitätsstadt

Paderborn ist seit 1614 Universitätsstadt. Die von Fürstbischof Dietrich von Fürstenberg errichtete erste westfälische Universität mit Fakultäten für Theologie und Philosophie war durch die Säkularisation von den Preußen zunächst geschlossen, aber nie ganz aufgelöst worden. Schon 1836 wurde der Beschluss wieder zurückgenommen. Das Bistum führte die Universitätstradition auf eigene Kosten fort – vornehmlich zur Priesterausbildung.

Darauf wollte man sofort nach dem Ende des Zweiten Weltkriegs aufbauen. Anlässlich der Errichtung der Pädagogischen Akademie, später Pädagogische Hochschule, an der Fürstenallee konstituierte sich bereits 1946 ein Universitätsausschuss in der Stadt. Dessen großes Ziel war die Errichtung einer Katholischen Universität.[168]

Die Idee knüpfte konsequent an die historische Tradition an. Sie war aber auch Ausdruck einer ersten nationalen Neuorientierung nach dem Nazi-Schock. Kulturelle und wissenschaft-

Die Universität Paderborn wurde 1972 als integrierte Gesamthochschule für Universitäts- und Fachhochschulstudiengänge eröffnet.

liche Bildung galt in der Stunde Null als das logische und unbelastete Gegenmodell zur verhassten und katastrophal untergegangenen Staatsidee des Nationalsozialismus.

In den 1950-er und 1960-er Jahren blieben die Paderborner Vorstellungen auf Landes- wie Bundesebene allerdings ohne Widerhall. Im Gegenteil: Bundesweit aufbegehrende Studenten forderten um 1966 völlig neue Organisationsmodelle für die Hochschulen. Klassische Universitäten und ganz besonders konfessionell orientierte Lehreinrichtungen galten als reaktionär. Als der Vorschlag für eine katholische Volluniversität noch einmal aufgegriffen wurde, diente er nur noch linksliberaler Polemik gegen Paderborn. Der Soziologe Helmut Schelsky (1912–1984) benutzte die Vorstellung einer konfessionell orientierten Hochschule ausdrücklich als ein aus der Zeit gefallenes Schreckgespenst.

In seinem entscheidenden Gutachten zugunsten der Gründung einer Reformuniversität in Bielefeld behauptete Schelsky, die katholische Mittelstadt Paderborn sei als universitäres Zentrum für Ostwestfalen ungeeignet: „Der geistige Gehalt dieser Stadt ruht in ihrer traditionellen und homogenen Katholizität und ihren alten kirchlichen und kulturellen Einrichtungen. Wollte man bewusst eine katholische Universität gründen, so könnte man dafür in Nordrhein-

Papst Johannes Paul II. mit Erzbischof Johannes Joachim Degenhardt beim Großgottesdienst in der Senne bei Bad Lippspringe.

Westfalen wahrscheinlich keinen besseren Ort finden." Am 8. Oktober 1965 entschied das Landeskabinett in Düsseldorf endgültig gegen Paderborn und für Bielefeld. Schelsky wurde Leiter des dortigen Zentrums für interdisziplinäre Forschung.

Sechs Jahre später kam auch Paderborn zum Zuge. Es fiel der Beschluss zur Errichtung einer zweiten Uni in Ostwestfalen. Diese sollte am 1. August 1972 als Gesamthochschule (GHS) Paderborn gegründet werden. Das integrierte Modell durfte nicht den Titel Universität tragen. Anfangs irritierte das Kürzel GHS die Paderborner mehr, als dass es sie begeisterte, bei einen großen bildungspolitischem Experiment dabei zu sein. Die GHS vereinigte Fachhochschulstudiengänge in den Abteilungen Höxter, Meschede und Soest sowie universitäre Studiengänge, die auf dem neuen Paderborner Campus im Bereich Kasseler Straße/Südring angesiedelt wurden.

Von einer katholischen Universität sprach kein Mensch mehr. Der in der Lokalpresse mehrfach formulierte Wunschtraum von einer Medizinischen Fakultät mit einem großen Universitätskrankenhaus an der Husener Straße war erst recht geplatzt. Auch bemerkten lokale Stimmen nicht ohne Bitterkeit, der Forschungsanteil an einer GHS seit deutlich geringer als an einer „richtigen" Universität. Davon unbenommen startete Gründungsrektor Prof. Dr. Broder Carstensen 1972 mit schon bald 17 Fachbereichen und 87 Studiengängen an vier Standorten den Hochschulbetrieb.

Drei Jahre nach der Gründung als integrierte Gesamthochschule erfolgte eine erste vorsichtige Namensänderung in „Universität-Gesamthochschule Paderborn". 1980 gewährte die Landesregierung unter Ministerpräsident Johannes Rau (1978–1999) schließlich das Recht, sich schlicht „Universität" nennen zu dürfen. Rau hatte als Wissenschaftsminister im Kabinett Kühn von 1970 bis 1978 die Gründung von insgesamt fünf Gesamthochschulen in NRW vorangetrieben. Das Reformmodell galt landespolitisch als Antwort und Zugeständnis der deutschen Sozialdemokratie an die 68-er Bewegung.

Kardinal Reinhard Marx (links) begann seinen Aufstieg an die Spitze der Katholischen Kirche in Deutschland in Paderborn an der Seite von Erzbischof Hans-Josef Becker.

Nach der Abgabe der Außenstellen um das Jahr 2000 herum entwickelte sich am Standort Paderborn die neue Leitidee von der „Universität der Informationsgesellschaft". Die Informatik gilt seitdem als Leitwissenschaft, informationstechnologische Aspekte durchdringen viele Disziplinen. In der Selbstdarstellung der Universität heißt es: „Sie möchte die naturwissenschaftlich-technische Entwicklung der Informationsgesellschaft vorantreiben, sie kritisch begleiten, gleichzeitig den Blick für die beständigen Werte unserer Kultur öffnen, aber auch die sich in der Informations- oder Wissensgesellschaft bietenden Chancen nutzen."[169] Daraus folge, dass alle Wissenschaftsbereiche zur Entwicklung und zur kritischen Auseinandersetzung mit der Informationsgesellschaft beitragen – und zwar sowohl in den Natur-, als auch in den Geistes- und Kulturwissenschaften.

Papstbesuch und Bischofsschmiede

Vom 21. bis 23. Juni 1996 besuchte Papst Johannes Paul II. (1978–2005) Paderborn. Die Visite galt vor Ort als überfällig. Seit knapp 1.200 Jahren war kein Oberhaupt der katholischen Kirche mehr an der Pader gewesen. Zudem war der amtierende und global präsente Reisepapst aus Polen schon mehrfach in Deutschland gewesen, nur eben nicht an der Pader.

Endlich war es Erzbischof Johannes-Joachim Degenhardt gelungen, den früheren Erzbischof von Krakau zu einem Gegenbesuch zu veranlassen. Immerhin hatte das Erzbistum Paderborn schon zu Ostblockzeiten stets Kontakt mit dem polnischen Episkopat gehalten. Degenhardt und Kardinal Karol Wojtyla kannten sich seit Jahrzehnten persönlich.

Neben einem Großgottesdienst mit 85.000 Gläubigen in der Senne bei Bad Lippspringe stand der Besuch ganz im Zeichen der Ökumene. Ein Wortgottesdienst unter dem Motto „Einig in der Hoffnung" mit Repräsentanten aller christlichen Kirchen im Hohen Dom war der eigentliche Höhepunkt. In der Stadt des 1957 gegründeten Johann-Adam-Möhler-Instituts für Ökumene versammelten sich Repräsentanten aller christlichen Kirchen im Hochchor des Domes.

Bundespräsident Roman Herzog (1994–1999) hatte den Papst bereits am Flughafen Paderborn-Lippstadt empfangen. Das Staatsoberhaupt war auch dabei, als Johannes Paul II. nach Berlin weiterreiste und am Brandenburger Tor die Wiedervereinigung Deutschlands würdigte. Zur Delegation aus Rom gehörte auch Joseph Kardinal Ratzinger, der spätere Papst Benedikt XVI. (2005–2013). Das Erzbistum hielt seit langem engen Kontakt mit Ratzinger als Präfekten der Glaubenskongregation, die auf die unverfälschte katholischer Lehre achtet. Zum einen hatte eine heftige Auseinandersetzung um den 1992 vom Priesteramt suspendierten Kirchenkritiker Eugen Drewermann (geboren 1940) die Drähte zwischen Paderborn und Rom mitunter glühen lassen. Zum anderen war Ratzingers damaliger persönlicher Sekretär Josef Clemens, 1947 in Siegen geboren, fast alljährlich Gast beim Liborifest. Auch Ratzinger selbst war in den 1980-er und 1990-er Jahren kein Unbekannter in Paderborner Kirchenkreisen.

Während und nach dem Papstbesuch 1996 wurden offenbar wichtige Personalentscheidungen vorbereitet. Reinhard Marx, Leiter des Dortmunder Sozialinstituts Kommende, war ein bis dahin nur in Fachkreisen bekannter Theologe. Er diente dem WDR als Co-Kommentator der stundenlangen Übertragungen von der Papstvisite in Deutschland. Schon wenige Monate später wurde Marx von Degenhardt in Paderborn zum Weihbischof geweiht. 2014 wurde der 1953 in Geseke geborene heutige Kardinal von München und Freising Vorsitzender der Deutschen Bischofkonferenz. In Vatikan gehört er zum Beraterkreis von Papst Franziskus für Fragen im Bereich Laien, Familie und Leben.

Erzbischof Degenhardt wurde 2001, ein Jahr vor seinem Tod, in Rom zum Kardinal erhoben. Im folgte Hans-Josef Becker (geb. 1948), der ebenfalls nur wenige Jahre nach dem Papstbesuch an der Pader Weihbischof geworden war. Weitere Paderborner „Gewächse“ sind die Diözesanbischöfe Franz Josef Bode in Osnabrück (1995), Hans-Josef Algermissen in Fulda (2001) und Karl-Heinz Wiesemann in Speyer (2007). Das „Westfälische Volksblatt“ feierte das Erzbistum nicht ohne Grund als Talentschmiede für deutsche Bischöfe.

21. JAHRHUNDERT

Moderne Stadt, historische Substanz

Je mehr Wohngebiete entstehen sowie Gewerbe und Industrie expandieren, umso klarer richtet sich heute der Blick auf den alten Kern der Stadt. Das Paderborn des 21. Jahrhunderts blüht, weil es wirtschaftliches Wachstum erlebt, weil Universität und IT-Unternehmen die Zukunft weisen und weil Erfolg Erfolg anzieht. Zuwanderer aus aller Welt, die ökologische Wende mit unübersehbaren, von manchen als Wildwuchs empfundenen Windparks oberhalb der Stadt und vielen neuen grünen Jobs prägen die moderne Stadt.

Das eigentliche Paderborn im Bewusstsein seiner Bewohner ist heute mehr denn je der alte Kern innerhalb des Rings, den die frühen Paderborner schon 800 Jahre zuvor abgesteckt hatten. Kriege, wenige Boom- und viel zu viele Notzeiten später präsentiert sich zum Beginn des 21. Jahrhunderts ein historisch gewachsenes Zentrum, an dem sich immer noch alles orientiert. Hier finden Konsum, Unterhaltung und die Dienstleistungen am Menschen statt. Libori und andere Stadtfeste machen Kamp, Rathausplatz und Westernstraße zum stärksten Anziehungspunkt Zehntausender. Gastronomie und Kulturangebote sind die kräftigsten Säulen urbanen Lebens. Etwas kritischer sieht das die traditionelle Kaufmannschaft in der City. Sie erfährt wachsende Konkurrenz durch Großanbieter an der Peripherie und durch den Internet-Handel.

Städtebaulich ist die Mitte Paderborns ein Sammelsurium. Die alte Fachwerkstadt wurde 1945 zu 85 Prozent zerstört, nur wenige Gebäude blieben unversehrt. Dennoch haben Restauratoren, Denkmalschutz und geschichtsbewusste Kommunalpolitiker eine gelungene Wiederaufbauarbeit geleistet. Billige und schnell errichtete Lückenschlüsse der Nachkriegsjahre werden nach und nach durch solide moderne Substanz ersetzt. Obwohl 1945 nur noch wenige Anknüpfungspunkte bestanden, lässt sich eine spezifische Paderborner Baukultur erkennen.

Diözesanbaumeisterin Emanuela von Branca zieht dabei Parallelen mit ihrer Heimatstadt: „Auch in München wurde die Stadt auf den alten Grundmauern und Grundlinien wieder aufgebaut.“[170] Insbesondere die Kleinteiligkeit der Häuserzeilen sei erhalten worden, was ganz wesentlich die Rhythmisierung eines Straßenbilds ausmache, sagt von Branca: „Was bleibt, ganz egal wie zerstört eine Stadt ist, ist die Erinnerung.“ In Paderborn gebe es eine schöne Mischung aus dem Wiederaufbau der alten Struktur und zum anderen auch ganz bewusst gesetzten modernen Interventionen wie zum Beispiel das frei geräumte Paderquellgebiet.

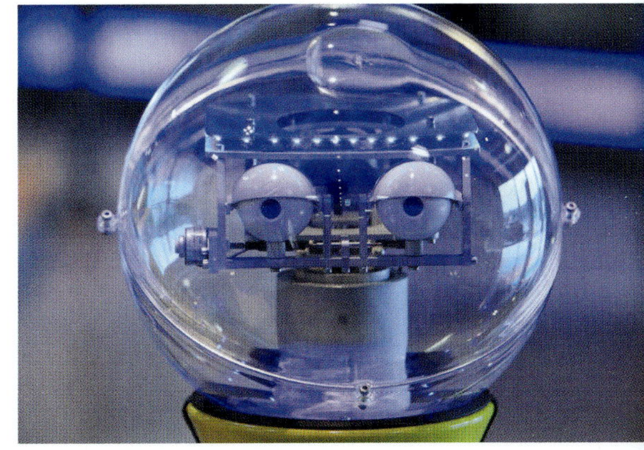

Das Heinz Nixdorf Museums-Forum dokumentiert die Geschichte des Computers und die Digitalisierung des 21. Jahrhunderts.

Der Allgemeine Studentenausschuss organisiert jedes Jahr das bundesweit größte Campus-Festival. Paderborn erlebte durch die Gründung der Universität, den Boom in der Computertechnik, die Zuwanderung von Aussiedlern in den 1990-er sowie von Flüchtlingen in den 2010-er Jahren ein außergewöhnliches Bevölkerungswachstum.

Es brauche nicht einmal ein geschlossenes altes Stadtbild, meint die Expertin. „In der Wahrnehmung hängt es nicht davon ab, wie viele historische Häuser noch stehen." In der Theatinerstraße in München gebe es auch 90 Prozent Nachkriegsware. Entscheidend sei, dass die alten Straßenlinien erhalten blieben. Ein heutzutage häufiger Fehler sei, „dass man die kleinen Fehlstellungen ausgleicht und damit die eigentliche Struktur und den Körper der Stadt vollkommen verändert." Genau das wurde in Paderborn vermieden und wirkt bis heute nach.

Mit dem wieder Sichtbarwerden der Kaiserpfalzen und den Funden der gut funktionierenden Stadtarchäologie, so von Branca, werde man sich des Historischen in der Stadt wieder bewusst: Der Dom ist die Mitte, und darum dreht sich die Sonne. Das war von Anfang an ein Statement in heidnischer Umgebung.

Zuwanderung

Mit der Universität und dem stürmischen wirtschaftlichen Wachstum als IT-Standort konnte die 1975 geschaffene 100.000-Einwohnerstadt in weniger als vier Jahrzehnten ihre Einwohnerzahl um 50 Prozent steigern. Das hatte es in der 1250-jährigen Geschichte der Stadt noch nie gegeben. Aussiedler aus Osteuropa, Flüchtlinge vom Balkan in den 1990-er und aus dem arabischen Raum in den 2010-er Jahren sowie ein Sondereffekt durch den Abzug von 4.000 britischen Soldaten mit 6.000 Angehörigen lassen bis 2030 eine Einwohnerzahl jenseits der 160.000 erwarten.

2016 und 2017 betrug die Wohnungsnachfrage bis zu 900 Einheiten pro Jahr. Der wachsende Bedarf kann nach Berechnungen der Verwaltung nicht allein durch freiwerdende Truppenun-

Der Truppenübungsplatz Senne ist Schauplatz großer Nato-Manöver. In- und ausländische Streikräfte sollen ihn auch noch nach Abzug der Briten aus den Kasernen in Paderborn und Sennelager weiter nutzen.

terkünfte gedeckt werden. Weil Nato-Streitkräfte und ihre Familien nicht in die Einwohnerzählung eingehen und bei Pro-Kopf-Zuweisungen von Landes- und Bundesgeldern ebenfalls unberücksichtigt bleiben, darf Paderborn mit einem doppelten Sondereffekt rechnen: Mehr offizielle Einwohner, mehr Steuereinnahmen.

Abzug der Briten

Im März 2013 gab der britische Verteidigungsminister Philip Hammond den vollständigen Abzug der Rheinarmee aus Deutschland bis 2020 bekannt. In der Mitteilung hieß es, „die Kasernen in Paderborn und Sennelager bleiben vorerst bestehen." Gemildert wurden die 2013 sofort formulierten Sorgen dadurch, dass der Rückzug zunächst eine Konzentration der abwickelnden Truppenteile auf Sennelager vorsah. So wurden die Standorte Rheindalen, Münster und Hameln schon 2014 vollständig aufgegeben, während in Ostwestfalen weit mehr Zeit für die Konversion von Militärflächen und -objekten blieb. Für Paderborn kündigte sich damit eine weitgehende, aber planbare Strukturveränderung an. Neben dem schmerzlichen Abbau von 2.000 zivilen Arbeitsplätzen eröffneten sich Perspektiven und Freiräume für Wohnungswirtschaft und Gewerbeansiedlung.

Die Normandy-Kaserne ist einer von fünf großen Militärkomplexen in der Stadt. Die meisten Immobilien stehen künftig der Stadt für Wohnungsbau und Gewerbeansiedlung zur Verfügung.

Im September 2016 übergaben die britischen Streitkräfte die Alanbrooke Kaserne an der Elsener Straße der Bundesanstalt für Immobilienaufgaben. Auf dem Gelände soll ein innerstädtisches urbanes Quartier mit 800 Wohnungen entstehen. Um den Kasernenbauten und dem benachbarten Riemekeviertel Rechnung zu tragen, ist in der Mitte ein kleiner Park vorgesehen. Ein Jahr später bestätigten hohe britische Militärs, bis Mitte 2019 werde die letzte Kaserne geräumt und zum Ende des Jahres alles „besenrein" übergeben.[171]

Damit erhielt die Stadt den Zugriff auf fünf Kasernenstandorte, 2 Übungsplätze, 1.500 Wohngebäude außerhalb der Kasernen und viele Struktureinrichtungen wie Schulen und Kitas. Rat und Verwaltung wollen das Immobilienpaket, das zunächst hohe Kosten verursacht, Zug um Zug erschließen und Paderborn damit zukunftsfähig machen. Vize-Stadtplaner Thomas Jürgenschellert: „Das ist eine Aufgabe, die Jahrzehnte dauert."[172]

ANMERKUNGEN

1 (Umwelt)
2 Pickhardt, 2000 Jahre altes Grubenhaus entdeckt, 2016
3 Spiong, Blog Museum in der Kaiserpfalz
4 (Kühlborn, 1995)
5 S. 11 (Tacitus & Fehrle, 1935)
6 (Schmitzer, 2000) S. 105
7 Pickhardt & Hannemann, Sachsen-Siedlung an der Pader, 2017
8 S. 67 Lehmann 2016
9 Zit. nach (Balzer, Paderborn im Frühen Mittelalter, 1999, S. 5)
10 (Balzer, „Lippiagyspringiae in Saxonia", 1995, S. 66)
11 Nach der Übersetzung und Übersichtstafel von (Kindl, 1965) S. 385 ff
12 S. 379 (Kindl, 1965)
13 (Balzer, Paderborn im frühen Mittelalter (776–1050): Sächsische Siedlung – Karolingischer Pfalzort – Ottonisch-salische Bischofsstadt, 1999)
14 (Kindl, 1965)
15 S. 69 (Balzer, „Lippiagyspringiae in Saxonia", 1995)
16 (Balzer, Paderborn im frühen Mittelalter (776–1050): Sächsische Siedlung – Karolingischer Pfalzort – Ottonisch-salische Bischofsstadt, 1999) S. 45
17 „Paderborner" oder auch „Aachener Epos" S. 35 bei (Balzer, Paderborn im frühen Mittelalter (776–1050): Sächsische Siedlung – Karolingischer Pfalzort – Ottonisch-salische Bischofsstadt, 1999)
18 S. 19 f (Hengst, Die Kirche von Paderborn / Bd. 1: Sachsenmission und Bistumsgründung 770–1000, 1995)
19 (Paderborn S. , Pfauensage)
20 (Spiong, Neue Ausgrabungen bei der Paderborner Klosterkirche Abdinghof, 2008)
21 (Spiong, Vortrag: Die frühe Baugeschichte der Abdinghofkirche aus dem Blickwinkel der Archäologie, 24.05.2016)
22 Manfred Balzer, Vortrag vom 23.02.2016 in der Kaiserpfalz
23 S. 155 ff (Becher, 1999)
24 S. 124
25 S. 209 (Schoppmeyer, 1999)
26 (Lobbedey, 1990)
27 S. 195 (Fischer, 2000)
28 (Erzbistum-Paderborn)
29 S. 276 (Schoppmeyer, 1999)
30 S. 178 (Becher, 1999)
31 Lateinisch: Confoederatio cum principibus ecclesisasticis
32 S. 229 (Schoppmeyer, 1999)
33 S. 200 (Hagemann, 1995)
34 S. 17 (Fürstenberg, 1910)
35 S. 242 (Schoppmeyer, 1999)
36 S. 67 (Schneider, 1999)
37 (Spiong, Vortrag: Die frühe Baugeschichte der Abdinghofkirche aus dem Blickwinkel der Archäologie, 24.05.2016)
38 (Freunde-der-Pader)
39 (Schneider, 1999) S. 88
40 (Sprenger, 1995) S. 5
41 (Schneider, 1999) S. 90
42 (Sprenger, 1995) S. 31
43 (Sprenger, 1995) S. 59 ff
44 (Geschichte der Paderborner Wasserversorgung)
45 (Freunde-der-Pader)
46 (Naarmann, Vortrag: Jüdisches Leben in Paderborn , 2007)
47 (Rüthing, 2006)
48 S. 85 (Ehrenpreis, 1999)
49 S. 12 (Löher, 1874)
50 Ebd S. 13
51 S. 13/14 (Löher, 1874)
52 S. 103 (Hamelmann & Detmer, 1913 Kritische Neuausgabe)
53 S 182 (Hamelmann & Detmer, 1913 Kritische Neuausgabe)
54 S 149 (Segin, 1962)

55 S. 173 (Hamelmann & Detmer, 1913 Kritische Neuausgabe)
56 S. 111 (Ehrenpreis, 1999)
57 (Göttmann, Reformation in Paderborn zwischen Glaubensspaltung und politischem Konflikt im 16. Jahrhundert, 2016)
58 (Angenendt)
59 (NMCD NEW MEDIA GmbH)
60 (Ökumenisches Heiligenlexikon)
61 Der Paderborner Historiker Prof. Frank Göttmann sieht den Fall nicht ganz so eindeutig. Zu viele andere Einflüsse seien im Spiel gewesen, um die Wende unter Dietrich IV. als alternativlos zu betrachten, meint er. „Beim Versuch einer kontrafaktischen Geschichtsschreibung lässt sich für Paderborn auch eine ganz andere Entwicklung vorstellen." (Göttmann, Reformation in Paderborn zwischen Glaubensspaltung und politischem Konflikt im 16. Jahrhundert, 2016)
62 (Westfälische Geschichte)
63 (Göttmann, Reformation in Paderborn zwischen Glaubensspaltung und politischem Konflikt im 16. Jahrhundert, 2016)
64 S. 131 (Ehrenpreis, 1999)
65 (Westfälische Geschichte)
66 (Göttmann, Reformation in Paderborn zwischen Glaubensspaltung und politischem Konflikt im 16. Jahrhundert, 2016)
67 S. 94 (Hengst, Kirche, Reformen im Fürstbistum Paderborn unter Dietrich von Fürstenberg: ein Beitrag zur Geschichte der Gegenreformation und Katholischen Reform in Westfalen, 1974)
68 (Börste, Das älteste Franziskanerkloster und die früheste gotische Kirche in Paderborn unter dem Schulhof des Theodorianums, 2016)
69 S. 163 (Braun, Paderborn nach 1604, 1999)
70 S. 200 ff (Braun, Paderborn im Dreißigjährigen Krieg, 1999)
71 (Westfalen)
72 S. 83 (Kiepke, Paderborn Schicksalschronik einer Stadt, 1938)
73 S. 206 (Braun, Paderborn im Dreißigjährigen Krieg, 1999)
74 Ein Taler enthält knapp 20 Gramm Feinsilber. Der reine Materialwert der 8000 Goldmünzen im Hochaltar beträgt nach heutigen Maßstäben mehr als 300.000 Euro
75 S. 43 (Huch, 1927)
76 S. 143 (Leesch, Schubert, & Segin, Heimatchronik des Kreises Paderborn, 1970)
77 S. 82 (Kiepke, Paderborn Schicksalschronik einer Stadt, 1938)
78 S. 224 ff (Braun, Paderborn im Dreißigjährigen Krieg, 1999)
79 S 24 ff (Decker, Die Hexenprozesse im Hochstift Paderborn, 1980)
80 S. 245 (Braun B. 1999)
81 S. 59 (Pitschke, 1984)
82 S. 237 (Pavlicic, 1995)
83 S. 15 (Decker, Die Hexenprozesse im Hochstift Paderborn, 1980)
84 S. 12 (Spee & Ritter, 2012)
85 (Policey-Ordnung Dess Hochwürdigsten Fürsten und Herrn „Herr Dietherich Adolffen, Bischoffen zu Paderborn, 1655)
86 (Ferdinand, 1672)
87 S. 21 (Strohmann, 1981)
88 S. 284 (Linde, 1999)
89 (Börste, Ferdinand von Fürstenberg, 2004)
90 (Linde, 1999)
91 (Reichsmatrikel von 1521, 2017)
92 S. 14 ff (Schmude, 2009)
93 S. 156 (Baumgart, 2011)
94 S. 289 (Linde, 1999)
95 S. 293 zitiert nach (Linde, 1999)
96 S. 374 (Linde, 1999)
97 S. 6 (Maron)
98 (Grabe, 200 Jahre Kreis Paderborn: „Brücke zwischen Staat und Kommunen", 2016)
99 (kreis-paderborn.de)
100 S. 40 (Schmude, 2009)
101 (Naarmann, Vortrag: Jüdisches Leben in Paderborn , 2007)
102 S. 177 (Bruns, 1978)
103 S. 21 (Maron)
104 S. 171 (Richter, 1904)
105 (Westfälische Geschichte)
106 S. 34 (Maron)
107 (Sandebeck)
108 S. 78 (Maron)

109 S. 239 (Leesch, Schubert, & Segin, Heimatchronik des Kreises Paderborn, 1970)

110 S. 9 (1909–1984 75 Jahre Sozialdemokraten in Paderborn, 1984)

111 S. 11 (1909–1984 75 Jahre Sozialdemokraten in Paderborn, 1984)

112 S. 253 (Leesch, Schubert, & Segin, Heimatchronik des Kreises Paderborn, 1970)

113 S. 102 (Brandt & Hengst, 1997)

114 (Hohmann, Die Soester Konferenzen 1864–1866, 1964)

115 (Westfälische Geschichte)

116 S. 174 (Loth, 1997)

117 S. 134

118 S. 15 (1909–1984 75 Jahre Sozialdemokraten in Paderborn, 1984)

119 S. 54 (Schmude, 2009)

120 (Gaidt, Paderborn aus der Luft im April 1909: die abenteuerliche Geschichte einer Photographie)

121 S. 163 (Grevelhörster, 1999)

122 S. 56 (Sauer, 2015)

123 S. 21 (1909–1984 75 Jahre Sozialdemokraten in Paderborn, 1984)

124 S. 189 (Grevelhörster, 1999)

125 S. 205 (Grevelhörster, 1999)

126 S. 33 (1909–1984 75 Jahre Sozialdemokraten in Paderborn, 1984)

127 S. 212 Bd. 3 (Göttmann, Hüser, & Jarnut, Paderborn, Geschichte der Stadt in ihrer Region, 1999)

128 S. 218 (Grevelhörster, 1999)

129 (Weidner, Die Straßenbennenungspraxis in Westfalen und Lippe)

130 (Büttner, 2017)

131 S. 15 (Gaidt, Schneller, höher, weiter!, 2015)

132 S. 38 (1909–1984 75 Jahre Sozialdemokraten in Paderborn, 1984)

133 (Brockmann, 1952)

134 (Hey, Kirche in der Kriegszeit 1939–1945, 2005) (Hey, Die westfälischen Staatspolizeistellen und ihre Lageberichte 1933 – 1936, 1992) (Hehl, 1996)

135 S. 232 (Wagener, 1993)

136 (Schmandt, 1994)

137 S. 253 (Pahlke, 1995)

138 S. 18 (Gruss, 1993)

139 S. 211 (Lewy, 1965)

140 (Stüken, Irrtumsgefahr ist immer gegeben, 1995)

141 (Stüken, Hirten unter Hitler, 1999)

142 S. 341 (Gruß, 1995)

143 S. 21 (Bürger, 2015)

144 (Degenhardt, 1994)

145 (Naarmann, „Von ihren Leuten wohnt hier keiner mehr", 1998)

146 (Naarmann, Vortrag: Jüdisches Leben in Paderborn , 2007; Naarmann, Vortrag: Jüdisches Leben in Paderborn , 2007)

147 S. 8 – 10 (Bieker, 1948)

148 (Hohmann, Deutsche Patrioten in Widerstand und Verfolgung 1933–1945, 1986)

149 (Knauft, 1994)

150 (Wittenbrink, Josef Wirmer – ein Gegner Hitlers, 1989)

151 S. 9 (Wittenbrink, Josef Wirmer – Jugendzeit , 1989)

152 (Meding & Sarkowicz, 2008)

153 (Boeselager, 2004)

154 (Hohmann, Das Ende des Zweiten Weltkriegs in Paderborn, 1980)

155 (Becker, 1994)

156 S. 112 (Kiepke, Paderborn, Werden Untergang Wiedererstehen, 1949)

157 S. 259 (Stambolis, 1999)

158 S. 394 (Gödecke, 1998)

159 S. 278 (Stambolis, 1999)

160 (LWL)

161 S. 49 (Vockel, 2009)

162 (Barzel, 1995)

163 (Müller, 2003)

164 S. 120 ff (Müller, 2003)

165 (Gaidt, Archivar im Stadtarchiv Paderborn, 2016)

166 (Casprowiak, 1907)

167 S. 302

168 S. 316 Stambolis

169 Uni-Paderborn.de

170 (Branca, 2016)

171 WV 13.05.17

172 WV 16.02.16

LITERATURVERZEICHNIS

1909–1984 75 Jahre Sozialdemokraten in Paderborn. (1984). Paderborn: Junfermann.

Angenendt, S. (kein Datum). 5. Wissenschaftliches Symposium vom 07.09.2013. Das Hochstift Paderborn im konfessionellen Zeitalter . (D. L. Paderborn, Hrsg.) Büren-Wewelsburg.

Balzer, M. (1995). „Lippiagyspringiae in Saxonia". In Lippspringe – Beiträge zur Geschichte (S. 63–72). Paderborn: Bonifatius GmbH.

Balzer, M. (1999). Paderborn im frühen Mittelalter (776–1050): Sächsische Siedlung – Karolingischer Pfalzort – Ottonisch-salische Bischofsstadt. In Frank Göttmann, & J. Jarnut (Hrsg.), Paderborn, Geschichte der Stadt in ihrer Region (Bd. 1, S. 1–120). Paderborn: Ferdinand Schöningh.

Barzel, R. (1995). Kriegsende vor 50 Jahren. In S. Paderborn (Hrsg.), Rede des Bundestagspräsidenten a.D. und Ehrenbürgers der Stadt Paderborn, (S. 20).

Baumgart, W. (2011). Der Ausbruch des Siebenjährigen Krieges. In D. A. Baugh, The Global Seven Years War (S. 157–165). Harlow.

Becher, M. (1999). Zwischen Reichspolitik und regionaler Orientierung: Paderborn im Hochmittelalter (1050–1200). In Frank Göttmann (Hrsg.), Paderborn Geschichte der Stadt in ihrer Region (Bd. 1). Paderborn: Ferdinand Schöningh.

Bieker, H. (1948). Die brennende Stadt 27.03.1945. Paderborn: Ferdinand Schöningh.

Boeselager, P. v. (20.. Juli 2004). Ich besorgte die Bombe. (R. Brockmann, Interviewer)

Börste, N. (Herbst 2016). Das älteste Franziskanerkloster und die früheste gotische Kirche in Paderborn unter dem Schulhof des Theodorianums. (K. P. Höxter, Hrsg.) Die Warte (Nr 171), S. 13–15.

Börste, N. (2004). Ferdinand von Fürstenberg. Paderborn: Theologische Fakultät Paderborn.

Branca, E. F. (27. 06 2016). Stadtkultur. (R. Brockmann, Interviewer)

Brandt, H. J., & Hengst, K. (1997). Das Bistum Paderborn im Industriezeitalter 1821–1930 (Bd. 3). Paderborn: Bonifatius Verlag.

Braun, B. (1999). Paderborn im Dreißigjährigen Krieg. In Frank Göttmann (Hrsg.), Paderborn, Geschichte der Stadt in ihrer Region (Bd. 2). Paderborn: Ferdinand Schöningh.

Braun, B. (1999). Paderborn nach 1604. In Frank Göttmann (Hrsg.), Paderborn, Geschichte in ihrer Region (Bd. 2 Die Frühe Neuzeit, S. 149–200). Paderborn: Ferdinand Schöningh.

Brockmann, H. (18.. August 1952). Schreiben an die Kreisverwaltung Paderborn. Anerkennung als Geschädigter der nationalsozialistischen Gewaltherrschaft. Paderborn.

Bruns, A. (1978). Westfalenlexikon 1832–1835. Münster.

Bürger, P. (2015). Lorenz Jaeger und die ‚Stufen der Kollaboration' – Stellungnahme und Dokumnetation. Paderborn.

Büttner, H. (14.. Juni 2017). Fußballfans stöbern in Archiven. Westfälisches Volksblatt .

Casprowiak, A. v. (29.. 06. 1907). Anzeige von Josef Casprowiak für eine Filmvorführung in seinem Apollo-Theater in Senne. Westfälisches Volksblatt Nr. 172, 1. Blatt, vom 29.6.1907. Aufführung Lebender Bilder im Apollo-Theater in Senne. (Paderborn), 1. Blatt. Paderborn.

Decker, R. (1980). Die Hexenprozesse im Hochstift Paderborn. Paderborn.

Decker, R. (1980). Die Hexenprozesse im Hochstift Paderborn (Bd. 11). (H. S. Paderborn, Hrsg.) Paderborn.

Degenhardt, J. J. (1994). (R. Brockmann, Interviewer)

Ehrenpreis, S. H. (1999). Paderborn im Zeitalter der frühmodernen Landesherrschaft und der Konfessionaliiserung. In Frank Göttmann (Hrsg.), Paderborn Geschichte der Stadt in ihrer Region (Bd. 2). Paderborn: Ferdinand Schöningh.

Erzbistum-Paderborn. (kein Datum). Der Hohe Dom zu Paderborn. Abgerufen am 10.. 01. 2017 von erzbistum-paderborn.de/dom/1618-virtueller-Rundgang.htm

Ferdinand, B. (1672). Monumenta Paderbornensia. Amsterdam.

Fischer, F. G. (2000). Patrisbrunna, Der Roman Paderborns. Bonifatius, Paderborn.

Freunde-der-Pader. (kein Datum). Natur/Biologie/Ökologie. Abgerufen am 30. 1 2017 von http://freunde-der-pader.de/die-pader/natur-biologie-oekologie.html

Fürstenberg, P. (1910). Geschichte der Stadt und Burg Lippspringe. Paderborn: Junfermannsche Buchhandlung.

Gaidt, A. (6.. Oktober 2016). Archivar im Stadtarchiv Paderborn. (R. Brockmann, Interviewer)

Gaidt, A. (2015). Schneller, höher, weiter! Paderborn: Stadtarchiv Paderborn und Amt für Öffentlichkeitsarbeit und Stadtmarketing Paderborn.

Geschichte der Paderborner Wasserversorgung. (kein Datum). Abgerufen am 30. 01 2017 von http://www.wasserwerke-paderborn.de/index.php?navID=6

Gödecke, P. (1998). Christlich-Demokratische Union. In L. Albertin, Demokratische Herausforderung und politische Parteien. Paderborn: Ferdinand Schöningh.

Gorzer Annalen.

Göttmann, F. (22.. September 2016). Reformation in Paderborn zwischen Glaubensspaltung und politischem Konflikt im 16. Jahrhundert. Paul-Gerhardt-Haus an der Abdinghofkirche.

Göttmann, F., Hüser, K., & Jarnut, J. (1999). Paderborn, Geschichte der Stadt in ihrer Region. Paderborn: Ferdinand Schöningh.

Grabe, W. (2016). 200 Jahre Kreis Paderborn: „Brücke zwischen Staat und Kommunen". Paderborn.

Grabe, W. (7.. Oktiber 2016). Archivar im Kreisarchiv Paderborn. (R. Brockmann, Interviewer)

Grevelhörster, L. (1999). Von Weltkrieg zu Weltkrieg (1914–1945). In Frank Göttmann, Paderborn Geschichte der Stadt in ihrer REgion (Bd. 3). Paderborn: Schöningh.

Gruß, H. (1995). Erzbischof Lorenz Jaeger als Kirchenführer im Dritten Reich. Paderborn.

Gruss, H. (1993). Erzbischof Lorenz Jaeger im Spiegel sicherheitspolizeilicher Berichte. In U. Wagener, Das Erzbistum Paderborn in der Zeit des Nationalsozialismus. Paderborn: Bonifatius.

Hagemann, W. (1995). Die Burg Lippspringe. In M. Pavlicic, Lippspringe, Beiträge zur Geschichte. Paderborn: Bonifatius-Verlag.

Hamelmann, H., & Detmer, H. (1913 Kritische Neuausgabe). Hermann Hamelmanns Geschichtliche Werke (Bd. 2). (K. Löffler, Hrsg.) Münster: Historische Kommission für de Provinz Westfalen.

Hehl, U. v. (1996). Priester unter Hitlers Terror. Mainz: Ferdinand Schöningh.

Hengst, K. (1995). Die Kirche von Paderborn / Bd. 1: Sachsenmission und Bistumsgründung 770–1000. (R. M. Karl Hengst, Hrsg.) Strasbourg.

Hengst, K. (1974). Kirche, Reformen im Fürstbistum Paderborn unter Dietrich von Fürstenberg: ein Beitrag zur Geschichte der Gegenreformation und Katholischen Reform in Westfalen. München: Ferdinand Schöningh.

Hey, B. (1992). Die westfälischen Staatspolizeistellen und ihre Lageberichte 1933 – 1936. In A. Faust (Hrsg.), Verfolgung und Widerstand im Rheinland und Westfalen 1933 – 1945 (S. 30–39).

Hey, B. (2005). Kirche in der Kriegszeit 1939–1945.

Hohmann, F. G. (1980). Das Ende des Zweiten Weltkriegs in Paderborn. Von lwl.org/westfaelische-geschichte/txt/normal/txt1385.pdf abgerufen

Hohmann, F. G. (1986). Deutsche Patrioten in Widerstand und Verfolgung 1933–1945. Ferdinand Schöningh.

Hohmann, F. G. (1964). Die Soester Konferenzen 1864–1866. Westfälische Zeitschrift: Zeitschrift für vaterländische Geschichte und Altertumskunde, 114.

Huch, R. (1927). Im alten Reich – Lebensbilder deutscher Städte. Leipzig.

Kiepke, R. (1938). Paderborn Schicksalschronik einer Stadt. Paderborn: Junfermannsche Verlagsbuchhandlung.

Kiepke, R. (1949). Paderborn, Werden Untergang Wiedererstehen. Paderborn: Bonifatius Verlag.

Kindl, H. (1965). Padaribrunno, ein Versuch der Deutung des Ortsnamens Paderborn. Westfälische Zeitschrift des Vereins für Geschichte und Altertumskunde Westfalens , 115.

Knauft, W. (1994). Christen im Widerstand, Der 20. Juli im Bistum Berlin. (B. O. Berlin, Hrsg.)

kreis-paderborn.de. (kein Datum). Abgerufen am 21.. November 2016 von http://kreis-paderborn.de/kreis_paderborn/aktuelles/pressemitteilungen/200-jahre-kreis-paderborn-bruecke-zwischen-staat-und-kommunen.php

Kühlborn, J.-S. (1995). Die Grabungen in den westfälischen Römerlagern. In H.-G. H. u.a., Ein Land macht Geschichte. Mainz.

Leesch, W., Schubert, P., & Segin, W. (1970). Heimatchronik des Kreises Paderborn. (A. f. Heimatpflege, Hrsg.) Köln.

Lehmann, U. (2016). Wurmbunte Klingen, Studien zur Konstruktion, Herstellung und Wertigkeit der frühmittelalterlichen Spatha in Westfalen (Veröffentlichungen der Altertumskommission für Westfalen Ausg., Bd. 21). (A. Dickers, Hrsg.) Münster: Aschendorff Verlag.

Lewy, G. (1965). Die Katholische Kirche und das Dritte Reich. München.

Linde, R. (1999). Vom Westfälischen Frieden bis zum Ende des Fürstbistums (1648–1802). In Frank Göttmann, Paderborn, Geschichte der Stadt in ihrer Region (Bd. 2, S. 266- 496). Paderborn: Ferdinand Schöningh.

Lobbedey, U. (1990). Der Paderborner Dom.

Löher, F. v. (1874). Geschichte des Kampfes um Paderborn 1597 bis 1604. Berlin: A. Hofmann & Co.

Loth, W. (1997). Das Kaiserreich, Obrigkeitsstaat und politische Mobilisierung. München: DTV.

LWL. (kein Datum). Westfälische Geschichte. Abgerufen am 22. 5 2017 von Zeitleiste 1914 bis heute: lwl.org/westfaelische-geschichte/portal

Maron, W. Das Ende des Fürstbistums bis zur Gründung des Deutschen Reiches (1802–1871). In Frank Göttmann (Hrsg.), Paderborn Gesichter der Stadt in der Region (Bd. 3).

Meding, D. v., & Sarkowicz, H. (2008). Philipp von Boeselager, Der letzte Zeuge des 20. Juli. Zabert Sandmann.

Müller, A. (2003). Unwirkliche Wirklichkeit, Die Anfänge und die Entwicklung des Kinos in Paderborn bis zum Ersten Weltkrieg. Paderborn.

Naarmann, M. (1998). „Von ihren Leuten wohnt hier keiner mehr". S-H Verlag, Köln.

Naarmann, M. (2007). Vortrag: Jüdisches Leben in Paderborn . Redemanuskript. Abendrealschule Paderborn.

NMCD NEW MEDIA GmbH, D. (Hrsg.). (kein Datum). wissen.de. Abgerufen am 24.10.2016 von wissen.de/lexikon/gegenreformation

Ökumenisches Heiligenlexikon. (kein Datum). Von heiligenlexikon.de/Orden/Jesuiten.htm abgerufen

Paderborn, E. (kein Datum). Übersicht aller Paderborner Bischöfe. Von erzbistum-paderborn.de/43-Erzbistum/138-Personen abgerufen

Paderborn, S. (16.. 9. 2004). Das Fürstenberg-Projekt. Sehen – Staunen – Hören . Paderborn.

Paderborn, S. (kein Datum). Pfauensage. Von https://www.paderborn.de/tourismus-kultur/sehenswuerdigkeiten/Liborius_Sehensw.php abgerufen

Pahlke, G. (1995). „Es werden an jeden von euch harte Anforderungen gestellt werden...". In U. Wagener, Das Erzbistum Paderborn in der Zeit des Nationalsozialismus (Bd. 2). Paderborn: Bonifatius.

Pavlicic, M. (1995). Lippspringe als Paderborner Landstadt 1445–1803. In M. P. u.a., Lippspringe – Beiträge zur Geschichte. Paderborn: Bonifatius.

Peter, E. (8.. 10. 2016). (R. Brockmann, Interviewer)

Pickhardt, K. (2016). 2000 Jahre altes Grubenhaus entdekt. (Westfalen-Blatt, Hrsg.) Westfälisches Volksblatt (Nr 251).

Pickhardt, K., & Hannemann, J. (2017). Sachsen-Siedlung an der Pader. Westfälisches Volksblatt , Nr 69 (Paderborn).

Pitschke, M. (1984). Die Hexenverfolgungen im Hochstift Paderborn. Paderborn: Mchael Pitschke.

Policey-Ordnung Dess Hochwürdigsten Fürsten und Herrn „Herr Dietherich Adolffen, Bischoffen zu Paderborn. (1655). Paderborn.

Rau, R. (2002). Quellen zur karolingischen Reichsgeschichte, 1: Die Reichsannalen. Wissenschaftliche Buchgesellschaft.

Reichsmatrikel von 1521. (2017). Abgerufen am 26.. Januar 2017 von Wikisource: wikisource.org/wiki/Reichsmatrikel_von_1521

Richter, W. (1904). Der Übergang des Hochstifts an Preußen. Westfälische Zeitschrift , 62 II.

Rüthing, H. (Hrsg.). (2006). Chronik des Bruders Göbel. Veröffentlichung der Historischen Komission für Westfalen , 44.

Sandebeck, H. (kein Datum). Der nördlichste Vulkan Deutschlands. Abgerufen am 01. 05 2017 von www.ort.sandebeck.de.com/vulkan

Sauer, J. (2015). 66.000 erlösende Nachrichten. In C. f. Paderborn (Hrsg.), 100 Jahre, 100 Orte, Der Caritasverband im Erzbistum Paderborn. Paderborn.

Schmandt, P. (1994). (R. Brockmann, Interviewer)

Schmitzer. (2000). Velleius Paterculus und das Interesse an der Geschichte im Zeitalter des Tiberius. Heidelberg.

Schmude, H. (2009). Militärgeschichte des Paderborner Landes. (D. G. Norbert Börste, Hrsg.) Paderborn: Bonifatius.

Schneider, R. (1999). Vor 1000 Jahren, Alltag im Mittelalter. Augsburg.

Schoppmeyer, H. (1999). Die spätmittelalterliche Bürgerstadt (1200–1600). In F. Göttmann, Paderborn, Geschichte der Stadt in ihrer Region (Bd. 1). Paderborn: Ferdinand Schöningh.

Segin, W. (1962). Das Gymnasium Salentianum am Dom. In K. Honselmann, Von der Domschule zum Gymnasium Theodorianum in Paderborn (S. 145–174). Paderborn: Verein für Geschichte und Altertumskunde Westfalens.

Spee, F. v., & Ritter, J. F. (2012). Cautio Criminalis oder Rechtliches Bedenken wegen der Hexenprozesse. DTV.

Spiong, S. (kein Datum). Blog Museum in der Kaiserpfalz. Abgerufen am 28.. Oktober 2016 von www.kaiserpfalz-paderborn.de/blog/hefe-aus-der-zeit-karls-des-grossen-in-der-aussensiedlung-der-paderborner-kaiserpfalz

Spiong, S. (2008). Neue Ausgrabungen bei der Paderborner Klosterkirche Abdinghof. Westfälische Zeitschrift 158 .

Spiong, S. (24.05.2016). Vortrag: Die frühe Baugeschichte der Abdinghofkirche aus dem Blickwinkel der Archäologie. Paderborn n Paderborn Paul-Gerhardt-Haus.

Sprenger, R. (1995). Paderborn, Paderborner Handel zur Zeit der Hanse 11. bis 17. Jahrhundert. Paderborn: Schriftenreihe der Stadt Paderborn.

Stambolis, B. (1999). Jahrzehnte des Umbruchs. In Frank Göttmann, Paderborn, Geschichte der Stadt in ihrer Region (Bd. 3). Paderborn: Ferdinand Schöningh.

Strohmann, D. (1981). Johann Georg Rudolphi 1633–1693. (W. f. Anton Ochenfarth OHG, Hrsg.) Paderborn: Ferdinand Schöning.

Stüken, W. (1999). Hirten unter Hitler. Klartext-Verlag.

Stüken, W. (5. April 1995). Irrtumsgefahr ist immer gegeben. Neue Westfälische, Ausgabe Paderborn .

Tacitus, C., & Fehrle, E. (1935). Germania. München: Lehmann München.

Umwelt, B. L. (kein Datum). Das Klima der Vergangenheit. Abgerufen am 08. 06 2017 von www.lfu.bayern.de/buerger/doc/uw_82_klima_vergangenheit.pdf

Venerabilis, B.

Vockel, G. (2009). 40 Jahre am Katzentisch. Gudensberg.

Wagener, U. (1993). Unterdrückungs- und Verfolgungsmaßnahmen gegen Priester des Erzbistums Paderborn. In U. Wagener, & U. Wagener (Hrsg.), Das Erzbistum Paderborn in der Zeit des Nationalsozialismus (Bd. 2). Paderborn: Bonifatius.

Weidner, M. (kein Datum). Die Straßenbennenungspraxis in Westfalen und Lippe. Abgerufen am 19. 04 2017 von Datenbank der Straßenbennungen 1933–1945: lwl-orgwestfaelische-geschichte

Weidner, M. (kein Datum). Die Straßenbennungspraxis in Westfalen. Abgerufen am 22. Mai 2017 von www.lwl.org.de/portal-westfaelische Geschichte

Westfalen, L. (Hrsg.). (kein Datum). Westfälische Geschichte, Internet Portal. Abgerufen am 18.. Januar 2017 von Herzog Christian von Braunschweig-Wolfenbüttel in Paderborn: lwl.org/westfaelische -geschichte.de/med425

Westfälische Geschichte. (kein Datum). Abgerufen am 2016 von Fürstbischof Dietrich IV. /von Fürstenberg, 1585–1618): http://www.lwl.org/westfaelische-geschichte/portal/Internet/finde/langDatensatz.php?urlID=418&url_tabelle=tab_medien

Westfälische Geschichte. (kein Datum). Abgerufen am 08. 03 2017 von www.westfaelische-geschichte.de.

Westfälische Geschichte. (kein Datum). Abgerufen am 3. 3 2017 von Soester Programm: lwl.org/westfaelische-geschichte/portal

Wittenbrink, H. (1989). Josef Wirmer – ein Gegner Hitlers (Bd. 3). (M. u. Warburg, Hrsg.) Warburg: Hermann Hermes Verlag.

ZDF (22. September 2006). Unsere Besten – Die Lieblingsorte der Deutschen.

BILDNACHWEIS

Altertumsverein Paderborn: 27
Archiv Abdinghof: 82
Aschendorff-Verlag, Münster: 48, 95
Becker, Waldemar: 123
Boeselager, Philipp von: 120
Brockmann, Reinhard: 9, 10 (2), 11 (u.), 17, 20 (r.), 22, 24 (u.), 29, 42, 45, 46 (r.), 51, 72 (u.), 94, 109, 115 (2), 119, 121, 124, 128 (u.), 137
Deutscher Kunstverlag, Berlin/München: 28 (l.)
Erzbistumsarchiv Paderborn: 111 (Joesf Hunstiger), 113, 125, 126 (2), 127 (r.)
Gruber, Herbert: 36
Hannemann, Jörn, Westfalen-Blatt: 7, 11 (o.), 18, 20 (l.), 23, 26, 28 (re.), 33, 37, 38 (l.), 38 (r./Altertumsverein), 39, 40, 55, 58, 59, 61, 67, 72 (o.), 73 (2), 131 (2), 135, 139, 140, 141 (3)
Herle, Philipp: Paderborner Bürgerschützenverein von 1831 e.V.: 80
Hermes, Maria: 118 (2)
Hörttrich, Stefan, Westfalen-Blatt: 136
Kongregation der Schwestern der Christlichen Liebe, Paderborn: 86 (Josef Hunstiger)
Krause, Julian: vorderes Vorsatzpapier
Lindemann, Rudolf: 43 (l.), 101,
Lobbedey, Uwe: 30
Merian, Matthäus: 70
Museum in der Kaiserpfalz, Presskit, 21, 24 (o.)
Nixdorf-Computer AG, Presskit: 132 (2),
Renger-Patzsch, Albert: 43 (r.), 69 (l.),
Rootselaar, Eric van: 12
Spiong, Sven LWL: 49
Stadt Bad Lippspringe: 14
Stadt- und Kreisarchiv Paderborn: 34 (Andreas Gaidt), 50 (Josef Hunstiger), 62, 74 (Bartholomäus Glesekers), 83, 85, 98 und Nachsatz (Ernst Wandersleb), 102, 106 (Franz.-Josef. Winter), 108 (Franz-Josef Winter), 114 (Sammlung Golücke, Kurt Böse), 116 (Toni Vogt), 117, 127 (l.), 128 (o.),129, 130
Theologische Fakultät Paderborn: 68, 134
United States Department of Defence: 122, 123
Westfälisches Volksblatt, Bildarchiv: 87
Wikipedia, gemeinfrei: 46 (li.), 47, 52, 69 (r.), 91

BISCHOFSLISTE*

Hl. Hathumar. . . . . (806–815)
Hl. Badurad . . . . (815–862)
Sel. Luithard . . . . (862–887)
Biso . . . .(887–900)
Theoderich I. . . . .(900–917)
Unwan . . . . (918–935)
Dudo . . . . (935–959)
Folkmar OSB . . . . (959–983)
Rethar . . . . (983–1009)
Sel.Meinwerk . . . . (1009–1036)
Sel. Rotho OSB . . . . . . (1036–1051)
Sel. Imad . . . . (1051–1076)
Poppo . . . . (1076–1083)
Heinrich I. von Assel . . . . (1083–1090)
Heinrich II. von Werl . . . . (1084–1127)
Bernhard I. von Oesede . . . (1127–1160)
Evergis . . . . (1160–1178)
Siegfried . . . . (1178–1188)
Bernhard II. von Ibbenbüren . (1188–1204)
Bernhard III. von Oesede . . (1204–1223)
Oliver gen. der Sachse . . . (1223–1225)
Wilbrand von Oldenburg . . (1225–1228)
Bernhard IV. zur Lippe . . . (1228–1247)
Simon I. zur Lippe . . . . . (1247–1277)
Otto von Rietberg . . . . . (1277–1307)
Günther I. von Schwalenberg . (1307–1310)
Dietrich II. von Itter . . . . (1310–1321)
Bernhard V. zur Lippe . . . (1321–1341)
Balduin von Steinfurt . . . . (1341–1361)
Heinrich III. von Spiegel
zum Desenberg OSB . . . (1361–1380)
Simon II. von Sternberg . . . (1380–1389)
Ruprecht von Berg . . . . . (1389–1394)
Johann I. von Hoya . . . . (1394–1399)
Bertrando d'Arvazzano . . . (1399–1401)
Wilhelm I. von Berg . . . . (1401–1414)
Dietrich III. von Moers . . . (1414–1463)
Simon III. zur Lippe . . . . (1463–1498)
Hermann I. von Hessen . . . (1498–1508)
Erich von Braunschweig-
Grubenhagen . . . . . . (1508–1532)
Hermann II. von Wied . . . (1532–1547)
Rembert von Kerssenbrock . (1547–1568)
Johannes II. von Hoya . . . .(1568 1574)
Salentin von Isenburg . . . . (1574–1577)
Heinrich IV. von Sachsen-
Lauenburg . . . . (1577–1585)
Dietrich IV. von Fürstenberg . (1585–1618)
Ferdinand I. von Bayern . . . (1618–1650)
Dietrich Adolf von der Recke . (1650–1661)
Ferdinand II. von Fürstenberg (1661–1683)
Hermann Werner von Wolff-
Metternich zur Gracht . . (1683–1704)
Franz Arnold von Wolff-
Metternich zur Gracht. . . (1704–1718)
Clemens August I. von Bayern (1719–1761)
Wilhelm Anton von der
Asseburg. . . . . (1763–1782)
Friedrich Wilhelm von
Westphalen . . . . . . (1782–1789)
Franz Egon von Fürstenberg . (1789–1825)
Friedrich Klemens von
Ledebur-Wicheln . . . . (1825–1841)
Richard Dammers . . . . . (1841–1844)
Franz Drepper . . . . . . (1845–1855)
Konrad Martin (durch die . . (1856–1879)
preußische Regierung 1875
abgesetzt. Der Bischofsstuhl
blieb wegen des Kultur-
kampfes von 1879 bis 1882
unbesetzt.
Franz Kaspar Drobe . . . . (1882–1891)
Hubert Theophil Simar . . . (1891–1899)
Wilhelm II. Schneider . . .(1900–1909)

* (Paderborn E.)

Karl Joseph Schulte . . . . (1910–1920)
Kaspar Klein, erster
Erzbischof ab 1930 . . . . (1920–1941)
Lorenz Kardinal Jaeger . . . (1941–1973)
Johannes Joachim Kardinal
Degenhardt . . . . . . (1974–2002)
Hans-Josef Becker . . . . . . (seit 2003)

ECKDATEN ZUR STADTGESCHICHTE

v. Chr. Erste Siedlungsspuren an der Pader und auf dem Balhorner Feld

777 Erste urkundliche Erwähnung Paderborns als Ort einer fränkischen Reichsversammlung. Karl begann 772 mit der Unterwerfung der Sachsen.

799 Papst Leo III. flüchtet aus Rom nach Paderborn, um mit Karl dem Großen zu beraten. Karl bietet ihm die Gründung eines Bistums an und Leo III krönt ihn in Rom zum Kaiser.

836 Überführung der Reliquien des hl. Liborius von Le Mans nach Paderborn.

1000 Ein Großbrand vernichtet weite Teile der entstehenden Stadt. Vermutete Verleihung der Stadtrechte in dieser Zeit.

1009 Bischof Meinwerk baut einen neuen Dom, stiftet das später Abdinghof genannte Kloster und legt den Grundstein für die Busdorfkirche. Eine erste Mauer befestigt die so genannte Domfreiheit.

1220 Paderborn wird Fürstbistum.

1295 Erstmalige Erwähnung Paderborns als Mitglied des Hansebundes

1524 Lutherische Fensterpredigt. Die Reformation erreicht Paderborn.

1577 Das Domkapitel wählt mit Heinrich von Sachsen-Lauenburg einen evangelischen Fürstbischof.

1604 Die Reformation ist gescheitert. Der evangelische Bürgermeister Liborius Wichart wird vor dem Westerntor gevierteilt.

1614 Gründung der Academia Theodoriana, heute Theologische Fakultät.

1622 Der Dreißigjährige Krieg erreicht Paderborn. Der „Tolle Christian" plündert Stadt und Dom. Bis zum Westfälischen Frieden 1648 folgen mehr als ein Dutzend weitere Raubzüge unterschiedlicher Kriegsherren.

1802 Das Fürstbistum Paderborn fällt an Preußen.

1803 F. W. Sertürner, Apotheker aus Schloß Neuhaus, entdeckt das Morphium.

1850 Eröffnung der Bahnlinie Hamm-Paderborn, 1853 Weiterführung bis Kassel.

1933 Paderborn wird von den Nationalsozialsten gleichgeschaltet. Nur die kirchliche Jugendarbeit kann sich noch einige Jahre halten.

1938 Die Synagoge wird am 10. November kontrolliert abgebrannt. Die Unterdrückung der 400 jüdischen Mitbürger mit offener Gewalt beginnt. Mehr als 100 Paderborner sterben im Holocaust.

1945 Bei schweren Luftangriffen wird die Stadt zu 85 Prozent zerstört. In der Stadt leben nur noch 5000 Menschen.

1946 Neuaufbau der Stadt unter Beibehaltung der alten Straßenzüge.

1957 Elert Bode gründet mit 22 Jahren die Westfälischen Kammerspiele.

1960 Der Paderborner Computerpionier Heinz Nixdorf verlegt seinen Firmensitz nach Paderborn und schafft 100 Arbeitsplätze.

1972 Gründung der Universität als integrierte Gesamthochschule.

1972 Hans-Günter Vosseler gewinnt mit der 4 x 200 m Freistilstaffel bei Olympischen Spielen eine Silbermedaille. Auch Wolfgang Hillemeyer vom 1. Paderborner Schwimmverein gehört als Deutscher Meister von 1971 dem olympischen Kader an.

1975 Durch die kommunale Neugliederung wird Paderborn zur kleinsten Großstadt Deutschlands mit 100.000 Einwohnern.

1977 Die britische Königin Elizabeth besucht Paderborn.

1994 Landesgartenschau in Paderborn-Schloß Neuhaus.

1999 Jubiläumsausstellung „799 – Kunst und Kultur der Karolingerzeit“ mit mehr als 300.000 Besuchern.

2011 Das Theater Paderborn, bislang Westfälische Kammerspiele, eröffnet seinen Neubau mit 500 Plätzen und drei Bühnen.

2014 Der SC Paderborn 07 steigt am 11. Mai in die Erste Fußballbundesliga auf. Es folgen zunächst drei direkte Abstiege.

2017 Die Britischen Streitkräfte kündigen den vollständigen Abzug aus Paderborn an. Fünf Kasernen, 1.500 Wohngebäude, Schulen, Kitas und Versorgungseinrichtungen sollen bis Ende 2019 geräumt sein.

DANKSAGUNG

Ich danke allen Unterstützern, ohne die das Buch nicht hätte erscheinen können. Der Aschendorff Verlag hat mich zu dieser kleinen Stadtgeschichte ermutigt. Jörn Hannemann setzte mit seinen Fotos erneut Großartiges ins Bild. Klaus Zacharias gilt der Dank für die Strenge und historische Korrektheit eines ehemaligen Gymnasiallehrers am Theodorianum sowie Gerhard Rudolphi für Endkontrolle und Expertise in digitaler Textverarbeitung. Andreas Gaidt vom Paderborner Stadt- und Kreisarchiv erschloss mir einen reichen Fundus an historischen Bildern. Vor allem hat mich eine Gefährtin auf dem Weg zum Buch – meist geduldig – ertragen, meine Petra.

Paderborn, im Sommer 2017 Reinhard Brockmann

BLICK AUF PADERBORN

Aufnahme aus dem Ballon „Tschudi" in 2.000 m Höhe über NN am 4. April 1909, 11.05 Uhr